当 代 经 济 学 系 列 丛 书

Contemporary Economics Series

陈昕 主编

当 代 经 济 学 译 库

Oliver Williamson, Karl Llewellyn, Oliver Hart

Contract, Law, and Public Administration

契约、法律与公共管理

［美］奥利弗·威廉姆森

卡尔·卢埃林 奥利弗·哈特 等著

赵海程 陈耿宣 编 贾子欢 等译

格 致 出 版 社
上 海 三 联 书 店
上 海 人 民 出 版 社

主编的话

上世纪 80 年代，为了全面地、系统地反映当代经济学的全貌及其进程，总结与挖掘当代经济学已有的和潜在的成果，展示当代经济学新的发展方向，我们决定出版"当代经济学系列丛书"。

"当代经济学系列丛书"是大型的、高层次的、综合性的经济学术理论丛书。它包括三个子系列：（1）当代经济学文库；（2）当代经济学译库；（3）当代经济学教学参考书系。本丛书在学科领域方面，不仅着眼于各传统经济学科的新成果，更注重经济学前沿学科、边缘学科和综合学科的新成就；在选题的采择上，广泛联系海内外学者，努力开掘学术功力深厚、思想新颖独到、作品水平拔尖的著作。"文库"力求达到中国经济学界当前的最高水平；"译库"翻译当代经济学的名人名著；"教学参考书系"主要出版国内外著名高等院校最新的经济学通用教材。

20 多年过去了，本丛书先后出版了 200 多种著作，在很大程度上推动了中国经济学的现代化和国际标准化。这主要体现在两个方面：一是从研究范围、研究内容、研究方法、分析技术等方面完成了中国经济学从传统向现代的转轨；二是培养了整整一代青年经济学人，如今他们大都成长为中国第一线的经济学家，活跃在国内外的学术舞台上。

为了进一步推动中国经济学的发展，我们将继续引进翻译出版国际上经济学的最新研究成果，加强中国经济学家与世界各国经济学家之间的交流；同时，我们更鼓励中国经济学家创建自己的理论体系，在自主的理论框架内消化和吸收世界上最优秀的理论成果，并把它放到中国经济改革发展的实践中进行筛选和检验，进而寻找属于中国的又面向未来世界的经济制度和经济理论，使中国经济学真正立足于世界经济学之林。

我们渴望经济学家支持我们的追求；我们和经济学家一起瞻望中国经济学的未来。

陈昕

2014 年 1 月 1 日

译者序

公共管理一般被认为是公共部门整合社会各种力量,广泛运用政治的、经济的、管理的、法律的方法,以强化政府治理能力,提升政府绩效和公共服务品质,从而实现公共福祉与公共利益。本书收录了七篇应用于公共管理领域的经典论文,分别从经济学、法学、组织科学等方面为公共管理研究提供基础理论和分析视角。

第一篇"交易成本经济学与组织理论"。奥利弗·E.威廉姆森的这篇文章是新制度经济学领域的经典之作。文章首先回顾了交易成本经济学的发展历程,强调了制度在经济组织中的重要性,随后进一步探讨了经济学、组织理论和法律之间的良性张力关系,并提出一个分析经济组织的三级模式。

第二篇"法与社会科学——尤其与社会学"。卡尔·N.卢埃林的这篇文章探讨了法律与社会科学,特别是与社会学之间的紧密联系。他认为法律不是孤立的学科,而是与其他社会学科相互影响、相互促进的。作者通过对法律与政府、运行机制、法律制度和政府治理的深入分析,揭示了法律在解决纠纷中的作用。

第三篇"不完全契约和控制权"。奥利弗·哈特从个人研究路径出发,讨论了不完全契约和控制权在企业边界确定中的作用。哈特通过分析企业和市场的不同，探讨了契约的局限性以及为何需要建立企业。另外，文章还讨论了不完全契约理论在金融契约中的应用。

第四篇"公共与私人官僚机构：基于交易成本经济学视角"。奥利弗·E.威廉姆森从交易成本经济学的视角分析了公共官僚机构的效率问题，认为公共官僚机构并非在所有情况下都是低效的，而是适用于某些特定类型的交易。通过比较公共官僚机构和私人官僚机构的治理模式，威廉姆森揭示了公共官僚机构在特定领域的必要性和优势。

第五篇"重新发现官僚制"。约翰·P.奥尔森在文中质疑了官僚组织是过时管理形式的普遍观点。相反，他认为官僚组织是当代民主国家中共存的多种组织形式之一。文章重新审视了韦伯对官僚组织的分析，并强调了官僚制在公共行政中的重要性。

第六篇"协作治理——管理、政治和法律的融合"。莉莎·布鲁姆格瑞·阿姆斯勒探讨了管理、政治和法律在协作治理中的角色，作者认为，尽管学者们对这些主题进行了广泛的讨论，但协作治理还是提出了新的挑战。文章强调了法律在协作治理研究中的缺失，并主张将协作视为一种公共价值。

第七篇"治理机构与经济活动"。阿维纳什·迪克西特的这篇文章探讨了经济治理的概念，包括法律和社会机构的结构及功能，这些机构通过保护产权、执行契约和采取集体行动来支持经济活动及交易。

作为本书的译者，我们深感荣幸能够将这些经典的学术成果介绍给中文读者。在翻译过程中，我们力求保持原文的准确性和学术性，同时也尽量使语言流畅易懂。如有疏漏之处，敬请读者批评指正。祝您阅读愉快！

译者
2024 年 11 月

目 录

交易成本经济学与组织理论[*]

奥利弗·E.威廉姆森(Oliver E. Williamson)

引言

在过去二十五年里,新制度经济学一直在发展,交易成本经济学正是其中一部分。新制度经济学提出了两个命题:(1)制度很重要;(2)制度容易受到分析的影响(Matthews, 1986, p.903)。向经济学家讲述一些他们过去并不了解且并不感兴趣的现象,展示其逻辑,并证明数据是一致的:这样就能引起他们的注意。相比之下,仅仅批评正统观念和断言制度很重要,肯定会宣告新制度经济学的消亡——这正是新制度经济

* 原文"Transaction Cost Economics and Organization Theory"载于《产业和企业变革》(*Industrial and Corporate Change*) 1993 年第 1 期。本文受益于 1992 年 10 月在西北大学召开的宏观组织行为学会会议、斯坦福组织研究中心、加利福尼亚大学伯克利分校的制度分析研讨会以及 1993 年 2 月在罗素·塞奇基金会上召开的"经济社会学会议手册"口头报告。感谢詹姆斯·巴伦(James Baron)、保罗·迪马焦(Paul DiMaggio)、戴维·莱文(David Levine)、尼尔·斯梅瑟(Neil Smelser)和理查德·斯威德伯格(Richard Swedberg)的有益评论。奥利弗·E.威廉姆森,"新制度经济"命名者,2009 年诺贝尔经济学奖获得者。本文译者:钟世虎,上海国家会计学院;王可欣,西南财经大学。

学的前辈们的经验。①

本文阐述了对经济组织使用的经济学及社会学方法已达到良性张力状态的论点(另见经济社会学会议手册中的 Sabel，Chap.6)。这与先前两种方法基本上相互排斥，因此相互忽视或相互轻蔑地描述对方的研究议程和研究成果的情况形成了对比(Swedberg，1990，p.4)。良性张力关系涉及真正的互惠互利。无论是查尔斯·佩罗(Charles Perrow)最近提到的组织理论的过时(1992，p.162)，还是詹姆斯·马奇(James March)(半开玩笑地)所说的经济学的投降②，都没有得到证实。

在 W.理查德·斯科特(W. Richard Scott)的评论中有一点很明显，其认为经济学和组织理论有一种更为相互尊重的关系，甚至认为它们正在共同参与一个合资企业，即"虽然分歧仍然存在于重要的领域，但存在的共识明显比最初更多"(1992，p.3)，博弈论学家戴维·克雷普(David Krep)认为，"几乎任何由博弈论处理的组织理论都会比博弈论对它的贡献更大"(1992，p.1)，我认为法律、经济和组织相结合的组织科学正在发展中。③

合资企业有时会演变成合并，有时也会破产。在这里，这两种情况都不太可能发生。合并是不可能的，因为经济学、组织理论和法律既有单独的议题，也有合并的议题。此外，全面的合并将使组织科学的发展陷入困境，而组织科学正受益于通过使用不同的视角来重新揭示各种见解。最有可能的是，合资企业将一直持续下去，直到其中一方学到足够的知识，能够独自发展。在 20 世纪末的剩余十年里，有争议的进展值得期待。

本文重点讨论交易成本经济学与组织理论之间的新兴关系，并认为这种关系主要包括三个方面。首先，也是最重要的一点，交易成本经济学已经(并将继续)受到源于组织理论的概念和经验规律的巨大影响。其次，组织理论家可以(而且许多人确实)将许多交易成本经济学概念有效地联系起来(参见英文原文文末的交易成本经济学中关键术语的词汇表)。最后，良性张力关系仍然存在，这一点可以从对一些现象的研究中看出来，针对这些现象提出的对立解释至今仍未得到解决，并引发了争议。

本文首先介绍了新旧制度经济学的背景。在随后部分提出了一个研究经济组织的三级模式；研究了交易成本经济学从组织理论中受益的一些更重要的方法；概述了交易成本经济学中的关键概念；基于交易成本经济学的视角分析了与组织理论相关的经验规律；最后，考察了交易成本经济学与组织理论之间的竞争格局。

制度经济学

传统制度经济学

美国传统制度经济学运动的领军人物是韦斯利·米切尔（Wesley Mitchell）、托尔施坦·凡勃伦（Thorstein Veblen）和约翰·R.康芒斯（John R. Commons）。虽然许多社会学家似乎对旧传统表示同情，但越来越多的人认为这种方法"在很大程度上是描述性的和历史性的"（DiMaggio and Powell，1991，p.2），并不是渐增的（Granovetter，1988，p.8）。

经济学家对传统制度经济学的批评一直很严厉。乔治·施蒂格勒（George Stigler）表示："这个学派在美国失败的原因很简单。它除了对传统标准理论持敌对态度外，并没有积极的研究议程，什么都没有。"（Stigler，1983，p.170）Matthews（1986，p.903）也表达了类似的观点。罗纳德·科斯（Ronald Coase）表示赞同：美国制度主义者的工作"一无所获……没有理论，除了大量期待出现理论或消失的描述性材料外，他们没有任何东西可以传递。因此，如果现代制度主义者有先驱的话，那就不是之前发生的事情了"（Coase，1984，p.230）。

尽管这些评估的总体准确性不高，但仍应将约翰·R.康芒斯排除在外。不仅威斯康星州的制度经济学传统仍然具有强大的生命力（Brornley，1989），而且康芒斯及其学生和同事对公共政策的影响也值得肯定。安德鲁·范·德文（Andrew Van de Ven）对康芒斯的知识贡献的总结与以下第一点相关：

（关于康芒斯）尤其值得强调的是：(1)他将制度视为对稀缺性和利益冲突的回应的动态观点；(2)他将交易的原始形式作为分析的基本单位；(3)他对集体行动如何在无数次常规和互补交易中制约、解放和扩展个人行为，以及个人意志和权力如何获得对局限性或竞争性因素的控制，从而为制度变革提供生成机制的部分-整体分析；(4)他对社会风俗、法律先例和法律如何演变的历史评价,以建立审慎合理行为的集体标准,以便以务实和道德的方式解决冲突各方之间的争端。

尽管程度不同,但交易成本经济学对康芒斯的四个观点作出了回应。④

在大萧条期间及之后,康芒斯及其同事和学生在政治方面有着强劲影响力——具体表现在塑造社会保障、劳动立法、公共事业监管以及更广泛的公共政策方面。可能由于其公共政策的成功,威斯康星学派忽视了其在知识基础方面的发展。与交易成本经济学相关(Wiliamson,1993a)的连续制度化操作——从非正式到半正式、半正式和完全正式的分析模式——从未实现过。相反,康芒斯制度经济学在非正式阶段之后进展甚微。

欧洲也有更古老的制度经济学传统。其中尤其重要的是德国历史学派。[建议有兴趣的读者查阅 Hutchison (1984)、Swedberg (1991)的文献]当然,还有卡尔·马克思(Karl Marx)的伟大作品。

在往后的德国学派中,奥尔多自由主义学派或称为弗莱堡学派也值得一提。正如 Grossekettler (1989)所讨论的那样,这个学派受到沃尔特·欧肯(Walter Eucken)的工作的启发,他的学生路德维希·艾哈德(Ludwig Erhard)于 1949—1963 年担任德国经济部长,并于 1963—1966 年担任德国总理,他被广泛认为是德国"经济奇迹"政治之父。格罗塞凯特勒描述了奥尔多自由主义与产权理论、交易成本经济学,尤其是立宪经济学之间的许多相似之处(Grossekettler, pp.39,64—67)。

奥尔多自由主义的纲领具有很高的普遍性(Grossekettler, p.47),其特点是将合法原则应用于整个经济(Grossekettler, pp.46—57)。该学派对战后德国经济政策的影响非常大,其影响力在 20 世纪 60 年代中期后有所下降。尽管格罗塞凯特勒将这种下降归因于"对凯恩斯理论的广泛接受……(在)年轻的德国知识分子中"(Grossekettler, pp.69—70)。另一个问题是,奥尔多自由主义经济学的原则从未被赋予可操作的内容:从未开发出具体模型,从未确定过关键的权衡,机制仍然非常抽象。这一学派与威斯康星学派的相似处之大——巨大的公共政策影响、不发达的概念框架、智力影响力的丧失——令人震惊。

新制度经济学

新制度经济学有各种各样的风格,并且定义也各不相同(参见 Hodgson,

经济社会学会议手册,Chap.3)。⑤ 产权经济学——特别是由科斯(Coase,1959,1960)、阿尔钦安(Alchian,1961),以及德姆塞茨(Demsetz,1967)发展而来的——是对正统观念早期的、有影响力的异议。他们提出了一种与技术相反的进化型经济组织方法,根据这种方法,如果经济需求符合成本效益,则在出现经济需求时会创造并实施新的产权。

埃瑞克·菲吕博顿(Eirik Furubotn)和斯维托扎克·佩约维奇(Svetozaq Pejovich)提出的所有权定义是相当准确的:"根据一般协议,资产所有权包括三个要素:(a)资产使用权;(b)挪用资产收益的权利;(c)改变资产形式和/或实质的权利"(1974,p.4)。科斯提出了代表经济组织的产权方法的强烈主张(1959,p.14):"除非在资源中建立产权,否则私有企业系统将无法运作,当这种情况发生时,希望使用资源的人必须向所有者付费才能获得资源。这样混乱就消失了。当然,政府也有必要建立一个法律制度来界定产权和解决纠纷。"事实证明,这些主张夸大了使用产权法的理由。不仅产权定义有时成本高昂(考虑定义知识产权的难题),而且法院命令的执行也是一种代价高昂的方式。因此,一种比较合同法(Macneil,1974,1978;Williamson,1979,1991a)——而不是纯粹的产权方法——常常(但有选择地)被私人命令所取代,以管理契约关系(Macneil,1974,1978;Williamson,1979,1991b)。因此,这一方法有很多值得推荐的地方。

虽然早期的产权方法和最近的比较合同法似乎是对立的组织理论,但通过认识新制度经济学实际上已经发展成两个互补的部分,这种紧张关系得以缓解。其中一个部分主要涉及背景条件(扩展到产权以外,包括合同法、规范、习俗、惯例等),而第二个分支涉及治理机制。兰斯·戴维斯(Lance Davis)和道格拉斯·诺思(Douglass North)提出的两部分定义(1971,pp.5—6;重点补充)是准确的:

> 制度环境是一套基本的政治、社会和法律基本规则,为生产、交换和分配奠定了基础。有关选举、财产权和契约权的规则就是例子。

> 制度安排是经济单位之间的安排,它决定了这些单位之间合作和/或竞争的方式。它……(可以)提供一种结构,在该结构中,其成员可以合作……或者(它)可以提供一种能够影响法律或财产权变更的机制。

有趣的是,这两部分与约瑟夫·熊彼特更早描述的"经济社会学"和"经济理论"之间的分工是非常吻合的。在熊彼特的描述中,经济社会学被期望研究制度环境,而经济理论则主要关注治理机制[Schumpeter,(1951) 1989, p.293]。

事实证明,许多经济学家在与制度环境有关的问题上已经进行了卓有成效的研究。其中包括诺思的大量研究,他将制度定义为"构成政治、经济和社会互动的人为制约因素。它们包括非正式约束(制裁、禁忌、习俗、传统和行为准则)和正式规则(宪法、法律、财产权)"(North, 1991, p.97)。在其他地方,他认为"制度包括一系列以规则和条例为形式的行为限制;一套检查偏离规则和条例行为的程序;以及最后,一套道德伦理行为规范,这些规范定义了行为的轮廓,并限制了规则和条例的具体制定及执行方式"(North, 1986, p.233)。这些定义以及 Schmid(1972, p.893)、Bromley(1989, p.41)、Schotter(1981, p.9)及 Furubotn 和 Richter(1991, p.3)的相关定义,与社会学家塔尔科特·帕森斯(Talcott Parsons)和尼尔·斯梅尔塞(Neil Smelser)对制度的定义类似,他们认为制度是"通过对角色期望的定义和对动机的组织,将社会系统中共同文化的价值模式融入各单位相互作用的具体行动中的方式"(1956, p.102)。

这种对产权、习俗、规范、惯例等的强调,对于进行跨时期、跨国家或跨文化比较而言,尤其重要。然而,组织经济学主要关注的是:保持这些背景条件不变的情况下,为什么要以一种方式组织经济活动(例如,从市场采购)而不是另一种方式(例如,根据自己的需求生产:层级结构)?这就是科斯问题[Coase,(1937)1988]。它是交易成本经济学关注的焦点,也是新制度经济学中组织理论家和组织社会学的大部分兴趣所在。对治理的研究不仅提出了不同的问题,而且制度经济学中的许多预测内容和大多数实证研究都落在治理层面(Matthews, 1986, p.907)。

三级模式

交易成本经济学主要关注契约关系的治理。然而,治理并不是孤立运作的。替代治理模式的比较效力一方面取决于制度环境,另一方面取决于经济行为者的属性。因此我们提出了一个三级模式,根据该模式,分析、治理的对象受到更多的宏观特征(制度环境)和更多的微观特征(个体)的影响。抛开反馈因素(这在交易成本经济学体系中并不发达)不谈,制度环境被视为转换参数的中心,这些参数的变化会改变治理的比较成本,而个体则是行为假设的起源。

罗杰·弗里德兰(Roger Friedland)和罗伯特·阿尔福德(Robert Alford)也提出了有关环境、治理和个体的三级模式,但他们的重点却截然不同。他们关注个体,并认为这三个层级的分析是"嵌套的,其中组织和机构为个体行为规定了力度逐渐提高的约束和机会"(1991,p.242)。

这里提出的因果模式类似于 Scott(1992,p.45)最近提出的因果模式,后者也主要关注治理,但与这里提出的不同。这里提出的模式有三个主要影响因素(见图1)。这些影响因素用实线箭头表示。次要影响因素则用虚线箭头表示。如上所述,制度环境决定了游戏规则。如果产权、合同法、规范、习俗等的变化引起了治理的比较成本的变化,那么通常意味着经济组织的重新配置。

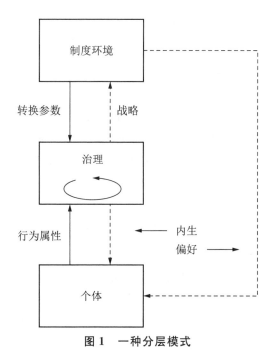

图1 一种分层模式

从个体到治理部门的实线箭头包含了交易成本经济学运作的行为假设，治理部门内的循环箭头反映了这样一个命题：组织与法律一样，有其自身的生命。这个命题将在下一节中讨论。

尽管行为假设经常被经济学所忽视，但交易成本经济学赞同这样一个说法：经济行为体应该用可操作的现实主义术语来描述（Simon，1978；Coase，1984）。有趣的是，"局外人"，特别是物理学家，长期以来一直坚持认为，要想更好地理解人类行为，需要更自觉地关注人们的思维方式（Bridgeman，1955，p.450；Waldrop，1992，p.142）。赫伯特·西蒙（Herbert Simon）对此表示赞同：

> 在制定我们的研究议程和指导我们的研究方法时，没有什么比我们对正在研究其行为的人类本质的看法更为重要了。……它对研究有影响，也对政治制度的正确设计有影响。詹姆斯·麦迪逊（James Madison）非常清楚这一点，在《联邦党人文集》一书中，他选择了人类状况的这种观点（*Federa-List*，No.55）：

> 正如人类有一定程度的堕落需要一定程度的谨慎和不信任一样，人性中也有其他品质可以证明一定程度的尊重和信任是合理的。

> 我们可以承认，一种平衡而现实的观点，即人类理性是有限的，同时也存在动机和理性的脆弱性。（1985，p.303）

交易成本经济学明确地采纳了人类认知受限于有限理性这一命题，其中有限理性被定义为"有意理性，但仅限于此"的行为（Simon，1957a，p.xxiv），但在对麦迪逊所提到的"堕落程度"的解释上与西蒙不同。

虽然西蒙认为这种堕落出自"动机和理性的脆弱性"，但交易成本经济学将其描述为机会主义，包括使用诡计来追求自己的利益。前者是一种更为良性的解释，许多社会科学家都更喜欢它。然而，考虑一下罗伯特·米歇尔斯（Robert Michels）关于寡头政治的总结性评论："只有平静而坦率地审视民主的寡头危险，才能使我们将这些危险降至最低"[(1911) 1962，p.370]。如果平静而坦率地提及机会主义可以使我们警觉到可避免的危险，而更为温和地提及动机和理性的脆弱性不会提醒我们，那么采用更仁慈的方式就会存在真正的危险。如下所述，机会主义的减少在交易成本经济学中起着核心作用。

机会主义可以采取公然形式、狡猾形式和自然形式。公然形式与马基雅维利(Machiavelli)有关。因为他认为与贵族交易的代理人是机会主义者,所以建议贵族采取对等的甚至先发制人的机会主义,以便在任何时候只要"使自己受约束的理由不存在",就能够违反契约而不受惩罚[Machiavelli,(1513)1952,p.92]。而狡猾形式则具有战略意义,并在其他地方被描述为"以诡计谋取私利"(Williamson,1975,pp.26—37;1985,pp.46—52,64—67)。自然形式涉及在边缘倾斜系统。生产管理办公室所谓的"一年一美元"人员,在第二次世界大战开始时就有250人,他们受到参议院调查国防计划特别委员会的关注,因为"这些担任高级公职的高管们过于倾向于为公司的利益作出决策。'他们只关心自己的生意',(参议员)杜鲁门(Truman)评论道。该报告称他们是'真正意义上的说客',因为他们的存在不可避免地意味着偏袒,'人性就是这样'"(McCullough,1992,p.265)。米歇尔·克罗齐尔(Michel Crozier)对科层制的处理为所有形式的机会主义提供了突出条件,他将其描述为"人类代理人在任何情况下都积极利用一切可能的手段来推进自己的特权的积极趋势"(Crozier,1964,p.194)。

从治理到制度环境的反馈效应可以是工具性的,也可以是战略性的。前者的一个例子是合同法的改进,这是在发现现存法律不适合支持契约完整性的当事方的要求时产生的。战略变化可以采取保护性贸易壁垒的形式,以对抗国内和/或国外竞争。由于广告或其他形式的"教育",从治理到个体层面的反馈可以被解释为内生偏好的形成(Bowles and Gintis,1993)。个体也受环境的影响,因为内生偏好是社会条件的产物。虽然交易成本经济学通常与这些次级效应相关,但其他分析模式通常更为直接。

更一般地说,弗里德兰和阿尔福德计划、斯科特计划和我提供的变体并不是相互排斥的。在哪个时候使用取决于被问到的问题。重复一遍,我提出的经济组织的主要案例分析方法是图1所示的实线因果关系,其中以虚线表示改进。

组织理论的附加值

Swedberg(1987,1990)、Frank(1992)和其他人描述了经济学在许多方

面受到社会学和组织理论的影响。这里提到的附加值仅涉及与交易成本经济学直接相关并显著受益的那些方面。

上文讨论的行为假设——有限理性和机会主义——可能是组织理论如何塑造交易成本经济学最明显的例子。但是,组织拥有自己生命这一命题(图1中治理框中的圆形箭头)也很重要,并且还有其他影响。

跨期过程转换

将企业描述为一个生产函数需要一种工程方法来组织。由此产生的组织"机器模型"强调预期效果,而忽视非预期效果(March and Simon, 1958, Chap.3)。但是,如果组织拥有自己的生命,并且如果通常的经济方法无法与组织的跨期现实相关联,那么,至少出于某些目的,可能需要一种额外的经济方法。

请注意,这并不等于提议放弃经济方法。相反,"通常"或正统的经济方法让位于增强或扩展的经济方法。这与采用完全不同的方法非常不同——例如,神经网络方法。

事实证明,经济方法既有弹性又非常强大。因为它具有弹性,并且因为越来越多的经济学家已经被说服需要"按原样"处理经济组织,所以缺点和重要规律(无论是有意的还是无意的)都在这个范围内。又因为它非常强大,所以经济学带来了附加值。具体而言,经济学赋予经济行为者的"远见倾向"或"理性精神"允许对先前被忽视的规律作出更进一步的分析。一旦了解了意料之外的后果,就可以预见到这些影响,并会将其重新纳入组织设计中。这将减少不必要的成本,并且将增加未预期的收益。通常会产生更好的经济表现。

意外的影响往往被延迟,而且往往是微妙的。因此,需要深入了解组织中的细节和跨期过程转换。由于组织理论学家对这些条件的了解更广泛、更深入,经济学家有很多需要学习的地方,所以应该对他们有所尊重。这里有四个具体的例子。

对控制的要求。对感知到的性能失败的自然反应是引入额外的控制。这些努力可能会产生预期和非预期的后果(Merton, 1936;Gouldner, 1954)。

雇佣关系就是一个例证,其中对行为可靠性的更多强调产生了附加规则

(March and Simon，1958，p.384)。然而，规则不仅仅作为控制手段，而且还定义了最低限度可接受的行为(Cyert and March，1963)。以法律和机械的方式将规则应用于管理下属的管理者会要求"按规则工作"，这会阻碍有效表现。

这些意想不到的后果被组织理论家的广阔视野所捕捉。然而，本着高瞻远瞩的契约精神，这个论点可以更进一步。一旦了解到附加后果，有远见的经济学家将通过将这些因素分解到原始的组织设计来考虑这些因素。(一些组织理论家可能会回应说，最后这种说法是异想天开、不切实际的。这可以通过检查数据来确定)

寡头政治。"寡头政治的铁律"认为，"是组织产生了当选者对选举人、管理者对授权者、被授权者对授权人的压迫。谁在说组织就是在说寡头政治"[Michels(1911)1962，p.365]，尽管出发点是好的，最初的领导层(或其继任者)将不可避免地为办公室建立联系。由于处于战略地位，领导层将通过控制信息、操纵奖励和惩罚以及调动资源来击败竞争对手以推进自己的工作。更糟糕的是，深入的领导层将利用组织推进自己的议程，而牺牲成员利益。

一种应对措施是避免组织化而倾向于无政府状态，但这是极端做法。更重要且更深刻的教训是在一开始就考虑到所有可预测的规则，这样在最初的设计阶段就可能缓解可预见的寡头政治过度。⑥

身份/能力。身份问题很重要，这一命题从一开始就体现在交易成本经济学中。如下所述，身份通常用某种形式的"资产专用性"来解释。公司的"能力"观点(Selznick，1957；Penrose，1959；Wernerfelt，1984；Teece，Pisano and Shuen，1990)提出了相关但额外的问题。

解读公司"能力"观点的一种方法是询问除了有形资产清单、金融资产的核算以及劳动力的普查外，还需要什么来描述公司的能力。可以说，重要的组织特征包括：(1)公司开发的沟通代码(Arrow，1974)；(2)公司所使用的常规方法(Cyert and March，1963；Nelson and Winter，1982)；(3)已经形成的企业文化(Kreps，1990b)。我们如何看待这些问题？

一种回应是将这些视为经济组织的自发特征。正如社会学中的制度理论所解释的那样，"组织结构、程序和决策在很大程度上是仪式性的和象征性的,尤其是当很难或不可能根据其实际结果评估组织决策的效力时"(Baron and Hannan,1992,p.57;重点补充)。

当然,如果无法确定效率的后果,那么意向性就没有什么可补充的了。然而,组织的一些潜在效率后果正在逐渐得到更好的理解,因此它们(至少部分)会受到战略决定的影响。如果能力的好处因交易的属性而不同(可以说确实如此),那么要做的最具成本效益的事情就是塑造文化、开发沟通代码,并以协商(特定于交易)的方式管理日常事务,实施意向性观测将需要揭示定义文化、沟通代码和日常事务的微观分析属性,这是一项雄心勃勃的工作。

科层化。与市场失灵的研究相比,对科层制失灵的研究还不够完善。一个考虑周全的组织理论将为各种失败做准备,这是基本的。

虽然是低度开发的,但科层制失灵的文献非常多,部分原因是所谓的失灵是用绝对而非比较的术语来描述的。但是,除非能够确定分配交易(或相关交易集)的上级且可行的组织形式,否则所讨论的失灵实际上是无法弥补的。交易成本经济学的任务之一是从比较制度的角度评估所谓的科层制失灵。

基本论点是这样的:很容易证明一个特定的科层组织被成本所困扰,但如果所有可行的组织形式都被相同或相等的成本所困扰,这就是无关紧要的。在其他地方报道了为确定能在比较制度审查中生存下来的科层制成本所作的努力(Williamson,1975,Chap.7;1985,Chap.6),但这些都是临时性的和初步性的。虽然跨期转型和复杂性是科层制失灵研究中反复出现的主题,但仍然需要对这些问题给予更多的关注。

适应

经济学家弗里德里希·哈耶克(Friedrich Hayek)认为,经济组织的主要问题是适应问题,并认为这会通过价格体系来自发实现。商品需求或供应的变化导致价格变化,因此"个体参与者能够采取正确的行动"(Hayek,1945,p.527;重点补充)。个体行为者的这种价格诱导的适应被称为自主适应。

组织理论家切斯特·巴纳德(Chester Barnard)也认为,适应是组织的核心问题。但是，尽管哈耶克强调自发的自主适应，但巴纳德关注的是有意识的合作适应。正式组织，特别是科层制度，是巴纳德所谓的"有意识、有目的"合作的工具（Barnard，1938，p.4）。巴纳德的见解对组织理论产生了持久的影响，对经济学也有持久的影响。

交易成本经济学：(1)同意适应是经济组织的核心问题；(2)认为自主和合作这两种类型的适应性都很重要；(3)认为对干扰的适应性应该主要是自主的、合作的还是混合的，因交易属性而异（特别是与连续活动阶段相关的投资双边或多边依赖的程度）；(4)认为每种通用形式的治理（市场、混合和科层制）在以自主和合作方式进行适应的能力上都存在系统差异。由此获得了交易和治理结构之间（关于交易成本节约）的一系列预测（Williamson，1991a）——哪些预测受吸引并且已经得到实证检验（Joskow，1988；Shelanski，1991；Masten，1992）。

政治

Moe(1990)提出了一个令人信服的论点，即公共机构不同。部分原因是分配给公共部门的交易不同，但其认为，公共部门会受到政治影响。民主政治要求妥协的做法与私营部门的做法不同，并提出新的征收危险。在这两方面，公共机构设计都会出现额外的"低效"。

职业安全与健康管理局（OSHA）的设计说明了妥协造成的低效率。"如果允许商业公司帮助设计OSHA，它们会以无法完成其工作的方式来构建它。它们会试图削弱它。这不是一个假设情况。代表企业的利益集团确实参与了设计OSHA。……而且OSHA是一个行政噩梦，在很大程度上是因为它的一些有影响力的设计师完全打算赋予它不起作用的结构"（Moe，1990，p.126）。

可以肯定的是，私营部门组织也是妥协的产物。然而，通过产品和资本市场的竞争可以检查私营部门的低效率。关于后者，私营部门和公共部门的投票规则是非常不同的。私人部门的规则是一股一票，股份可以通过购买来集中。公共部门的规则是一人一票，投票的"购买"要麻烦得多。此外，由于提高效率所带来的收益（至少在第一种情况下）会对私营部门所有者的所有权产生影响，因此，私营部门对集中所有权和消除低效率的动机更大。

但是,即使把投票考虑放在一边,还有另一个因素诱使政客们十分低效地设计机构。创建和设计机构的现任政客意识到,反对派可能在未来赢得多数票并获得控制权,因而将在设计机构时参考直接利益(有利于响应机制)和可能的未来损失(通常有利于在系统中制造惯性)。因此,一个有远见的多数党在一开始就将某种程度的(明显)低效率设计到该机构中——其效果将是挫败继任政府重塑机构服务宗旨的努力。⑦

嵌入性和网络

Hamilton 和 Biggart(1988)对经济组织的交易成本经济学解释持异议,因为它隐含地假设制度环境在任何地方都是相同的,即"西方民主国家的制度环境,尤其是美国"。他们观察到,东亚的大公司与美国公司在很多方面不同,并解释说"组织实践……是由先前存在的互动模式构成的,在许多情况下可以追溯到工业化之前。因此,工业企业是对预先存在的支配模式的复杂现代适应,以适应利润、效率和控制通常构成的生存条件的经济环境"(Hamilton and Biggart,1988,p.S54)。

东亚公司不同的证据令人信服。然而,关于交易成本经济学不适用于东亚经济体的论点太过否定了。

正确的论点是,制度环境很重要,交易成本经济学在其对治理的关注中忽视了这一点。将制度环境视为一组转移参数,其变化会引起治理的比较成本变化——这至少在一个近似值上是显而易见的反应(Williamson,1991a)。这是上文提到的解释,如图1所示。

尽管如此,有人可能会反对说,就目前而言,这还不错,但是比较静态分析——这是一次性运动——还远远不够。正如马克·格兰诺维特(Mark Granovetter)所观察到的那样,"更复杂的……文化影响的分析……明确表示文化不是一次性的影响,而是一个持续的过程,在互动过程中不断构建和重建。它不仅影响其成员,而且也受其影响,部分是出于他们自己的战略原因"(1985,p.486;强调原文)。

这种反对意见并非毫无根据,但应该指出,"更复杂的分析"必须通过其附加值来判断。更深层次的见解是什么?附加影响是什么?所讨论的影响真的超出了节约推理的范围吗?

关于最后一点,可以考虑"具体关系和结构"产生信任并阻止非经济或经济以外渎职行为的"嵌入性"论点:

> 一个可信的线人所提供的信息比一个已知的某人负有责任的声明要好,即使他曾与此人打过交道,并发现此人可靠。更好的信息则是自己过去与该人交往中获取的信息,原因有四点:(1)便宜;(2)人们最信任自己的信息——更丰富、更详细,且众所周知的是准确;(3)与他人保持持续关系的个人具有值得信赖的经济动机,以免妨碍未来的交易;(4)脱离纯粹的经济动机,持续的经济关系往往被社会内容所覆盖,这些内容具有对机会主义信任和弃绝的强烈期望。(Granovetter, 1985, p.490)

除了最后一点外,整个论证与交易成本推理是一致的,而且大部分都是交易成本推理所预料到的。显然,交易成本经济学和嵌入性推理在很多方面是互补的。

与之相关的一个论点是,交易成本经济学主要关注二元关系,因此网络关系不受重视。这一前提是正确的,[8]但认为网络分析超出交易成本经济学研究范围的说法过于强烈。一方面,Miles 和 Snow(1992)描述的许多网络效应与混合形式经济组织的交易成本经济学的处理非常接近(Williamson, 1983, 1991a)。另一方面,正如下文对日本经济组织的讨论所揭示的那样,交易成本经济学可以并且已经扩展到处理更丰富的网络效应了。

离散结构分析

资本主义和社会主义可以在离散结构(科层化)和边际分析(有效资源配置)两个方面进行比较。有趣的是,兰格(Lange, 1938, p.109)推测,在两者之间,科层化对社会主义造成了比低效的资源配置更为严重的威胁。

兰格对后者持乐观态度,是因为他已经推导出有效资源配置的规则(主要是边际成本定价规则),并且相信社会主义规划者和管理者可以实施这些规则。Schumpeter(1942)和Bergson(1948)对此表示赞同。在接下来的五十年里,比较经济系统的研究主要是对配置效率的研究。

相比之下,科层制被忽视了。部分原因是因为对科层制的研究被认为超出了经济学范畴,而其应属于社会学(Lange, 1938, p.109)。此外,兰格认为"垄断资本主义"受到更严重的科层制问题的困扰(Lange,1938,p.110)。然而,如果说最近苏联的解体更多地归因于浪费(在边境内运作)而不是低效的资源分配(在边境错误的地方运作),那么正是科层制的累积负担(目标扭曲、懈怠、适应不良、技术停滞)导致了苏联的灭亡。

这里的教训是:在研究二阶(边际主义)细化改进之前,务必先研究一阶(离散结构)效应。此外,这应该是显而易见的:浪费很容易成为比价格扭曲更为严重的福利损失的来源[比较 Harberger(1954)和 Williamson(1968)的研究]。

西蒙也提出了类似的建议。因此,他认为主要问题是:

不是"一个人买多少洪水保险?"而是"使购买保险变得理性或有吸引力的结构条件是什么?"

不是"将工资定在什么水平",而是"什么时候将根据劳动合同而不是销售合同来开展工作?"(1978,p.6)

弗里德兰和阿尔福德最近对制度逻辑的处理也是一种离散结构类型(1991,p.248)。交易成本经济学的表现同样如此,但弗里德兰和阿尔福德关注的是制度秩序——资本主义、国家、民主、家庭等——之间的离散结构逻辑。交易成本经济学认为,制度秩序中的独特逻辑也需要区分。例如,在资本主义的制度秩序中,每种通用的治理模式——市场、混合和科层制——都拥有自己的逻辑和独特的属性集群。特别重要的是,每种通用治理模式都由一种独特的合同法形式来支持。

正如在其他地方(Williamson,1991a)所述的,交易成本经济学认为古典契约法适用于市场,新古典契约法适用于混合状态,宽容法则是科层制合同法。在这三个契约概念之间,古典契约法最具法律性,新古典契约法在某种程度上则更具弹性(Macneil,1974,1978),而宽容法的特性则是,将等级制度作为其自身的终审法庭。但是对于这些合同法的差异,市场和科层制在法定方面是难以区分的。

在这方面我们不妨回顾一下,阿尔钦和德姆塞茨在分析"古典资本主义公司"时提出的论点:"人们通常看到公司的特点是有权通过法令解决问题……这是错觉。公司……没有任何法定权力,没有任何权威,没有任何纪律处分,与普通市场契约没有丝毫不同"(1972,p.777)。这一表述具有挑衅性,它给那些认为公司和市场在法律方面存在差异的人带来了压力,后者有责任说明这些差异的来源。

交易成本经济学的回应是,法院以不同方式处理企业间和企业内的纠纷,法院作为企业间纠纷的最终上诉之地,可以拒绝审理公司内各部门之间出现的相同技术纠纷(关于转让价格、延迟、质量等)。因为科层制是它自己的最终上诉法院(Williamson,1991a),企业也确实可以执行市场所不能执行的法令。先前对区分不同治理模式的离散结构合同法差异的忽视解释了早期的观点,即企业和市场在法定和控制方面难以区分。

交易成本经济学的策略

用于研究经济组织的交易成本经济学项目已在别处有所描述(Williamson,1975,1981,1985,1988a,1991a;Klein, Crawford and Alchian, 1978;Alchian and Woodward, 1987;Davis and Powell, 1992)。这里的目的是概括交易成本经济学所采用的一般策略,并建议组织理论家可以采纳(有些已经采纳的)部分。

这里提出的五部分战略包括:(1)主要案例取向(节约交易成本);(2)分析单位的选择和说明;(3)契约的系统观;(4)基本的权衡机制;(5)评估"失败"的可补救性测试。

主要案例

经济组织非常复杂,我们的理解还很原始,因此有必要分清主次。为此,我建议每一种与之对立的组织理论都应该声明其所依据的主要案例,并阐述由此产生的可辩驳的含义。

交易成本经济学认为,节约交易成本是资本主义组织选择一种形式而非另一种形式的主要原因。因此,它将这一理论应用于一系列广泛的现象,即纵向一体化、纵向市场限制、劳工组织、公司治理、金融、监管(和放松管制)、企业集团组织、技术转让,以及更广泛地说,可以直接或间接作为契约问题提出的任何问题,事实证明,大量问题乍一看似乎不属于契约问题,但最终被证明具有潜在的契约结构——寡头垄断问题(Williamson，1975，Chap. 12)和公司城镇组织问题(Williamson，1985，pp.35—38)就是例证。请将它们与其他主要案例(竞争性案例或互补性案例)进行比较。

三个较早的主要备选案例是，经济组织主要是由(1)技术，(2)垄断，(3)有效风险承担来解释。最近的主要候选案例是：(4)劳动与资本之间有争议的交换，(5)其他类型的权力论证(例如，资源依赖性)，(6)路径依赖。前三个备选案例可以作如下阐述。(1)技术上的不可分割性和不可分割性只能解释小型团体，最多只能解释大型工厂，但不能解释多群体组织或技术上可分的群体/活动的组织(哪些群体/活动应该保持自治，哪些应该联合)。(2)垄断解释要求满足垄断先决条件，但大多数市场都是竞争性组织。(3)虽然不同的风险厌恶可能适用于许多雇佣关系，但它对公司之间的贸易适用性较低，其中投资组合多样化更容易实现，而且小型公司(出于激励强度和节约的动机，而非风险承担的原因)通常会承担过高的风险。对最后三个的回应在下文得到了更充分的发展。简而言之，它们是：(4)有争议的交易所指向的失灵往往是不可挽回的；(5)资源依赖是一种无约束的契约理论；(6)虽然路径依赖是一个重要现象，但可补救的低效率却很少被证实。

可以肯定的是，交易成本节约并不总是平稳或快速地运行。因此，我们应该"期望(交易成本节约)在进入(容易)并且(生存斗争激烈)的行业中表现得最为明显"(Koopmans，1957，p.141)。[9]尽管如此，交易成本经济学仍然认为，随着国际竞争变得更加激烈，商业部门的低效率会导致其自身的消亡。然而，政治上施加的障碍(关税、配额、补贴、规则)可能会推迟清算；[10]弱势群体(铁路工人、码头工人、管理人员)也可以推迟变革，除非通过收购对其进行补偿。

我提到的节约是通过弱形式的选择来进行的——这种选择意味着，在某种绝对意义上选择了合适的，但不一定是最适合的(Simon，1983，p.69)。[11]此外，所讨论的节约通过私人净收益计算来实现。这符合积极经济学的需要——那里发生了什么？——很好，但公共政策需要更加谨慎。如下所述，对公共政策干预是否合理的相关检验是具有可补救性的。

尽管有这些重要的限定条件，但交易成本经济学坚持认为，节约主要是私营部门经济组织的决定因素,并且如所指出的那样,需要与竞争的主要案例假设进行比较。尼古拉斯·乔治斯库-罗根(Nicholas Georgescu-Roegen)关于科学目的和预测作用的观点是恰当的:"科学的目的一般不是预测,而是知识本身",但预测是"科学知识的试金石"(1971,p.37)。有许多看似合理的说法可供选择,重要的是每种说法都要准备好展示自己的观点(提供预测)。

分析单位

多种分析单位被应用到经济组织的相关研究中。西蒙提出,决策前提是适当的分析单位(1957,p.xxx—xxxii)。所有权是产权经济学的分析单位。产业是产业组织结构-行为-绩效模型(Structure-Conduct-Performance Model,SCP)的分析单位(Bain,1956;Scherer,1970)。个体是委托代理理论的分析单位(Jensen,1983)。交易成本经济学遵循康芒斯(Commons,1924,1934)的做法,将交易作为基本的分析单位。

无论选择何种分析单位,都需要确定该分析单位不同的关键维度。否则该单位将无法运行。此外,还需要说明分析单位所适用的范式问题。表1列出了相关的比较。

表1 分析单位的比较

分析单位	临界尺寸	焦点问题
决策前提	角色,信息,特质[a]	解决人类问题[b]
所有权行业	"十一大特征"[c]精选,进入壁垒	外部性价格成本利润率
个人交易	未声明的频率,不确定,资产专用性	激励机制纵向一体化

注:a. Simon,1957a,pp.xxx—xxxi;b. Newell and Simon,1972;c. Bromley,1989,pp.187—190。

如表1所示,交易成本经济学所涉及的代表性问题是纵向一体化——企业应该何时制造而不是购买商品或服务?此外,交易成本经济学的大部分预测内容所依赖的焦点维度是资产专用性,其(如下文所述)是衡量双边依赖性的一个指标。更一般地说,交易成本经济学关注的是契约关系治理(与康芒斯提到的"持续关注"相似)。事实证明,经济组织(中间产品市场、劳动力市场、资本市场、监管甚至家庭)涉及一些关键交易成本节约主题的变化。预测行为基于以下命题:交易的属性不同,而治理结构的成本和能力与之相匹配,从而形成了一种区别对待(主要是节省交易成本)的方式。

这些论点已为人熟知,并在其他地方有所发展。在这里只需要观察到,组织理论的实证研究长期以来一直缺乏适当的分析单元和可操作性,即维度化。

有远见的契约

经济学家专注于直接影响和预期影响,而忽视间接影响和(通常是延迟的)非预期影响,这被广泛解释为一种短视情况。但事实上,大多数经济学家都是有远见的。问题在于外围视野有限。

隧道视野既是一种优势,也是一种弱点。优势在于,只聚焦于核心问题,聚焦镜头可能非常强大。局限在于,如此重要的违规行为将被遗漏,甚至更糟的是,将被忽视。

交易成本经济学通过借鉴组织理论来联系这些局限性。因为组织有自己的生命,所以交易成本经济学:(1)要求了解更重要的间接影响;(2)进而提出鉴于这些预期影响,有效治理的后果是什么。这样,就将意外效果(来自组织理论)与远见契约(来自经济学)结合起来了。

交易成本经济学承认,所有复杂的契约都不可避免地具有不完整性。这既有现实意义,也有理论意义。实践教训是:所有相关的契约行为都不能集中在事前激励机制中,而是会有一些溢出到事后治理中。理论教训是,组织形式之间的差异会失去经济意义,由于任何形式的组织都可以复制任何其他组织,因此在全面的契约制度下都具有重要意义(Hart, 1990)。

交易成本经济学通过把契约过程描述为"不完整的整体契约"之一,将不完整性与有远见的契约结合起来。但是由于不完整,上述事后治理的重要性将会消失。而如果没有远见,交易成本经济学将无法获得经济学家的最重要的"诀窍"之一,即假设经济行为者有能力展望未来,辨别问题和前景,并将这些因素重新纳入组织/契约设计中。"看似合理的远见",相对于超理性,往往就足够了。

例如,考虑一下威胁问题。威胁很容易制造,但可以相信哪些威胁呢?

如果 A 表示若 B 做 Y,则他会做 X,但是如果 B 做 Y,那么 A 的最佳响应是做 Z,那么有远见的 B 就不会认为威胁是可信的。因此,可信的威胁是有远见的 B 认为 A 的事后激励与其主张相称——例如,A 准备了必要种类和投资额来支持其威胁(Dixit,1980)。

或者考虑一下机会主义问题。如上所述,马基雅维利出于短视逻辑,建议他所面向的贵族以以牙还牙方式回应机会主义(在他们抓到你之前抓到他们)。相比之下,有远见的贵族则被建议向前看,如果其发现潜在的危险,那么就会通过重新设计契约关系来考虑危险,通常是通过设计事先保障措施来阻止事后机会主义。因此,明智的贵族被建议给予和接受"可靠的承诺"。

可以肯定的是,将契约视为三元组(p, k, s)更为复杂,其中 p 表示交易发生的价格,k 表示与交易相关的危险,s 表示交易嵌入的保障措施,同时确定价格、危险和保障措施,而不是仅由标价决定价格的标量。图 2 的简单示意图概括了相关行动的大部分操作。[12]

假设供应商是具有竞争力的组织,且风险中立,这将有助于比较。因此,产品供应的价格反映了预期的收支平衡状况。与节点 A 相关联的收支平衡

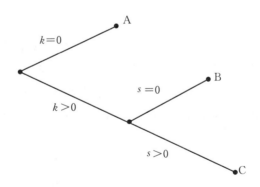

	p	k	s
节点 A	P_1	0	0
节点 B	$\bar{p}$	$\bar{k}$	0
节点 C	$\hat{p}$	$\bar{k}$	$\hat{s}$

图 2 简单契约模式

价格为 p_1。没有危险，$k = 0$。由于不需要安全措施，因此 $s = 0$。[13]

节点 B 更有趣。这里的契约风险是 $\bar{k}$。如果买方不能或不愿意提供保障，那么 $s = 0$。相应的收支平衡价格为 $\bar{p}$。

节点 C 具有相同的契约风险，即 $\bar{k}$。然而，在这种情况下，提供了数量 $\hat{s}$ 的保障措施。在这些条件下，预计的收支平衡价格为 $\hat{p} < \bar{p}$ 是基本的。

需要注意的是，杰弗里 • 布拉达赫(Jeffrey Bradach)和罗伯特 • 埃克尔斯(Robert Eccles)认为"交换伙伴之间的相互依赖(即 $k > 0$)……(促进)信任，(这)与交易成本经济学的核心论点，即依赖性形成鲜明对比……助长了机会主义行为"(1989, p.111)。然而，交易成本经济学所说的是，由于机会主义代理人不会自我实施负责任行为的开放式承诺，只有依赖性得到可信承诺的支持，才能实现有效交换。如果交易所各方都有远见并能反映交易所的相关危害，那么信任在什么情况下会受到影响呢？(如果通过具有成本效益的契约保障[$\hat{s} > 0$]来减轻危险[$k > 0$]，则会有更好的价格[$\hat{p} < \bar{p}$])

事实证明，有远见的契约方法具有普遍影响，其中一些发展如下。

权衡

理想的组织能够快速有效地适应各种干扰，但实际组织需要权衡利弊。因此，尽管更分散的组织形式(例如，市场)支持高效激励，并且对于自主类型的干扰表现出出色的适应性特性，但它们在合作适应方面却不太适合。相比之下，科层制的激励较弱，在自主适应方面相对较差，但在合作适应方面则相对较好。

在中间产品市场中，劳动力、金融、监管等方面的简单交易(其中 $k = 0$)很容易组织。这里必要的调整主要是一种自主类型，类似市场的选择是有效的(因此，公司购买而不是制造，使用现货契约进行劳动，使用债务而不是股权，避免监管，等等)。随着双边依赖性和合作适应需求的增加，市场问题也随之出现。因此，随着合作适应($k > 0$)的需求增加，市场让位于混合制，而混合制又让位于科层制度(这是最后的组织形式)。

更一般地说，重点在于：在可供选择的组织形式中进行知情选择需要权衡利弊。识别和解释权衡是比较经济组织研究的关键。社会科学家(无论是经济学家还是组织理论家)以及法律专家都需要接受这一主张。

可补救性

与此相关的是可补救性概念。如果所有可行的组织形式都存在缺陷(Coase,1964),那么对良性政府、无成本监管、全知法院等的提法在操作上都是无关紧要的。这并不否认假设的理想可以作为有用的参考标准,但标准往往是任意的。无限理性是相关标准吗?完美的管家怎么样,在这种情况下机会主义消失了吗?

要避免陷入理想但与操作无关的推理,需要:(1)认识到做得最好是不可能的;(2)在坚持组织形式的竞赛中所有入围者都要通过可行性测试;(3)对称地揭示所有拟议可行形式的缺点和优点;(4)描述和计算任何拟议重组的机制并计算其成本。这些预防措施似乎是合理、透明的,甚至是无可争议的;然而,所有这些都经常被违反。

在这方面需要注意的是,"低效率"不可避免地与契约风险有关。在将交易从市场中剥离出来并在内部组织交易时所产生的基本市场和等级权衡用一种形式的低效率(科层制)替代另一种形式(不适应)。其中用一种形式的低效率补贴另一种形式的例子是:(1)企业决定在一个薄弱的知识产权中融入相邻的生产(或分配)阶段权利制度,从而防止有价值的技术泄露(Teece,1986);(2)制造商的代理商决定,如果这些增加的费用以成本效益的方式加强了客户关系,从而阻止制造商进入和征用市场开发投资,那么除了开发市场所需的费用外,还将增加额外费用(Heide and John, 1988);(3)使用昂贵的保证金来阻止特许经营者违反质量规范(Klein and Leffler, 1981)。组织还对租金分配和资产保护产生影响。对租金消散的担忧影响了美国汽车工业公司整合成零部件的决定(Helper and Levine, 1992),并有助于解释寡头垄断对工业联盟的抵制。

可以肯定的是,出于寡头垄断的租金保护或其他原因,任何牺牲组织效率的行为都会带来棘手的公共政策。[14]尽管如此,仍需进行补救性测试,以确定公共政策是否应该试图破坏有关的寡头垄断力量。接下来将讨论与路径依赖相关的问题。

附加规则

从前面的内容可以明显看出,交易成本经济学所采用的独立契约方法可以并且需要得到组织理论的支持。然而,交易成本经济不仅仅是一个使用者。它将利己主义的逻辑推向了更高层次,其中信用承诺的概念就是一个例子,它通过提出改进的事前设计和/或替代治理形式来应对潜在的功能失调后果。此外,交易成本经济学也帮助我们发现了与组织研究相关的额外规律。这些包括:(1)基本转型;(2)选择性干预的不可能性;(3)氛围经济学;(4)对日本经济组织的解释。

基本转型

基本转型是交易成本经济学证明"身份很重要"的原理。它有助于阐明企业如何拥有独特身份以及身份为何重要。[⑮]

各种派别的经济学家都认识到,达成初始协议的条款取决于是否可以从多个合格供应商中引出非竞争性投标。如果只有一个高质量的供应商,那么将获得垄断条款,如果有很多供应商,则会产生竞争性条款。交易成本经济学完全接受对事前竞标竞争的描述,但坚持要将契约研究扩展到包括事后特征。

与早期实践相反,交易成本经济学认为,一开始就大量出价的条件并不一定意味着此后将获得大量的出价条件。事后竞争是否完全有效取决于所涉及的商品或服务是否得到对交易特定人力或实物资产的持久投资的支持。如果没有发生此类专门投资,最初的中标者不会比非中标者更有优势。虽然它可能会持续供应很长一段时间,但这只是因为它实际上在不断满足合格竞争对手的竞争性投标。然而,一旦对交易专用资产进行了大量投资,就不能假定竞争对手是在对等的基础上运作的。在这些情况下,赢家比非赢家更有优势,也就是说,续签间隔的均势被打乱了。因此,从一开始的大量竞标条件有效地转变为其后的双边供应条件。对持久的、交易专用资产的大量依赖投资在中标者和非中标者之间引入契约不对称的原因是,如果终止供应关系,经济价值将会被牺牲。

因此,匿名契约被双方身份至关重要的契约所取代。如果将专用资产重新部署到其他用途上,不仅供应商无法实现同等价值,而且买方如果从外部寻求成本最低的供应,则还需要诱使潜在供应商进行类似的专用投资。因此,这些当事方有强烈的动机来解决问题而不是终止契约。更一般地说,有远见的代理人会尝试事先制定节点 C 的保障措施。如前所述,这需要从市场发展到混合制,如果这还不够,则需要发展到等级制。鉴于它的科层制缺陷,等级制是最后的组织形式。

选择性干预的不可能性

据称,大型知名公司对小型潜在进入者更有优势,因为"领先者至少可以像进入者一样使用(或投入)……,并且获得与进入者相同的利润。但在通常情况下,领先者可以通过协调新的和现有的投入来改进这一点。因此,(投入)将更多地受到占主导地位的公司的重视"(Lewis,1983,p.1092)。

这个论点具有以下含义:如果大公司可以在任何地方通过复制做到和一系列小公司一样好,并且有时通过选择性干预可以做得更好,那么大公司应该无限制地增长下去。这是科斯难题的变体"为什么不是所有的生产都在一家大公司中进行?"(1937,p.340)。

对该问题的简单答案是:复制和/或选择性干预是不可能的。但这仅仅将争论向后推了一步。如何解释这些不可能性呢?

根本的困难在于:规则治理的完整性不可避免地因允许自由裁量权而受到损害(Williamson,1985,Chap.6)。因此,任何将规则治理(如市场)与自由裁量治理(科层制)相结合的努力都需要权衡利弊。"用自由裁量权来执行规则"的建议过于简单。

对于以离散结构术语进行治理研究的人来说,这并不奇怪——因此,每种通用治理形式都具有独特的优势和劣势,它们之间的变化需要权衡利弊。尽管如此,企业规模限制之谜在过去五十年甚至更长时间里都没有找到答案(Williamson,1985,pp.132—135),并且至今仍然令人困惑。

氛围

与前面描述的非预期效果相比,这里研究的氛围效应更加局部。"氛围效应"指的是技术上可分离,但是在态度上相互联系且具有系统后果的交易之间的相互作用。⑯

因此,假设工作可以分成一系列可分离的函数。进一步假设参考每个边际差分计量。结果会怎样呢?

如果功能可分性并不意味着态度可分性,那么零碎的计算很容易导致功能失调。这样做的风险在于,将测量范围内的计量推到极限,将会产生从易于计量到难以计量的活动的溢出效应。如果合作态度受到损害,那么那些难以计量但又需要配合的交易将以更敷衍的方式进行。零碎的计算——也就是说,对氛围不敏感,会促进这种互动效应的产生。

一个相关的问题是外部性问题。可以提出如下问题:应该计量所有外部性吗? 这些外部性可以单独计量,并可以用净收益计量吗? 据推测,这部分取决于当外部性被赋予合法性时是否获得次要效应。如果迄今为止被认为是正常社会交往中无害的副产品突然被宣布为可赔偿的伤害,那么各方可能会"感受到"各种不满,并且相应地要求赔偿。随之而来的关系转变很容易导致各方的满意度低于先前水准——至少是暂时的,甚至可能是永久的。

部分原因是,对轻微伤害提出索赔会影响对其他交易的态度。我坚持要求赔偿 A 导致你对 B、C 和 D 提出索赔,这促使我对 E 和 F 等提出赔偿要求。尽管如果将交易 A 分离开来可以实现效率提升,但总体影响很容易是负面的。意识到这一点后,有些人会愿意忽视这种伤害。但是每个人的情况都不一样。如果到处都试图在边际上进行衡量,那么社会就会被重新安排,从而有利于那些要求在奖励和行为之间作出更精确应对的人。如果将补偿问题作为一个宪法问题来处理,而不是根据具体情况,那么通常会对外溢效应持有更大的容忍度(Schelling, 1978)。

与此相关的是,个人保持非正式的社会账户,并发现存在无偿补救溢出的各方之间的互惠交换令人满意(Gouldner, 1954)。将这些偶然的社会账户转变为确切的法律义务可能会破坏氛围,并导致双方之间满意度的净损失。换句话说,普遍存在的金钱关系会影响"契约"的质量——即使有关交易的计量是无成本的。⑰

从上文得出的论点并不是应该禁止计量,而是与经济学相关的组织计算方法可能会走向极端。对态度溢出和非金钱满足感的认识有助于检查这种过度的计算性。

日本经济组织

交易成本经济学主要研究二元契约关系。将企业视为契约关系,目标是规定企业与其中间产品市场供应商之间、企业与其工人之间、企业与财务之间的最佳交易/治理结构等。日本经济组织似乎更复杂。雇佣、银行和分包关系需要同时进行审查。

Masahiko Aoki(1988,1990)、Banri Asanuma(1989)、Erik Berglbf(1989)、Ronald Dore(1983)、Michael Gerlach(1992)、James Lincoln(1990)、Paul Sheard (1989)等阐述了日本与美国经济组织之间的银行、雇佣和分包差异。并且,我不仅相信这三个分歧领域是结合在一起的,而且相信交易成本经济学可以帮助解释互补性(Wiliamson,1991b)。

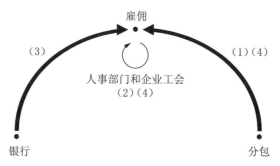

图 3 支持终身雇佣制对抗

注:(1)逆境;(2)逃避;(3)违背;(4)平均主义。分包减少了(1)和(4);人事处和企业工会减少了(2)和(4);银行业务减少了(3)。

图 3 和图 4 显示了互补性的性质。图 3 描绘了终身雇佣所构成的契约风险。这些包括:(1)经济逆境——例如,由于需求的周期性减少——使得提供终身雇佣的成本高昂;(2)享受终身雇佣的工人可以将其视为一种平常待遇而推卸责任;(3)因终身雇佣承诺的诱导而将资产专门用于企业的工人会面临违约风险;(4)企业内部发生平等主义压力,因此向关键工人(其理由是强者)提供终身雇佣的地方扩散给所有工人(包括其理由不充分的人)。尽管这些问题中的每一个都可以单独加以解决,但图 3 所示的系统解决方案

(可以说)仍然更为有效。

图 4 有点复杂,有兴趣的读者可以参考其他讨论(Williamson,1991b;Aoki,1992;Sabel,经济社会学会议手册,Chap.6)。这里只需要指出,银行和分包业务:(1)不仅支持核心企业的雇佣关系;而且(2)受雇佣关系的支持;(3)是相互支持的。

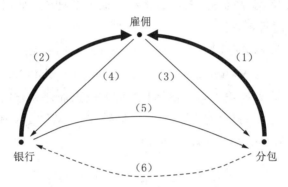

图 4　日本企业通过契约建立的联系

注:粗箭头表示强力支撑,实心箭头表示平均支撑,虚线箭头表示较弱支撑。好处是:(1)更强的同质性;(2)更强的契约稳定性;(3)反馈稳定性;(4)对逆境的可靠反应;(5)财务规划(趋同预期);(6)毫无意外。

无法解决的矛盾

一开始提到的良性张力状态有助于更好、更深入地理解各种现象。在这里,我们关心的问题——权力、路径依赖、信任和"废话"——是交易成本经济学和组织理论之间的巨大差异。

权力/资源依赖性

效率之所以在组织的经济分析中扮演如此重要的角色,是因为假设各方都同意契约并以相对有远见的方式执行此契约。这种自愿主义受到社会学家的广泛争议,他们"倾向于将交换系统视为权力和统治体系(通常被视为基于马克思主义传统中的阶级结构)或规范和价值体系的系统"(Baron and

Hannan，1992，p.14）。

权力的概念非常模糊。由于无法定义权力，一些专家声称他们在看到它时就知道了。这导致其他人得出结论，权力是一个"令人失望的概念。它往往成为无法解释的差异的同义词"（1988，p.6）。

使用"权力"一词的方式包括：资本对劳动力的影响（Bowles and Gintis，1993）；成熟公司对现存和潜在竞争对手行使的战略权力（Shapiro，1989）；对政治进程的特殊利益权力（Moe，1990）以及资源依赖性。虽然所有这些都与经济组织有关，但最后一个与组织理论不同，[18]因此在这里进行研究。

可以区分两种版本的资源依赖性。弱版本是受依赖性影响的各方会尝试减轻依赖性。这是无可置疑的，类似于上面提到的保障措施论点。然而，两者之间有两个显著的差异：（1）资源依赖性没有认识到价格、危害和保障措施是同时确定的；（2）资源依赖性绝不承认资产专用性（这是契约风险的来源）是有意选择的，因为它是生产效益的来源。

资源依赖的强版本假设是短视的。这里的论点是，短视的契约当事方是意外和不想要依赖的受害者。由于短视方没有察觉到风险，因此不会提供保障措施，并且不会将风险排除在外。

与短视和有远见的契约相关的证据包括以下内容：（1）供应商是否对涉及相同投资和相同（稳态）运营成本但其中一项比另一项更不可重新部署的两项技术都漠不关心？（2）不可部署程度是否事前明显或仅在不利状态（导致背离协议的精神背离）已经实现后才显露出来？（3）添加事前保障措施是否会增加特异性？（4）合同法的文件和执行是否反映了这些契约概念中的一个或另一个？交易成本经济学对这些问题的回答如下：（1）在同等条件下，将始终使用更通用（可重新部署）的技术；（2）不可部署性可以事先辨别并被认可（Palay，1984，1985；Masten，1984；Shelanski，1993）；（3）随着资产专用性的建立，事前安全保障增加了（Joskow，1985，1988）；（4）由于真正的非正常事件是不可预见的，如果契约被强制执行，可能会产生不利后果，法律承认各种形式的"借口"，但借口很少被原谅。[19]

路径依赖

交易成本经济学不仅认同"历史很重要"这一命题，而且还依赖该命题来解释替代治理形式的不同优势和劣势。例如,基本转型是命题的具体表现。(不受基本转型影响的交易在契约上更容易管理)。困扰内部组织(巩固地位,联盟)的科层制问题也是经验的产物,并说明了同一命题。如果不是系统偏离其初始条件,那么在科层内(或相反)复制市场并进行选择性干预的努力将更容易——在这种情况下,组织形式之间的差异将会减少。

经验带来的好处也证明了"历史很重要"这一命题。隐性知识及其后果(Polanyi, 1962;Marschak, 1968;Arrow, 1974)证明了这一点。更一般地说,企业特定的人力资产——自发的(例如,编码经济)和有意的(例如,学习)两类——都是特殊经验的产物。治理机构所嵌入的整个制度环境(法律、规则、惯例、规范等)都是历史的产物。尽管在治理结构中运作的社会条件[例如,企业文化(Kreps, 1990b1)]具有反射性且通常是有意的,但这也具有偶然性和暂时性特征。

然而,历史很重要并不意味着只有历史才重要。意向性和经济性解释了很多正在发生的事情。此外,大多数路径依赖性文献强调技术(例如,下面讨论的 QWERTY 打字机键盘)而不是上文提到的组织结果,保罗·戴维(Paul David, 1992)最近的论文是一个例外。我不相信,与组织相比,技术依赖性和路径依赖性是重要的,正如许多文献所表明的那样。技术路径依赖文献所指的许多"低效率"都是不可补救的。

可补救的低效率。如上所述,交易成本经济学强调可补救的低效率——可以描述可行替代方案的那些条件,如果被引入,将不会产生收益。这与假设的净收益不同,后者通过将实际替代与假设理想进行比较来判断所讨论的低效率。

可以肯定的是,实际与假设之间的巨大差异有时表明净收益的机会。但是,对假设的关注是有代价的:"它引导经济学家将注意力从主要问题上挪开,即替代安排在实践中如何实际发挥作用"(Coase, 1964, p.195;重点补充)。

考虑一下 Arthur(1989)对路径依赖的数值示例,其中单个公司在采用两种技术(技术 A 或技术 B)中的任何一种时的收益取决于每种技术的预先采用次数。如果以前很少采用技术 A,则技术 A 的回报率高于技术 B,但如果先前采用得很多,则优势转向技术 B。问题在于,如果每个潜在的采用者只考虑其自身的直接净收益,那么每个人都将选择技术 A,并将锁定劣质技术。微观动机的专政由此产生(Schelling,1978)。

然而,正如 S. J. 利博维茨(S. J. Liebowitz)和斯蒂芬·马戈利斯(Stephen Margolis)对此观点的观察,技术 A 的选择是否低效取决于对知识状态的假设(1992,p.15)。此外,即使可以假定个别当事方知道技术 B 在采用 30 次或 50 次后将成为更有效的选择,也需要考虑集体行动的额外成本,以阻止个人选择技术 A。如果认为个人具有相关知识,即在采用 30 次或 50 次时将发生转换(从技术 A 转到技术 B)是不现实的,或者如果鉴于这种知识,协调集体行动的成本过高,那么有关的低效率问题实际上无法通过私人实排来补救。

但是,有时公共秩序可以做得更好。这里的问题是:(1)公共部门是否更好地了解网络外部性;(2)必要的集体行动更容易通过公共部门进行协调(可能通过法令);(3)社会净收益计算与私人产生的差异足以保证产生的结果不同。如果没有合理的假设来支持预期的净收益(在私人或社会方面),那么所谓的低效率实际上是无法补救的。

这是令人遗憾的,如果社会有更好的知识,或者如果组织更容易实现,那么社会会做得更好。Robinson(1934)和 Demsetz(1969)所指的"天堂经济学"(nirvana economics)是一种假想的遗憾。与现实选择相关的实际成本是比较制度经济学的全部内容。

数量意义。如果所讨论的影响是大而持久的,而不是小而暂时的,那么路径依赖性,无论是否可补救,都会带来更大的挑战。记录路径依赖的数量意义并不容易。阿瑟提供了一系列例子,特别强调了盒式录像机,其中高频技术胜过贝塔技术(Arthur,1990,p.92)以及核电,其中轻水反应堆在高温气冷反应堆中占优势(Arthur,1990,p.99)。虽然两者都是路径依赖的有趣例子,但"制胜"技术明显不如失败者,或者甚至就此而言,胜利者是否都是劣等者。

引用最广泛的案例研究是打字机键盘。QWERTY 键盘故事由戴维(David,1985,1986)提出。它说明了"为什么研究经济史是造就优秀经济学家的必要条件"(David,1986,p.30)。

QWERTY 是指标准打字机键盘顶行的前六个字母。今天的键盘布局与 1870 年首次发明打字机时的键盘布局相同。早期的机械技术受到排字杆冲突的困扰,排字杆的冲突被 QWERTY 键盘设计所缓解。打字机技术的后续发展缓解了这些问题,但 QWERTY 键盘与后来的键盘设计在打字速度上存在较大差异(据报道)。因此,1932 年获得专利的 Dvorak 简化键盘(DSK)比标准键盘快得多,根据美国海军的实验,"使用 DSK 获得的效率提高将在一组打字员随后全职工作的前十天摊销他们的再培训成本"(David,p.33)。后来,Apple IIC 计算机配备了一个内置开关,可以立即将键盘从 QWERTY 转换为 DSK:"如果像苹果广告文案所说的,DSK 可以让你的输入速度提高 20％—40％,那么为什么这个优秀的设计却遇到了本质上相同的阻力……?"(David,1986,p.34)。

有几种可能性。这些包括非理性行为,打字机公司之间的共谋和路径依赖(David,pp.34—46)。戴维最后提出了一个强有力的证据,但有第四种可能性,随后由利博维茨和马戈利斯(Liebowitz and Margolis,1990)提出并进行检验:海军的研究报告和苹果广告文案都不能支持他们所代表的惊人主张。回顾档案并检查数据后,利博维茨和马戈利斯得出结论:"QWERTY 与 Dvorak 的标准历史存在缺陷和不完整……Dvorak 键盘优越性的说法令人怀疑。最引人注目的说法是可追溯到发明者本人,并且最有据可查的记录实验以及最近的人体工程学研究,表明 Dvorak 键盘几乎没有或根本没有优势。"(Liebowitz and Margolis,p.21)如果该评估成立,那么路径依赖在 QWERTY键盘情况下只有适度的效率影响。这种影响很容易低于可补救无效率的门槛。

社会学家最近对特定行业发展的研究也强调了路径依赖性。人口生态学家利用密度依赖的合法性和竞争的生态模型来检验特定行业[例如电话行业(Barnett and Carroll,1993)和计算机模拟]的演化过程。格伦·卡罗尔(Glenn Carroll)和理查德·哈里森(Richard Harrison)从后者得出结论:"机会可以在组织演变中发挥重要作用"(Carroll and Harrison,1992,p.26)。

虽然他们的模拟确实表明路径依赖具有巨大而持久的影响,但卡罗尔和哈里森并没有解决可补救性问题。在对选择技术的决策过程进行可行重组(其效果是产生预期的净私人或社会收益)之前,将他们的实验描述为"机会和理性的相对作用"的检验似乎为时过早(Carroll and Harrison,1992,p.13)。然而,大规模但无法弥补的低效率确实给经济组织建模带来了严重问题。[20]

观点。戴维有说服力地争辩说,他相信"有很多 QWERTY 世界"(David,1986,p.47)。然而,我认为,从 1870 年到现在,不变的键盘布局并不是打字机发展的最重要经济因素。那么医学技术的改进如何?电动打字机如何?个人电脑和激光打印机又如何?为什么这些技术在路径依赖面前占上风?是否绕过了其他"结构优越"的技术(如卡罗尔和哈里森所定义的)?如果随着时间的流逝,效率更高的技术经常会取代效率较低的技术,那么这个技术不应该成为特色吗?可能的回答是"每个人都知道"节约是主要的情况:不言而喻,节约是路径依赖,垄断、有效风险承担等都是其限定条件。

一直以来对节约推理的忽视都表明情况并非如此。因此,反垄断中的"冷漠传统"产生了一种崇高信念,即非标准和陌生的商业实践几乎没有或根本没有效率,而主要具有垄断目的和效果。同样,拖垮苏联经济和东欧经济的巨大低效率现在可能是显而易见的,但这绝不可能从战后有关比较经济体系或 CIA 情报估计的文献中找到。商业战略领域所热衷的是巧妙的"计划、策略和定位",而忽视了节约,这同样证明了忽视效率的普遍倾向(Williamson,1991b)。并且认为"有效组织是(1)杂乱无章,(2)笨拙,(3)迷信,(4)虚伪,(5)畸形,(6)多元化,(7)徘徊,(8)不满(Weick,1977,pp.193—194;楷体为原文强调的)"与经济上的努力相协调。更多的"工业社会建设"论证使节约变得无足轻重。[21]

如果真正做到节约是基本原则,那么这种情况应该会不断发挥作用。虽然已经取得一些进展(Zald,1987),但我们没有理由自满。[22]

信任

经济学家和社会学家越来越倾向于用计算术语描述信任:理性选择社会学家(Coleman,1990)和博弈理论家(Dasgupta,1988)将信任视为风险的子类。我同意格兰诺维特(Granovetter,1985,p.487)的观点,即制定可信承诺(通过使用债券、抵押品、信息披露规则、专门的争端解决机制等)是为了创造信任的功能替代品。尽管这种替代品对经济组织至关重要,但这些替代品不应与(真正的)信任相混淆。[23]

从对有远见的契约的讨论中可以看出,计算性在经济学中的作用比在其他社会科学中发挥的作用更大。但计算性也可以被过度考虑,这是氛围领域的主要观点。然而,有时需要一个完全不同的方向。因此,对过度监测的反应是更复杂的计算(考虑到功能失调的影响),还有其他情况,其中的反应是避免计算。

因此,可以基于经验对关系进行连续贝叶斯概率的不断更新(Williamson,1993b)。而且由于商业关系总是可计算的,因此应使用计算风险(而非计算信任)的概念来描述商业交易。

然而,持续经验评级不一定无处不在。事实上,因为一些人际关系是独一无二的,并且因为持续更新,即使只是低等级的,也会产生腐蚀性影响,㉔某些人际关系会以几乎非计算的方式处理。这是通过离散结构重新分类来实现的,根据该分类,个人关系在全有或全无,而不是连续更新的基础上加以处理。

结果是个人/信任关系和商业/计算风险关系在种类上有所不同。因此,商业关系绝不会受到诋毁(Robbins,1933,pp.179—180)。

"废话"

法律哲学家隆·富勒(Lon Fuller)区分了"本质"和"废话",前者涉及对"理性核心"的审视(Fuller,1978,pp.359—362),而后者则充斥着"多余的仪式,没有明确目的的程序规则,(并)通过习惯保留的不必要的预防措施"(Fuller,1978,p.356)。根据富勒的说法,专注于后者将"放弃任何富有成效的分析的希望"(Fuller,1978,p.360)。

对于后者的否定过于绝对:应该为"废话"留一个地方,但"废话"应该保持在它的位置上。㉕考虑到这一点,弗里德兰和阿尔福德解释了克利福德·格尔茨(Clifford Geertz)对巴厘岛斗鸡的描述:"每场比赛都有大量的钱可以转手,从个人主义和功利主义的角度来看,这些钱是非理性的。总和越高,公鸡排列的匹配就越均匀,并且下注的赔率也越均匀。利害攸关的金额越大,下注的决定就越不是个人主义和功利主义的,而是集体决定的——与亲戚或村庄一起下注——并以地位为导向(Friedland and Alford,1991,pp.247—248;重点补充)。

支持一个人的亲属或村庄存在社会压力,这是一个社会学观点。如果没有这些压力,将很难清楚地表明,在势均力敌的公鸡身上下注是不合理的。然而,这并不意味着在势均力敌的公鸡上下注是不合情理的。考虑到社会背景,作为一种赌注,与势均力敌的公鸡进行斗争已经成为一件好事。

因此,假设"目标匹配者"将拟议匹配的赔率设置为 4：1。然而,如果没有这样的匹配者——在这种情况下没有——考虑到地方荣誉感,有效赔率可能不会超过 3：2。这样的比赛不会吸引太多的赌注——因为那些从个人主义、贪婪的角度看待比赛的村民只会敷衍地下注。因此,唯一有趣的比赛是那些社会压力被偶数赔率减轻的比赛。[26]如弗里德兰和阿尔福德所指的"现实的象征性建构"以及由此产生的实际后果。它界定了理性运作的可行集合;但其后合理性完全有效。

对此的一种解释是,"废话"具有离散的结构效应,而理性则通过边缘演算来应用。事实上,这似乎很适合巴厘岛的斗鸡。那么现实的社会建构是否会有更普遍的重要后果就是一个问题。它很可能会随情况而变化。

尽管 Hamilton 和 Biggart(1988)对远东企业形式差异的研究可能会被视为矛盾,但"废话"在非商业环境下——国家、家庭、宗教——比在商业领域更为重要。然而,他们两人远远超出"废话"的范围(富勒所描述的),涉及制度环境——包括产权、合同法、政治等。

因此,尽管"废话"和制度环境都指代背景条件,但不应将其与另一个混淆。"废话"是有趣变化的来源,为生活增添了趣味。然而,由 North (1991)和其他人(Sundaram and Black,1992)定义的制度环境的核心特征对于比较经济组织的研究来说可能更为重要。[27]

结论

巴纳德五十多年前引用的组织科学(Barnard,1938,p.290)在近几十年来取得了重大进展。所有的社会科学都与此有关,但仅限于经济学和组织理论。

如果图 1 是描述正在发生的事情的准确方法,那么治理经济学需要从制度环境层面(社会学对此有很多贡献)和个人层面(涉及心理学)两方面来考

虑。在治理机构内发生的跨期过程转换（关于组织理论有很多话要说）也很重要。整体模式源于与经济学相关的理性精神方法。㉘

这种多层次的方法减轻了巴伦和汉南（Baron and Hannan，1992，p.13）所提到的一些（或许很多）压力："我们认为在当代社会学与经济学中使用不同的假设和推理形式是很重要的。……这些学科差异……代表了经济学与社会学之间知识贸易的主要障碍。"但是，如果需要在多个层次上深入了解并拥有超越任何一个学科的能力，如果可以设计出一种系统概念来实现各个层次之间的知识交易，那么我们可能将过去的一些最严重的误解抛在身后。

以下是一些主要方面，其中一开始提到的健康紧张状态支持了知识贸易——其中更多的是在前景中。

组织理论对交易成本经济学的支持

行为假设。组织理论坚持以现实可行性为契机，以分析方便的行为假设为契机，这是对人为行为的健康解药。交易成本经济学从有限理性和机会主义角度来描述经济行为。

适应。巴纳德所强调的合作适应与哈耶克的自主适应相结合，其结果是交易成本经济学为市场和科层制提供了适当的位置。

意料之外的后果。需要揭示控制和组织的微妙以及非预期后果，因此可以在事前组织设计中为其作出准备。

政治。由于公共领域的产权是由民主政治塑造的，因此需要在公共部门的事前组织设计中对这些产权进行界定。

嵌入性。对嵌入性至关重要的命题的一阶响应是将制度环境视为转移参数的中心，这些参数的变化改变了治理的比较成本。

离散结构分析。每种通用的组织形式都被描述为一种属性综合症，并拥有自己的逻辑。需要在部门内和部门间发现并阐明这些离散特征。

交易成本经济学对组织理论的支持

分析单位。任何组织理论如果没有说明其运作的分析单位，并在此后确定该分析单位变化的关键维度，那就是非操作性的，甚至可能破产。

主要案例。组织的所有竞争理论都被要求提名主要案例，研究由此产生的可辩驳含义,并检查数据。交易成本节约是交易成本经济学的候选者。

有远见的契约。展望未来,认识到风险并将其重新纳入治理设计通常是可行的,并解释了大量的组织变化。

权衡。因为每种治理模式都是属性的综合症,所以从一种模式转向另一种模式需要权衡。关键的权衡需要陈述和解释。

可补救性。在比较可行的组织形式中进行相关选择是对比较经济组织分析的全部内容。

注 释

① 对许多新古典经济学的批评的一个长期缺陷是,这些批评没有发展出相互竞争的研究议程。尽管指出新古典经济学是基于强有力的,或许难以置信的假设和/或对重要目标的疏忽是有用的,但统治论或正统论永远不会被纯粹的批判打败。

② 詹姆斯·马奇在第四届国际社会经济促进会上表示,经济学已经进行了彻底的改革,观众应该"宣布胜利并回家"(Coughlin,1992,p.23)。

③ 理查德·波斯纳(Richard Posner)的看法有所不同。他认为"组织理论······没有为经济学增加任何多年前信息经济学文献中没有增加的东西"(1993,p.28)。

④ 简而言之,交易成本经济学的回应是:(1)制度将稀缺性作为节约手段;(2)明确采用交易作为分析的基本单位;(3)通过制定可信的承诺/事后治理协议,使冲突得到承认和缓解;(4)制度环境被看作改变治理相对成本的一组转移参数。尽管这些可能是不完整的回应,但是交易成本经济学的企业精神仍然与康芒斯的论点达成了高度共识。

⑤ 霍奇森(Hodgson)主要将制度经济学和新古典经济学之间的关系描述为对立的一种,但我认为二者之间的互补性更高。部分原因是因为这二者有时处理了不同的问题,还因为:(1)交易成本经济学是源于"正统的理性精神"(Arrow,1974);(2)新古典经济学具有弹性并且对制度经济学作出了让步。

考虑到最后一点,霍奇森与新古典主义经济学联系在一起的三个定义:理性、最大化行为假设;采用平衡分析法;尽管当前大多数微观经济学教科书都显示了这三个特征,但前沿经济理论已经开始非常重视有限理性了(Kreps,1990a,pp.151—156),并且认知能力的信息不对称和差异也得到承认和处理(Milgrom and Roberts, 1992)。平衡分析对攻击的抵抗力更强,但即使如此,这种情况也在发生变化[参见 Summers 和 Shleifer(1988)以及经济社会学手册中理查德·纳尔逊(Richard Nelson)的章节]。

如果不是由于新制度经济学通过引入有限理性、信息影响和非均衡契约而取得了进展,新古典主义分析会更倾向于保留在人们经常认为的"保护带"内。然而,面对挑战,它已经找到应对方法。

⑥ 寡头政治通常适用于复合组织,但也适用于细分领域。因此,公司是否应该进行交易或购买是寡头政治的一个问题。如果决定从市场中进行交易并在内部组织交易,随之而来的就是信息扭曲和子目标追求,那么,这一点应该在一开始就考虑到(Williamson, 1975, Chap.7; 1985, Chap.6)。不仅运营成本增加了,而且有一个支持内部设施更新的群体也在发展。一个明显的反应是要求新项目的高门槛率,从而防止内部(与市场相比)采购受到不同程度的不可预测的扭曲(增加成本、宣传努力)。

这一论点同样适用于公共部门项目。由于"组织"所受的延迟和未公开但仍可预见的扭曲,新项目和监管提案应显示出巨大(明显)净收益。

⑦ 这是一个有趣而重要的论点。政治确实不同。但这并不是说没有私营部门的对手。更普遍的论点是:公共部门和私营部门的产权制度都很薄弱,需要有远见的各方提供额外的保护。我们将结合补救措施进一步讨论这些问题。

请注意,作为一个比较制度问题,根据这一逻辑,安全的极权政权可以被期望设计出更有效率的公共机构。如果民主价值观被认为是至高无上的,那么这既不在这里,也不在那里,在这种情况下,民主政体下各代的明显效率低下只是这种治理形式的代价。

⑧ 然而,二元收缩关系之间的相互依赖性及其可能的操纵方式已经得到检验(Williamson, 1985, pp.318—319)。另请参阅本文后面有关可分配性的讨论。

⑨ 该声明是库普曼斯(Koopmans)的弱化变体。在他提到"利润最大化""最简单"和"最敏锐"的地方,我用"节省交易成本""容易"和"敏锐"代替。

⑩ 乔尔·莫基尔(Joel Mokyr)指出,对创新的抵制"发生在许多时期和地方,但似乎被大多数历史学家所忽略"(1990, p.178)。他列举了许多例子,其中既得利益者往往利用政治进程,试图击败新技术。然而,最终其结果并不是击败,而是延误了机器的发展,如压制针头的机器,改进的滑台车床、罗纹织机、飞行的航天飞机、阿拉伯数字的使用以及印刷机的使用(Mokyr, pp.178—179)。当然,这不是决定性的。实际上,在很多情况下,高级技术都被击败了——打字机键盘(在本文后面讨论)就是一个例子。但是,假设

判断优胜的合适标准是可补救性,那么重大的技术或组织效率是否能被绝对推迟就存在严重疑问。

⑪ 熊彼特式的"交接流程"是恰当的,它意味着"产品价格下降到新的成本水平上"(Schumpeter,1947,p.155),并且据称只要竞争对手意识到新机会并且不受目的性阻止,那么"交接流程"就会发挥作用。"交接流程"的有效性因情况而异。竞争对手何时更加警惕? 潜在的信息假设是什么? 是否还有其他资本市场和/或组织方面的顾虑?

⑫ 本小节的其余部分基于 Williamson,1993a。

⑬ 另一种说法是(把过渡问题放在一边),每一方都可以按自己的方式行事,而不必为对方付出代价。竞争提供了保障。

⑭ 这对公共政策有影响。在两个寡头之间,其中一个参与保护租金的措施,而另一个则不这样做,并且假设它们在其他方面是相同的,则解除租金保护的寡头垄断将产生更大的福利收益。

⑮ 本小节基于 Williamson,1985,pp.61—63。

⑯ 本小节基于 Williamson,1993a。

⑰ 例如,在英式酒吧购买"回合"。免费的仪表会带来更好的结果吗? 假设每个人都私下透露了付款意愿并连续竞标,直到预计达到收支平衡的结果。假设根据喜好将最终征集的结果保密或公布,然后应要求将各轮结果提交到桌面上。根据收支平衡条件发送每月账单。友情将如何受到影响?

⑱ Friedland 和 Alford(p.235)认为资源依赖是组织的两个主要理论之一(另一个理论是人口生态学)。

⑲ 由于契约是不完整的,并且包含空白、错误、遗漏等,并且由于当出现意外的干扰时,直接当事人可能无法调和他们的分歧,契约当事人有时会要求法院免除履行义务。此外,因为字面上的强制执法可能会造成令人无法接受的严重契约风险——其后果是阻碍订立契约(有利于纵向整合)和/或不鼓励对专用资产进行具有成本效益的投资——严格强制执行的一些缓解措施是可取的。那么,多大程度的缓解会是一个问题,每当发生逆境时,借口都被例行公事地批准,然后激励人们仔细考虑契约,明智地选择技术,有效分担风险和避免逆境。因此,交易成本经济学建议:(1)为借口提供准备金;(2)应当谨慎地给予借口——显然是这样(Farnsworth,1968,p.885;Buxbaum,1985)。

⑳ 我认为,机会发挥作用的主导公司行业确实需要公共政策干预(Williamson,1975,Chap.11),但是,通过实施该建议是否可以真正实现净收益(尤其是随着国际竞争的加剧)是一个问题。

㉑ "新经济社会学"认为"即使在相同的经济和技术条件下,如果社会结构不

同,结果也可能有很大的不同"(Granovetter,1992,p.9)。帕特里克·麦圭尔(Patrick McGuire)、马克·格兰诺维特和迈克尔·施瓦茨(Michael Schwartz)在即将出版的书中就美国电力工业的起源提出了"工业的社会建设"论点。作者从社会学角度进行研究,并认为选择中央电站发电和电力分配而不是家庭发电并非出于经济原因。相反,"强势参与者"的偏好占了上风。

格兰诺维特向经济社会学提出挑战,以提高竞争理论的解释和预测能力(1992,p.5),并提到住宅供暖(1992,p.8),其中的经验与电力相反,因为单个家庭供暖单元战胜了中央站蒸汽发电(少数尝试并放弃了后者的社区除外)。可以说,与此平行的论点是,在这两种技术之间的竞争中,家庭比工业拥有更多的权力。

与其诉诸权力,不如说这两种技术在节约方面并不平等,而且每种情况下的赢家都是更经济的模式。詹姆斯·罗宾逊(James Robinson)提出了一个更现代的问题,他问道:"哪个专业优势理论可以预测近年来有组织医学所遭受的权力和权威的急剧下降?"罗宾逊因此认为,比较交易成本效率是有牵连的。(1992,pp.13—14)。

㉒ 本文的较早版本讨论了交易成本经济学和由工人管理的企业之间的紧张关系。有关这些问题,请参见 Williamson,1989,pp.22—24。我的论点是,如果(1)否定金融在决策中发挥主要作用,(2)公司对特定资产进行了大量投资,那么将以非常不利的条件提供融资。John Bonin 和 Louis Putterman (1987)忽略了由资产特殊性而引起的复杂性,并建议金融部门在不过度调整资本成本的情况下,接受其在工人管理的公司中作为决策者这一角色被剥夺的情况。

㉓ 请注意,格兰诺维特对持续关系的信任可以采取任何一种方式。那是因为经验可以是好的(更多的信心)或坏的(更少的信心)——如果两种契约都重新签订了,它们就会体现在差异契约中(Crocker and Reynolds,1993)。

㉔ 不仅非计算关系会因第一类错误而被打乱,这种错误是将正确的关系错误地分类为虚假,而且计算性可能会受到(非自愿的)正反馈的影响。实际上,不断被重新归类为计算性的非计算性关系都是计算性的。

㉕ 罗伯特·阿克塞尔罗德(Robert Axelrod)对《第一次世界大战中战壕战中的生存与生存系统》(*The Live and Let Live System in Trench War in World War*,1984,pp.73—87)的研究说明了据称参与"死磕"(deadly combat)的敌对军队或帮派之间合作的演变。尽管"生存与使其生存"仪式有趣且重要,但这些非暴力行为不应被误认为是主要案例。相反,这些仪式是主要案例中的例外——英国和德国军队在打仗。

㉖ 理查德·科夫林(Richard M. Coughlin)辩称,阿米泰·埃齐奥尼(Amitai Etzioni)提出的社会经济方法的"本质"是,人类行为必须从基于个人和基于社区的力量的融合角度来理解,埃齐奥尼将其标记为"我"和"我们"。"我"代表追求自己快乐的个体;"我们"代表集体强加的义务和约束(Coughlin,1992,p.3)。这与本文介绍的对巴厘斗鸡的解释很接近。

㉗ 除其他外,这与跨国企业的研究有关。正如阿南特·桑德拉姆(Anant Sundaram)和 J.斯图尔特·布莱克(J. Stewart Black)所观察到的,跨国公司"在任何给定的时间,对不同的市场和不同的产品追求不同的进入/参与策略"(1992,p.740)。他们的论点是,交易成本经济学"不足以同时解释不同的进入模式,因为……资产的特殊性……在世界范围内基本上是相同的"(1992,p.740)。假设治理水平独立于交易成本设置下的制度环境。这个假设是错误的。

㉘ 我借用 Arrow(1974,p.16)的"理性精神"一词。理性精神方法认为,组织存在一种逻辑,而这种逻辑主要是通过对经济推理的不懈应用(然而,受认知约束的影响)来辨别的。理性精神方法与 Coleman(1990)相关联的理性选择方法类似,但稍弱(因为它避开了更强形式的效用最大化)。

参考文献

Alchian, Armen. 1961. *Some Economics of Property*. RAND D-2316. Santa Monica, CA: RAND Corporation.

Alchian, Armen, and Harold Demsetz. 1972. "Production, Information Costs, and Economic Organization."*American Economic Review* 62:777 - 795.

Alchian, Armen, and Susan Woodward. 1987. "Reflections on the Theory of the Firm." *Journal of Institutional and Theoretical Economics* 143:110 - 136.

Aoki, Masahiko. 1988. *Information, Incentives, and Bargaining in the Japanese Economy*. New York:Cambridge University Press.

——. 1990. "Toward an Economic Model of the Japanese Firm." *Journal of Economic Literature* 28:1 - 27.

——. 1992. "The Japanese Firm as a System of Attributes: A Survey and Research Agenda." Stanford University, Stanford, CA. Unpublished manuscript.

Arrow, Kenneth J. 1974. *The Limits of Organization*. 1st ed. New York: W. W. Norton.

Arthur, Brian. 1989. "Competing Technologies, Increasing Returns, and Lock-In by Historical Events." *Economic Journal* 99:116 - 131.

——. 1990. "Positive Feedbacks in the Economy." *Scientific American* 262: 80 - 85.

Asanuma, Banri. 1989. "Manufacturer-Supplier Relationships in Japan and the Concept of Relationship-Specific Skill." *Journal of Japanese and International Economies* 3:1 - 30.

Axelrod, Robert. 1984. *The Evolution of Cooperation*. New York: Basic Books.

Bain, Joe. 1956. *Barriers to New Competition*. New York: John Wiley & Sons.

Barnard, Chester. 1938. *The Functions of the Executive*. Cambridge, MA: Harvard University Press (fifteenth printing, 1962).

Barnett, William, and Glenn Carroll. 1993. "How Institutional Constraints Affected the Organization of the Early American Telephone Industry." *Journal of Law, Economics, and Organization* 9:99 - 126.

Baron, James, and Michael Hannan. 1992. "The Impact of Economics on Contemporary Sociology." Stanford University, Stanford, CA. Unpublished manuscript.

Becker, Gary. 1976. *The Economic Approach to Human Behavior*. Chicago: University of Chicago Press.

Berglöf, Erik. 1989. "Capital Structure as a Mechanism of Control—A Comparison of Financial Systems." pp.237 - 262 in *The Firm as a Nexus of Treaties*, edited by Masahiko Aoki, Bo Gustafsson, and Oliver Williamson. London: Sage.

Bergson, Abram. 1948. "Socialist Economies," pp.430 - 458 in *Survey of Contemporary Economies*, edited by Howard Ellis. Philadelphia: Blakiston.

Bonin, John, and Louis Putterman. 1987. *Economics of Cooperation and Labor Managed Economies*. New York: Cambridge University Press.

Bowles, Samuel, and Herbert Gintis. 1993. "The Revenge of Homo Economicus: Contested Exchange and the Revival of Political Economy." *Journal of Economic Perspectives* 7:83 - 100.

Bradach, Jeffrey, and Robert Eccles. 1989. "Price, Authority, and Trust." *American Review of Sociology* 15:97 - 118.

Bridgeman, Percy. 1955. *Reflections of a Physicist*. 2d ed. New York: Philosophical Library.

Bromley, Daniel. 1989. *Economic Interests and Institutions*. New York: Basil Blackwell.

Buxbaum, Richard. 1985. "Modification and Adaptation of Contracts: American Legal Developments."*Studies in Transnational Law* 3:31 - 54.

Carroll, Glenn, and J. Richard Harrison. 1992."Chance and Rationality in Organizational Evolution." University of California, Berkeley. Unpublished manuscript.

Coase, R. H. [1937] 1988. *The Firm, the Market, and the Law*. Chicago: University of Chicago Press.

———. 1959. "The Federal Communications Commission."*Journal of Law and Economics* 2:1 - 40.

———. 1960. "The Problem of Social Cost." *Journal of Law and Economics* 3: 1 - 44.

———. 1964. "The Regulated Industries: Discussion."*American Economic Review* 54:194 - 197.

———. 1972. "Industrial Organization: A Proposal for Research." pp.59 - 73 in *Policy Issues and Research Opportunities in Industrial Organization*, edited by V. R. Fuchs. New York: National Bureau of Economic Research.

———. 1984. "The New Institutional Economics."*Journal of Institutional and Theoretical Economics* 140:229 - 231.

Coleman, James. 1982. *The Asymmetric Society*. Syracuse, NY: Syracuse University Press.

———. 1990. *The Foundations of Social Theory*. Cambridge, MA: Harvard University Press.

Commons, John R. 1924. *Legal Foundations of Capitalism*. New York: Macmillan.

———. 1934. *Institutional Economics*. Madison: University of Wisconsin Press.

Coughlin, Richard. 1992. "Interdisciplinary Nature of Socio-Economics." Unpublished manuscript.

Crocker, Keith, and Kenneth Reynolds. 1993. "The Efficiency of Incomplete Contracts: An Empirical Analysis of Air Force Engine Procurement." *Rand Journal of Economics* 126 - 146.

Crozier, Michel. 1964. *The Bureaucratic Phenomenon*. Chicago: University of Chicago Press.

Cyert, Richard M., and James G. March. 1963. *A Behavioral Theory of the Firm*. Englewood Cliffs, NJ:Prentice-Hall.

Dasgupta, Partha. 1988. "Trust as a Commodity." pp.49 - 72 in *Trust: Making and Breaking Cooperative Relations*, edited by Diego Gambetta. Oxford: Basil Blackwell.

David, Paul. 1985. "Clio in the Economics of QWERTY." *American Economic Review* 75:332 – 337.

——. 1986. "Understanding the Economics of QWERTY: The Necessity of History." pp.30 – 49 in *Economic History and the Modern Economist*, edited by W. N. Parker. New York: Basil Blackwell.

——. 1992. "Heroes, Herds, and Hypteresis in Technological History." *Industrial and Corporate Change* 1:129 – 180.

Davis, Gerald F., and Walter W. Powell. 1992. "Organization-Environment Relations." pp.315 – 375 in *Handbook of Industrial and Organizational Psychology*, vol. 3, edited by M. Dunnette. 2d ed. New York: Consulting Psychologists Press.

Davis, Lance E., and Douglass C. North. 1971. *Institutional Change and American Economic Growth*. Cambridge: Cambridge University Press.

Demsetz, Harold. 1967. "Toward a Theory of Property Rights." *American Economic Review* 57:347 – 359.

——. 1969. "Information and Efficiency: Another Viewpoint." *Journal of Law and Economics* 12:1 – 22.

DiMaggio, Paul, and Walter Powell. 1991. "Introduction." pp.1 – 38 in *The New Institutionalism in Organizational Analysis*, edited by Walter Powell and Paul DiMaggio. Chicago: University of Chicago Press.

Dixit, A. 1980. "The Role of Investment in Entry Deterrence." *Economic Journal* 90:95 – 106.

Dore, Ronald. 1983. "Goodwill and the Spirit of Market Capitalism." *British Journal of Sociology* 34:459 – 482.

Farnsworth, Edward Allan. 1968. "Disputes over Omissions in Contracts." *Columbia Law Review* 68:860 – 891.

Frank, Robert. 1992. "Melding Sociology and Economics." *Journal of Economic Literature* 30:147 – 170.

Friedland, Roger, and Robert Alford. 1991. "Bringing Society Back In: Symbols, Practices, and Institutional Contradictions." pp.232 – 266 in *The New Institutionalism in Organizational Analysis*, edited by Walter Powell and Paul DiMaggio. Chicago: University of Chicago Press.

Fuller, Lon L. 1978. "The Forms and Limits of Adjudication." *Harvard Law Re-*

view 92:353 - 409.

——. 1981. "Human Interaction and the Law." pp. 212 - 246 in *The Principles of Social Order: Selected Essays of Lon L. Fuller*, edited by Kenneth I. Winston. Durham, NC: Duke University Press.

Furubotn, Eirik, and Svetozar Pejovich. 1974. *The Economics of Property Rights*. Cambridge, MA: Ballinger.

Furubotn, Eirik, and Rudolf Richter. 1991. *The New Institutional Economics*. College Station: Texas A&M University Press.

Georgescu-Roegen, Nicholas. 1971. *The Entropy Law and Economic Process*. Cambridge, MA: Harvard University Press.

Gerlach, Michael. 1992. *Alliance Capitalism: The Social Organization of Japanese Business*. Berkeley: University of California Press.

Gouldner, Alvin W. 1954. *Industrial Bureaucracy*. Glencoe, IL: Free Press.

Granovetter, Mark. 1985. "Economic Action and Social Structure: The Problem of Embeddedness." *American Journal of Sociology* 91:481 - 501.

——. 1988. "The Sociological and Economic Approaches to Labor Market Analysis." pp. 187 - 218 in *Industries, Firms, and Jobs*, edited by George Farkas and Paula England. New York: Plenum.

——. 1990. "The Old and the New Economic Sociology: A History and an Agenda." pp. 89 - 112 in *Beyond the Marketplace*, edited by Roger Friedland and A. F. Robertson. New York: Aldine.

——. 1992. "Economic Institutions as Social Constructions: A Framework for Analysis." *Acta Sociologica* 35:3 - 11.

Grossekettler, Heinz. 1989. "On Designing an Economic Order: The Contributions of the Freiburg School." pp. 38 - 84 in *Perspectives on the History of Economic Thought*, vol. 2, edited by Donald Walker. Aldershot: Edward Elgar.

Hamilton, Gary, and Nicole Biggart. 1988. "Market Culture, and Authority." *American Journal of Sociology* (Supplement) 94:S52 - S94.

Harberger, Arnold. 1954. "Monopoly and Resource Allocation." *American Economic Review* 44:77 - 87.

Hart, Oliver. 1990. "An Economist's Perspective on the Theory of the Firm." pp. 154 - 171 in *Organization Theory*, edited by Oliver Williamson. New York: Oxford University Press.

Hayek, Friedrich. 1945. "The Use of Knowledge in Society." *American Economic*

Review 35:519 – 530.

Hechter, Michael. 1987. *Principles of Group Solidarity*. Berkeley: University of California Press.

Heide, Jan, and George John. 1988. "The Role of Dependence Balancing in Safeguarding Transaction-Specific Assets in Conventional Channels." *Journal of Marketing* 52:20 – 35.

Helper, Susan, and David Levine. 1992. "Long-Term Supplier Relations and Product-Market Structure."*Journal of Law, Economics, and Organization* 8:561 – 581.

Hinds, Manuel. 1990. *Issues in the Introduction of Market Forces in Eastern European Socialist Economies*. The World Bank, Washington DC. Report No. IDP-0057.

Horvat, Branko. 1991. Review of Janos Kornai, *The Road to a Free Economy*. *Journal of Economic Behavior and Organization* 15:408 – 410.

Hutchison, Terrence. 1984. "Institutional Economics Old and New." *Journal of Institutional and Theoretical Economics* 140:20 – 29.

Jensen, Michael. 1983. "Organization Theory and Methodology." *Accounting Review* 50:319 – 339.

Joskow, Paul L. 1985. "Vertical Integration and Long-Term Contracts." *Journal of Law, Economics, and Organization* 1:33 – 80.

——. 1988. "Asset Specificity and the Structure of Vertical Relationships: Empirical Evidence." *Journal of Law, Economics, and Organization* 4:95 – 117.

Klein, Benjamin, R. A. Crawford, and A. A. Alchian. 1978. "Vertical Integration, Appropriable Rents, and the Competitive Contracting Process." *Journal of Law and Economics* 21:297 – 326.

Klein, Benjamin, and K. B. Leffler. 1981. "The Role of Market Forces in Assuring Contractual Performance."*Journal of Political Economy* 89:615 – 641.

Koopmans, Tjalling. 1957. *Three Essays on the State of Economic Science*. New York: McGraw-Hill Book Company.

Kornai, Janos. 1990. "The Affinity between Ownership Forms and Coordination Mechanisms: The Common Experience of Reform in Socialist Countries." *Journal of Economic Perspectives* 4:131 – 147.

Kreps, David M. 1990a. *Game Theory and Economic Modelling*. New York: Oxford University Press.

——. 1990b. "Corporate Culture and Economic Theory." pp. 90 – 143 in *Perspec-*

tives on Positive Political Economy, edited by James Alt and Kenneth Shepsle. New York: Cambridge University Press.

——. 1992. "(How) Can Game Theory Lead to a Unified Theory of Organization?" Stanford University, Stanford, CA. Unpublished manuscript.

Lange, Oskar. 1938. "On the Theory of Economic Socialism." pp.55 – 143 in *On the Economic Theory of Socialism*, edited by Benjamin Lippincott. Minneapolis: University of Minnesota Press.

Lewis, Tracy. 1983. "Preemption, Divestiture, and Forward Contracting in a Market Dominated by a Single Firm." *American Economic Review* 73:1092 – 1101.

Liebowitz, Stanley J., and Stephen Margolis. 1990. "The Fable of the Keys." *Journal of Law and Economics* 33:1 – 26.

——. 1992. "Path Dependency, Lock-In, and History." College Station: Texas A&M University. Unpublished manuscript.

Lincoln, James. 1990. "Japanese Organization and Organization Theory." *Research in Organizational Behavior* 12:255 – 294.

Llewellyn, Karl N. 1931. "What Price Contract? An Essay in Perspective." *Yale Law Journal* 40:704 – 751.

McCain, Roger. 1977. "On the Optimal Financial Environment for Worker Cooperatives." *Zeitschrift für Nationalökonomie* 37:355 – 384.

McCullough, David. 1992. *Truman*. New York: Simon & Schuster.

McGuire, Patrick, Mark Granovetter, and Michael Schwartz. 1992. "The Social Construction of Industry." Unpublished book prospectus.

Machiavelli, Niccolò. [1513] 1952. *The Prince*. Translated by Christian Gauss. New York: New American Library.

Macneil, Ian R. 1974. "The Many Futures of Contracts." *Southern California Law Review* 47:691 – 816.

——. 1978. "Contracts: Adjustments of Long-Term Economic Relations under Classical, Neoclassical, and Relational Contract Law." *Northwestern University Law Review* 72:854 – 906.

March, James G. 1988. *Decisions and Organizations*. Oxford: Basil Blackwell.

March, James G., and Herbert A. Simon. 1958. *Organizations*. New York: John Wiley & Sons.

Marschak, Jacob. 1968. "Economics of Inquiring, Communicating, Deciding." *American Economic Review* 58:1 – 18.

Masten, Scott. 1984. "The Organization of Production: Evidence from the Aerospace Industry." *Journal of Law and Economics* 27:403 - 418.

——. 1993. "Transaction Costs, Mistakes, and Performance: Assessing the Importance of Governance." *Management and Decision Sciences* 14: 119 - 129.

Matthews, R. C. O. 1986. "The Economics of Institutions and the Sources of Economic Growth." *Economic Journal* 96:903 - 918.

Merton, Robert K. 1936. "The Unanticipated Consequences of Purposive Social Action." *American Sociological Review* 1: 894 - 904.

Michels, Robert. [1911] 1962. *Political Parties*. Translated by Edan and Cedar Paul. Glencoe, IL: Free Press.

Miles, Ray, and Charles Snow. 1992. "Causes of Failure in Network Organizations." *California Management Review* 34:53 - 72.

Milgrom, Paul, and John Roberts. 1992. *Economics, Organization and Management*. Englewood Cliffs, NJ: Prentice-Hall.

Moe, Terry. 1990. "Political Institutions: The Neglected Side of the Story: Comment." *Journal of Law, Economics, and Organization* 6:213 - 254.

Mokyr, Joel. 1990. *The Lever of Riches*. New York: Oxford University Press.

Nelson, Richard R., and S. G. Winter. 1982. *An Evolutionary Theory of Economic Change*. Cambridge, MA: Harvard University Press.

Newell, Alan, and Herbert Simon. 1972. *Human Problem Solving*. Englewood Cliffs, NJ: Prentice-Hall.

North, Douglass. 1986. "The New Institutional Economics." *Journal of Institutional and Theoretical Economics* 142:230 - 237.

——. 1991. "Institutions." *Journal of Economic Perspectives* 5:97 - 112.

North, Douglass, and Robert Thomas. 1981. *The Rise of the Western World*. Cambridge: Cambridge University Press.

Palay, Thomas. 1984. "Comparative Institutional Economics: The Governance of Rail Freight Contracting." *Journal of Legal Studies* 13:265 - 288.

——. 1985. "The Avoidance of Regulatory Constraints: The Use of Informal Contracts." *Journal of Law, Economics, and Organization* 1:155 - 175.

Parsons, Talcott, and Neil Smelser. 1956. *Economy and Society*. New York: Free Press.

Penrose, Edith. 1959. *The Theory of Growth of the Firm*. New York: John Wiley & Sons.

Perrow, Charles. 1992. "Review of the New Competition." *Administrative Sci-*

ence Quarterly 37:162 - 166.

Pfeffer, Jeffrey. 1981. *Power in Organizations*. Marshfield, MA: Pitman Publishing.

Polanyi, Michael. 1962. *Personal Knowledge: Towards a Post-Critical Philosophy*. New York: Harper & Row.

Posner, Richard. 1993. "The New Institutional Economics Meets Law and Economics." *Journal of Institutional and Theoretical Economics* 149:73 - 87.

Putterman, Louis. 1984. "On Some Recent Explanations of Why Capital Hires Labor." *Economic Inquiry* 22:171 - 187.

Robbins, Lionel, ed. 1933. *The Common Sense of Political Economy, and Selected Papers on Economic Theory*, by Philip Wicksteed. London: G. Routledge and Sons, Ltd.

Robinson, E. A. G. 1934. "The Problem of Management and the Size of Firms." *Economic Journal* 44:240 - 254.

Robinson, James C. 1992. "A New Institutional Economics of Health Care." University of California, Berkeley. Unpublished manuscript.

Schelling, Thomas C. 1978. *Micromotives and Macrobehavior*. New York: Norton.

Scherer, F. M. 1970. *Industrial Market Structure and Economic Performance*. 1st ed. Chicago: Rand McNally.

Schmid, Allan. 1972. "Analytical Institutional Economics." *American Journal of Agricultural Economics* 54:893 - 901.

Schotter, Andrew. 1981. *The Economic Theory of Social Institutions*. New York: Cambridge University Press.

Schumpeter, Joseph A. 1942. *Capitalism, Socialism, and Democracy*. New York: Harper & Brothers.

——. 1947. "The Creative Response in Economic History." *Journal of Economic History* 7:149 - 159.

——. [1951] 1989. *Essays on Entrepreneurs, Innovations, Business Cycles, and the Evolution of Capitalism*. New Brunswick, NJ: Transaction Publishers.

Scott, W. Richard. 1992. "Institutions and Organizations: Toward a Theoretical Synthesis." Stanford University, Stanford, CA. Unpublished manuscript.

Selznick, Philip. 1949. *TVA and the Grass Roots*. Berkeley: University of California Press.

——. 1957. *Leadership in Administration*. New York: Harper & Row.

Shapiro, Carl. 1989. "The Theory of Business Strategy." *Rand Journal of Economics* 20:125-137.

Sheard, Paul. 1989. "The Main Bank System and Corporate Monitoring in Japan." *Journal of Economic Behavior and Organization* 11:399-422.

Shelanski, Howard. 1991. "Empirical Research in Transaction Cost Economics: A Survey and Assessment." University of California, Berkeley. Unpublished manuscript.

——. 1993. "Transfer Pricing." University of California, Berkeley. Unpublished Ph.D. dissertation.

Simon, Herbert. 1957a. *Administrative Behavior*. 2d ed. New York: Macmillan.

——. 1957b. *Models of Man*. New York: John Wiley & Sons.

——. 1978. "Rationality as Process and as Product of Thought." *American Economic Review* 68:1-16.

——. 1983. *Reason in Human Affairs*. Stanford, CA: Stanford University Press.

——. 1985. "Human Nature in Politics: The Dialogue of Psychology with Political Science." *American Political Science Review* 79:293-304.

——. 1991. "Organizations and Markets." *Journal of Economic Perspectives* 5:25-44.

Stigler, George J. 1968. *The Organization of Industry*. Homewood, IL: Richard D. Irwin.

——. 1983. Comments on "The Fire of Truth: A Remembrance of Law and Economics at Chicago, 1932—1970," edited by Edmund W. Kitch. *Journal of Law and Economics* 26:163-234.

Summers, Lawrence, and Andrei Shleifer. 1988. "Breach of Trust in Hostile Takeovers." pp.38-55 in *Corporate Takeovers*, edited by Alan Auerbach. Chicago: University of Chicago Press.

Sundaram, Anant, and J. Stewart Black. 1992. "The Environment and Internal Organization of Multinational Enterprise." *Academy of Management Review* 17:729-757.

Swedberg, Richard. 1987. "Economic Sociology: Past and Present." *Current Sociology* 35:1-221.

——. 1990. *Economics and Sociology. Redefining Their Boundaries: Conversations with Economists and Sociologists*. Princeton, NJ: Princeton University Press.

——. 1991. "Major Traditions of Economic Sociology." *Annual Review of Sociology* 17:251 – 276.

Teece, David J. 1986. "Profiting from Technological Innovation." *Research Policy* 15:285 – 305.

Teece, David J., Gary Pisano, and Amy Shuen. 1990. "Firm Capabilities, Resources, and the Concept of Strategy." University of California, Berkeley. Unpublished manuscript.

Van de Ven, Andrew. 1993. "The Institutional Theory of John R. Commons: A Review and Commentary." *Academy of Management Review* 18:139 – 152.

Waldrop, M. Mitchell. 1992. *Complexity*. New York: Simon & Schuster.

Weick, Karl E. 1977. "Re-Punctuating the Problem." pp.193 – 225 in *New Perspectives on Organizational Effectiveness*, edited by Paul S. Goodman and Johannes M. Pennings. San Francisco: Jossey-Bass.

Wernerfelt, Birger. 1984. "A Resource-Based View of the Firm." *Strategic Management Journal* 5:171 – 180.

Williamson, Oliver E. 1968. "Economies as an Antitrust Defense: The Welfare Tradeoffs." *American Economic Review* 58:18 – 35.

——. 1975. *Markets and Hierarchies: Analysis and Antitrust Implications*. New York: Free Press.

——. 1979. "Transaction-Cost Economics: The Governance of Contractual Relations." *Journal of Law and Economics* 22:233 – 261.

——. 1981. "The Economics of Organization: The Transaction Cost Approach." *American Journal of Sociology* 87:548 – 577.

——. 1983. "Credible Commitments: Using Hostages to Support Exchange." *American Economic Review* 73:519 – 540.

——. 1985. *The Economic Institutions of Capitalism*. New York: Free Press.

——. 1988a. "The Logic of Economic Organization." *Journal of Law, Economics, and Organization* 4:65 – 93.

——. 1988b. "The Economics and Sociology of Organization: Promoting a Dialogue." pp.159 – 185 in *Industries, Firms, and Jobs*, edited by George Farkas and Paula England. New York: Plenum.

——. 1989. "Internal Economic Organization." pp.7 – 48 in *Perspectives on the Economics of Organization*, edited by Oliver E. Williamson, Sven-Erik Sjöstrand, and Jan Johanson. Lund, Sweden: Lund University Press.

——. 1991a. "Comparative Economic Organization: The Analysis of Discrete

Structural Alternatives."*Administrative Science Quarterly* 36:269 - 296.

——. 1991b. "Economic Institutions: Spontaneous and Intentional Governance." *Journal of Law, Economics, and Organization* 7:159 - 187.

——. 1991c. "Strategizing, Economizing, and Economic Organization." *Strategic Management Journal* 12:75 - 94.

——. 1993a. "The Evolving Science of Organization." *Journal of Institutional and Theoretical Economics* 149:36 - 63.

——. 1993b. "Calculativeness, Trust, and Economic Organization." *Journal of Law and Economics* 36:453 - 486.

Williamson, Oliver, and Sidney Winter, eds. 1991. *The Nature of the Firm.* New York: Oxford University Press.

Zald, Meyer. 1987. "Review Essay: The New Institutional Economics." *American Journal of Sociology* 93:701 - 708.

法与社会科学——尤其与社会学[*]

卡尔·N. 卢埃林（Karl N. Llewellyn）

引言

我们的法律人还未放弃他们在这个国家曾经拥有的地位，这不够明智。

事实上，他们曾经（与传教士、先知和有成就的将军一起）被其他人拜访，后者恳求他们告诉其问题出在哪里。同样，他们曾经（与政治领袖一起）也是其他想要知道如何处理事情的人求助的对象。大概在一个世纪以前，诸如像约翰·亚当斯（John Adams）、亚历山大·汉密尔顿（Alexander Hamilton）、安德鲁·杰克逊（Andrew Jackson）、丹尼尔·韦伯斯特（Daniel Webster）、亚伯拉罕·林肯（Abraham Lincoln）这类名字对于我们来说，带有确定的意味：他们不仅知道事情将会怎样发生，甚至可以告诉所有人该怎样做才能实现这种情况。对于

---

* 原文"Law and the Social Sciences—Especially Sociology"，发表于《哈佛法律评论》（*Harvard Law Review*）1949 年第 8 期。卡尔·N.卢埃林，美国现实主义法学主要代表之一，美国《统一商法典》起草人。本文译者：贾子欢、金成鑫，西南财经大学。

我们来说,知道方向以及探索路径,仍然至关重要。从本质上说,这也是法律制度和法律人所追求的。不仅是我们,那些享受我们提供的服务的对象也应该清楚这一点。

但是,事情看起来确实遭遇到阻碍。本文展示了消除其中一到两种障碍所作的尝试。

I

按照惯例,我们仍将法律从任何关系密切的社会学科中移除。这在一定程度上是律师的过错。对于律师来说,"法律问题"是在理论上教条地合理解释法律规则的问题,有点名气的法学家们(更糟糕的是有能力的法学家们)正式构建了各类"体系",但是在各类"体系"之中竟然认为法律完全由"规范"或"命令"组成,甚至连大学里面的法学教师都认为,对于法律的研究主要是对法律规则的研究,如此下去,外行们顺理成章地认为除了这些具有权威性的规则、强制性规则或者其他——那些能够阐明官员们在 2 461 879 种各式各样的、有细微差别的偶发事件中应该采取何种措施的规则之外,别无他法。由于法律规则都很直白,并且大部分都是定义式的,除了受过训练的律师(而且还是一位特别优秀的律师)外,没有人能够在各个法律规则与教义的精细含义之间游刃有余、来回穿梭,因此其他社会学科的学者们望而止步也就不足为奇了。事实上,如果所有律师所要贡献的只是关于教义规则的精细含义,那么他确实可以光荣地成为这门学科的一员,怅然若失的德国人曾评价道,"明天,立法者可能会废止我的整个科学"——在某种程度上,那些认为自己的工作是门"科学"的人不会向相邻学科介绍自己学科的研究成果。

同样地,这些年来,我也没有从社会学科的角度特别是在社会学领域发现增进相邻学科之间友好合作的努力,更别提兄弟情谊了。在我还年轻的时候,我常常从我的社会学专业的朋友那里听到自鸣得意的主张,例如:"我用的是社会学的专业知识,而不是法学的专业知识来研究犯罪";我怀疑,现如今一位好奇心重的记者仍能听到相同的说法(也许用"精神病学"代替"社会学")——尽管在某种程度上,当你将"法律"去掉的时候,"犯罪"也将毫无疑问地随之被去除。①随着年龄的增长,我开始发现法律被人们当作最发达的并且由国家支持的"法典"来加以讨论和论述。然而,很少有人作出探索的努力,例如,调查研究由专家起草、实施的"法典"与不是按照此种程序制定和实施的"法典"之间的有趣差别。一直以来,我所遇到的都是在"社会控制"的语境中探讨"法律"问题的:一群不特定主体通过其他不特定的主体以明显较为松散的社会控制的方式实现不特定的目的。现在,在我看来,除了在犯罪领域以及劳动关系领域的少量研究成果之外,社会学的定量分析倾向于轻视法律,甚至连精良的、标志着过去十年左右社会学前沿思想的定性分析也在相当程度上被丢弃了,法律领域的创造性工作得不到发展,例如本特利(Bentley)以及马克斯·韦伯(Max Weber)的极为精辟的思想。

在这里,我所要提出来的论点是:一种与众不同的研究法律的方法,使得法律与其他社会学科之间的双向联系和交流变得简单、直接而且双方都能取得丰硕成果。敏锐的观察者早就意识到法律的范围远比规则要大得多。例如,庞德(Pound)——最敏锐的观察者之一——三十多年来一直在坚持一些社会学中大多数学者以及政府官员固执己见、不予理睬的主张。②他认为,规则是法律的一个重要组成部分,并且将其视作根据行为定下的规则("戒律"),而不是(法学的或者非法学的)著作中所坚持的可疑混淆,将其视为"行为的规则"。庞德补充道,作为法律的重要组成部分,还有概念、标准、原则和理想:这是人们及其工作中常用的一整套承载传统的工具和形成机制,它们在很大程度上往往不受语言框架的约束。因此,在法律著作中追求公正势如破竹,尽管可能没有人能够说清楚公正为何物;对法官以及其他官员来说,公正这一理念,尽管可能没有人能够用文字表达其内涵,但是也有其生命力和价值。随后,庞德继续将一种"技术"囊括于法律之中,这种"技术"是一种"通过教授才能习得"的技术,通过开发并应用这些权威性资料来进行控制、指导、判决,同时,他还把司法与行政的程序补充进来。所有这些措辞都过于简化了。这种司法技术实际上是一系列十分复杂详尽、具有两面性的技术;其中相当一部分难以用语言表达清楚,不是通过教授习得的,尽管大部分法律人都认为自己已经学会了(比如,你该如何判断什么时候应当保留某个先例或者法令,什么时候又应当放任由其成长?);由此类推,在司法领域存在很多不同的程序(考虑到初审与上诉、法庭审判与陪审审判、新入职的基层法院法官与一位熟练且身经百战的巡回法官之间存在的巨大差异),当然,这种差异在行政领域更是有过之而无不及。但是这种改善对于这里的要点来说,并不是特别重要,因为庞德已经通过技术和程序将"法律"从纯粹规范的、词语和含义的世界,移入行动的世界、人类行为的世界、实际处理实务的模式和方式的世界;更重要的是,移入处理实务的人的世界。没有技术专家,也就没有技术可言;没有人,也就没有程序可言。紧接着,庞德将"法律秩序"加入其中,他不仅没有给出"法律秩序"的定义,而且对其也几乎没有任何说明;但是,任何人都能看到这一点,它包含大量"对法律的遵守与奉行""支持"和"组织机构",而且任何人都能想到,这个"法律秩序"所表示的意思,也包括诸如法庭、立法机关、法律公布者、警察这些实现"法律秩序"的机构。你需要做的只是借用社会学中的一个概念——制度,并明确其中包括相关的实际运作模式、相关的专家、相关的物理设备以及整个组织方式;庞德的法律图景——法律制度——就立刻变成任何一个社会科学家都可以接受、理解、交流、从中学习并且为之作出贡献的事物了。

　　一个制度的核心部分就是组织活动,这些活动是围绕清理整顿某些事务而组织起来的。就主要的制度而言(法律制度只是其中一种),组织工作对于社会或者群体的继续存在是至关重要的。很显然,任何制度的重要组成部分都存在于观念世界(思想世界)中:组织机构必然包含行动的模式,包含被人认为是正确的且正当的路线,包含道德、期待的目标等诸如此类的问题。但是,我想特别强调的是,包含并注重执行方面制度的必要性——包括模式化和非模式化的——例如有形的设备这类事物,最重要的是人,既包括相关的专家,也包括消费和支持它的群众。[③] 同时,我也希望,不仅要把积极的行为(即作为)收集进来,也要把相关的态度和相关的一系列不作为,以及制度之中任何一部分与任何其他制度之间的交互作用尽量囊括其中;把负责招募和解雇制度中专职人员的组织机制、实际实施过程中主要的"制度类"复合体所包含的诸多其他重要因素也囊括其中。实际上,"法律"学对于社会学的第一个直接贡献就在于此。由于在社会学中,反复出现一种倾向,正如细心的思想家愈发敏锐地察觉到的那样,在生活中极大部分是由或明确或不明确的观念、规范、标准和理念所决定的——因此,产生了另一种反复出现的倾向,将行动的方面和人的方面都从其中剥离出去,从而得到剩下部分的一系列规范或标准,作为现存的制度或文化,不再包含其他方面的因素。④ 现在,以法庭上法警的口吻喊着:肃静! 肃静! 肃静! 这实际上是为了引起大家的注意并让大家听法警说。这种做法是徒劳且完全错误的。几个世纪以来,法律人一直在为先辈们曾经设计构建的最先进、最精确、最完整的规范和标准体系而努力;法律人认为这些规范和标准体系本身就是有效的,在这个前提之下,他们发现各种不同且有用的方法,其聪明才智无愧于费城律师之名。但是,这些努力要么是无价值的,⑤ 要么是完全误导人的(关于"法治而非人治"的观念),又或者他们只是通过与"魔术师的帽子"相似的技术,将少量常识偷偷混入其中并付诸行动和讨论,才最终获得表面上合乎情理的认识,尽管在很大程度上他们是在无意识的情况下进行的。⑥ 为了寻求帮助和指引,法律最终不得不进入通过制度的所有其他丰富方面来补充"规范和标准"的境地。对于任何一种"制度"以及大多数"文化"来说,这一教训都是显而易见的。

因此,法律制度的规则部分是法律制度的一个工具部分,一个极其发达且对于跨越不同时空、穿越不同人群进行交流而言至关重要的组成部分。它确实是一个至关重要的工具部分,但是也不过如此,它远不如其所宣称的那样有效。当这些规则不再被当作这一学科的重点研究内容(基本立场),而作为该学科的研究者用来处理法律制度中事物的措施的一部分时,法律规则的易变性和暂时性不仅是可被理解的,而且是有吸引力的。

II

那么,这些特殊制度的任务是什么呢? 关于它,有一件十分有趣的事情:即使是一个认为法律和律师纯粹是欺骗和压迫的门外汉,当他认为某件事是"错误"的时候,仍然认为应当存在一部关于如何处理这个"错误"的法律。即使是那些对法律望而生畏的社会科学家们,就如同对漆黑的地下室望而生畏的小孩一样,又或者像输钱的赌徒诅咒"运气"一样,不屑一顾地诅咒法律，却又不愿意花费时间精力去理解——即使是这样的人，他们也会发现自己有一种不安的、不合理的但是挥之不去的信念：法律是我们诸多制度中的主要核心制度之一。社会科学家甚至划分出一个学科——治理学或政治学——来表达这种信念；尽管他小心翼翼地躲避这个学科中昏暗无光的"地下室"和"地基"。纯粹的外行人拥有相对更可靠的直觉：在他的感觉中会把法律和政府（同样也把法律和秩序）一概而论。当人们留心观察法律与治理的制度所聚焦的重大且基础的任务是什么时，这一点就足够清楚了。对于任何组群、团体、政治实体及社会而言，它们的任务就是形成一个足够团结的整体，用足够的团队合作来保持和运作作为一个群体、一个政治实体或一个社会的存在，并能一直被认可。因此，基本的法律和政府工作是任何社会和社会学科据以存在的基础：这是一项创造和维持各团体的群体性工作。⑦缺乏组织和运转，群体性是不会偶然发生的。缺乏组织和运转，它不能持续。同样，缺乏组织和运转，它也无法运作。必须击退和克服人与人之间固有的分歧、摩擦和破坏，必须实现某些有针对性的指导，否则群体或社会就会崩溃或四分五裂，或者在内部冲突中饿死或灭亡。

当然，法律与政府制度的运作一般都是按照制度的一般规律运作的。在后者当中，有一点值得我们立即予以特别注意：也就是说，制度在运作当中的职能是重叠的，与有意识地计划创造相比，制度从中获得越多，这种重叠就越引人注目。因此，没有一个制度的主要工作（或者多个工作）是由这个制度单独完成的。如此一来，国防不是单单靠军队完成的；教育也只有很小一部分是由通过为此目的而组织和专门化的机制实现的；市场既不控制军队内部的分配，也不控制家庭内部的分配，还不控制如公园、学校、高速公路或社会保障等这些领域的分配。我们社会中的团队工作的组织首先很大程度上是家庭内部教育（将新的、天然的、半随机的能量球转化为可识别的美国五岁儿童）、游戏小组、工作教育的产物；而且，在更大程度上，这种组织是通过继承得到的产物，尽管市场是不断变化的，但这仍是理所当然的。尽管如此，群体性的工作基本上完全可以被视为法律和政府这一特殊制度的工作。第一，因为这是唯一持续从事该工作的大规模制度，也是唯一以该工作为主要研究对象的制度。第二，因为在有效的群体性工作方面，每当其他机制无法完成这项工作时，我们就会求助于法律和政府；法律和政府是我们有意识地恢复良好状态、从容不迫、有计划地矫正的机器。第三(可能是另外两点原因的一个方面),因为在这个问题上,法律和政府是一个被承认有效且适当代表我们所有人的机制。事实上,这一点是如此确定,以至于在任何社会或群体中对这一点可能存在疑问时,你将会通过一个特别的事实辨认出法律和政府(对于那个社会或那个团体来说)的机构,即该机构确实代表了整个社会,而且发现这个机构确实是被认可的。

团队工作或者团队性的整个工作范围过于广泛,以至于很难一下子就能研究透彻。我发现,在实际操作中可以围绕某些特定的子问题或子工作进行聚集归类,但处理这些子问题或子工作可能需要付出一定的成本。其中一项子工作是对有麻烦的案件的清理,这些案件在不同的群体中通过汤米枪(tommy-gun)或催泪瓦斯,通过具有法律约束力的妥协,通过国王、父亲或法官的"信条",通过选举或电刑、革命、神谕或某种组合或变体来处理。另一个子工作是引导行为、习惯和期望,以防止或减少此类麻烦案件的发生;尤其是在我们这样一个多变的社会里,有一项特别重要的工作,那就是对行为进行重新引导,从而创造新的习惯和期望以适应不断变化的个人或群体生活条件,但同时又不会引发难以处理的问题。此外,在紧急、有疑问或有创新的情况下,还要分配权威性的"发言权",并规范发言的方式。

你会注意到,除了那些主要不是(但只有部分是)法律治理的支持性制度外,有多少常见的且次要的法律政府制度被简单地归结到这些事项之中。围绕这类麻烦案件,聚集了司法机构、投票(在选举、立法机构、最高法院那里),以及一整套调解和谈判、法律上的契约、商业、劳动或政治中的"交易"机制。围绕最初的引导工作,聚集了大量的规则性法律,它们已经不再受到"法律上的问题"诉讼的挑战,因此只有在对事实存有怀疑或某些罪犯反常地拒不服从的情况下,才会在法庭上遇到它们;在这里,我们接触到交通信号灯,所得税申报表的提交,对合法占有、婚姻状态、政府职能以及公民身份的普遍承认;然而,这类制度并非主要的法律支持性制度,例如家庭和市场制度,这在上文中我们已经提到过(在此就不再赘述了)。反过来,重新引导开放了整个法律和交易实践(合同、遗嘱、契约、新协会或婚姻的成立、证券、专利、版权的新发行),以及任何团体或社会的新的立法或法规或领导层变更;在不那么直接的"法律"方面,我们在法律自由和流动性领域有着一系列问题和实践。同时对"发言权"的监管将涉及任何群体的基本宪法、权力的重新分配,还涉及人权法案、正当程序或最高会议程序、委员会程序和"三读"程序以及立法机构的其他议会程序所规定的所有形式;这种对"发言权"的监管方式考虑到普通的非官方法律事实,例如个人声望、非官方组织的权力和人格力量——简言之,考虑到所有非官方的"法律"方面,这些方面会影响团体、国家或者世界上的事实政府——无论是哪一个,它们都会被视为目前观察的单位。

III

这种制度及其事务的方法,对法律学科的贡献是显而易见的,即使在理论方面也是如此。这一方法开辟了一个全新的维度,它把思想、观察和行动从欧几里得定理带向透视学,从平面带向立体;它为处理这些问题提供了视角和专业术语,否则这些问题仍然是盲目的、令人困惑的、难以让人理解的。因此,譬如在正确的法律教条世界里,一个问题只能回答是或者否。比如说,阻挠议事*的权利[确切地说,这不是一项权利,而是针对参议院其余议员的霍菲尔德(Hohfeldian)式的权力和自由]要么受到宪法保障,要么不受;要么是"法律",要么不是。人们可以对正面回答"是"或"否"的这种方式进行对冲或避免。(1)在这一点上这确实是一种官方正式公布的法律,但应当修改;或者它确实不是官方公布的法律,但应该使其成为正式法律。也就是说,一个人可以走出教义正确的世界,对教义作出政策判断:关于普遍为人们所接受的教义体系中断然是正确的内容是否也是明智的、合理的。(2)官方正式公布的法律在这一点上令人生疑,但是权威人士很可能会作出这样或那样的决定。也就是说,当人们停下来,并且意识到官方权威的判断以及

---

* 原文为"Filibuster",译作(美国参议院程序性)阻挠议事,即为拖延或阻止新法律的通过而发表冗长的演说,又称冗长辩论、无限制辩论,它是一种议会程序,更确切地说,是一种个人在议会中延长辩论或者阻挡提案的权利,少数党议院用它阻碍议事日程,拖长整个议会辩论过程,拖到所有议员都无法支撑下去,最终迫使该议案胎死腹中。——译者注

权威人士的行动也必须（而且是决定性的）被考虑在内，人们才能走出教义正确的世界。从教义正确世界的角度来看，第二点是大胆自信的、异端的、不恭敬的甚至是有些危险的，它代表的是对"制度思维"偏颇的提前干涉。

但即便如此，它也没有提出任何口头上的解决方案来处理像阻挠议事这样的奇怪情况。此外，从制度及其事务的角度出发，我们甚至可以以合乎情理的速度实现对阻挠议事作出合理准确的描述：这是一个具有宪法性质和重要性的次级制度（个人在危机中拥有重要的延迟权；少数人拥有有效否决权），但其既不具备宪法的官方地位，也不具备官方正式公布的"法律"的地位，而是仅由一个议院就可以进行变革（尽管这看起来是该议院的宪法，可通过简单的投票阻碍变革）；然而，在倾向于保守的参议院传统之中，它是一个在实践中拥有如此坚实基础的制度，其本质似乎比很多正式宪法更能坚定地体现在国家政府的事务之中。英国人肯定称之为宪法性质的、作为分配国家权力的一种重要且稳定的阶段。如果我们采用他们看待和描述此类事件的方式，应该会看得更清楚，只要我们记住，我们宪法的某些部分还有一个额外属性：对相互冲突的立法进行司法审查。

因此，在我看来，从法律层面一个人通过这一制度及其事务的方式获得了权利，可以轻松地学会、描述和研究各种奇怪的情况，例如没有明确规则认可的实践、死板的法律规定、约定俗成的风俗习惯的影响，以及尚未得到承认的主要统治者或者国王的宠臣的地位（"法律上的"地位）。然而，更为重要的是，它为当前日常法律问题提供了新视角。拿一个比较老旧的问题来说，法官是发现法律还是制定法律？如果你在正确的——或者不正确的——或者教义的世界里提出这个问题，你将进入无休无止的争论中。另一方面，如果你从制度及其事务的角度提出这个问题，你会立刻发现这个问题毫无意义：因为事实上法官同时在做这两件事。他们通过将前人未曾表述出来的概念表述出来的方式制定法律，以及他们如何表述这些法律——不仅在发现问题的过程中，也在措辞和解决规则的尖锐或宽松的措辞上，以及在对问题及其措辞的限制或扩张导向中——这种"如何"是由法官来创造的。但是他们是用给定材料来创造的，这些给定材料到达他们的手上的时候，不仅有内容，而且有组织工作，不仅限制了范围，而且需要进行引导，他们被用力拉向或者"感觉"是被拉向一个方向而不是另一个方向，以一种强烈的力度而不是另一种强度,带有一种色调而不是另一种色调。因此,在现行体制内,法官才能被他们认为是正确的、公正的,这在很大程度上是由这些材料以及他们的周围和当前情况带来的,所以他们的判决实际上是被创作出来的,同时也是被广泛认识和认可的。这一点在这里和今天都是如此,就像在古代原始的法条与民风习俗的互动中一样。

此外,将法律与政府在本质上看作一个单一制度的观点同时为下述两个问题提供了答案,这两个问题几个世纪以来一直没有得到语言上的有效合理的回答,即规则与自由裁量权的关系问题以及规则与官员的关系问题。首先,任何一个将"政府"与法律结合起来思考的人都不会陷入一种错误认识,认为事务是靠法律规则"而不是人"来完成的;恰恰相反,画面一转,立刻就变成了一种交互作用——这些人在规则之下以及规则之内行事,在善意和实际经验的传统之下以及传统之内行事,这其中的每一个部分都被我们看作"以法律为依据"的表现。之后,人们又会理所当然地认为,在制度的"法律"这一极当中,它是行动的规律性,是在细节上可以估量并进行事先引导的,这处于特别且不切实际的强调之下;而"政府"这一极则是指,个人对特定情况的判断受到类似的不切实际的夸张强调。但实际上,在每一次官方行动中,每一方面都有所体现;在每一个恰当的官方行动中,每一方面也都有相当的体现,以便规则总是能够受到功能的影响,个人判断也会受到正确性和规律性的驱动。事实上,我认为这是一个恰当的说法,即在完全不受明确规则控制的自由裁量权范围内,根据有意识或无意识地寻求类似情况下正确和明智的重复对该行动的影响程度,官方行为变成一种正当的激励;实际上,这种行为开始变得正当是由这种追求在多大程度上能够成功决定的。因此,人们可以测试合法行使自由裁量权这种行为是明智的还是不明智的。这一表述几乎阐释了自由裁量权和规则与法律和政府人员之间的真正关系;同时我认为这一表述是该种制度及其事务的直接和颇为显著的成果。

IV

我发现强调另外两个次级事务是有用的。其中一个通过引出有效领导与有效行政管理的问题被充分提出来,我们在对法律和政府中的人事和自由裁量权因素的讨论中恰好提到了这一点。这是这个制度的一项积极任务:以这样的方式组织和指导团队,以激发积极的动机,从而实现可能性的展现、视野的展现和状况的展现。这与仅分配"发言权"的机制或者仅仅是让人们远离彼此的消极机制有着重大不同。这是一个积极并且需要积极实现收益的机制;它的本质体现在对自由企业的赞美,对税收会削弱激励的担忧,对减少工时、改善劳动条件以增加产出的计划等方面;与此同时,它的本质也在努力丰富由此产生的闲暇以及诸如此类的方面表现出来。这是法律和政府制度的一个方面,这个方面必须被正当地理解为不仅是政府的一部分,而且也是"纯粹法律"的一部分(因为像契约、公司和合作社等有用的法律帮助手段可以为自己所用;法律体系中的自由以一种不堪重负的方式而不是另外一种方式使用这种自由的权利,与任何惩罚或者禁止一样,也是这个体系中至关重要的一部分)——因此,它是法律方面所包含的组成部分,这一点是恰如其分的,但是我们的思想家们自斯威夫特(Swift)时代以来就怠于强调了。⑧但是,群体性制度"加上政府"的这种方式,迫使几乎所有人注意这个方面,同样是显而易见的。

我想强调的最后一个次级事务,可能在你们看来根本算不上一项次级事务。它遍及其他所有领域,是一个关于如何处理和解决每一个其他所有方面的问题。它是在从事任何其他工作的专家之间,关于开发、维护和改进专业技能的一项特殊事务。对于一个制度的基本事务来说,它的存续功能,既足以使团体和社会被控制在恰好免于崩溃的贫乏层面,也可以被控制在一个追求美观、健康、荣耀的高水平和成功层面。为了实现后者的任意一部分,实际经验、方法和技术人员的可测量的传统,必须处于并保持在一个有高度的且有成效的水平之上。(此外,为了保持效果,我认为人还需要具备坚韧性格和心性传统;但这又是另外一回事儿了)一旦意识到这一点,就可以清楚地认识到,官方法律规则、官方法律概念等,会根据所涉及的特定技能事务,呈现出完全不同的一面。因此,法官、顾问、倡导者、立法者、政策制定者、行政下级或者个人,都会以不同的方式看待和使用官方规则的内容,并对不同的实践以及实践技巧、传统、理念、组织、士气、人员招募等进行更为详细的研究,对其施加压力,甚至施加很大的压力,以引起人们注意。

就像我不得不说的一切和我将要说的一切一样,这一观察及其结果都没有提出任何新的东西。恰恰相反,它是显而易见的。几十年或者几个世纪以来,这些社会学科就已经知道实际经验的交流是技术的精髓了。像商业秘密或者公会秘密这样的事情,已经在垄断和竞争的背景下,在传播与发明的背景下,在魔术、牧师技艺、专家技术和普通技术的背景下探讨过,也在专业化、教育和政府治理的背景下讨论过。再次强调,文化的概念暗含文化载体,专业化这一概念也不仅仅意味着专家,还意味着专业内子行业的从业者,他们拥有不同的技能,有时还是单独招募过来的。例如,马克斯·韦伯已经用一种官僚制的概念做了一些完美的事情,这种概念延伸到与政府截然不同的企业的规则与治理之中。但是我坚信,当技术经验与技术人员的概念作为一种主要劳动工具被持续引入时,所有这些(甚至更多)都会获得统一、光明、完美而又简单的行进路线。

就其本质而言,技能是一种可识别的工作类型,由具备识别能力的技术人员付诸实践。显然,法律工作并不是一门简单的技能,尽管一个特定的法律工作者可能会不只一个法律技能——他可能会两种技能,或者在某些领域会三种技能:例如,他可能是一名律师、一名顾问,同时还是一个立法者。简单地说,技能的专业化程度取决于实践:"辩护"可以是律师出庭辩护,也可以是审判对上诉、陪审团对任何其他法官席、过失对其他陪审团工作。但重要的是,需要注意,如果在你的脑海中有一门技能的概念,你就拥有了一种用于思考和观察的得心应手的工具。如此,你会意识到一项技能意味着技术,技术则意味着适度的可预测的结果,许可证应在确保技术存在且能为拥有这项技能的客户带来最低限度合理结果的情况下发放,也应当在这种理念下对训练进行反复考核。你意识到,如果按照这种方式组织,技能既应该包含它可以教授的初级入门的木工工艺,也应该包含可教授的但是更精湛的、更高级的精细木工制作工艺,这些都是可计算和检验的。当然,与此同时还存在难以用言语交流的设计能力、创造能力以及迄今为止我们称之为实际经验的无形技能。但是,从这种情况来看,这些问题确实以必要的方式集中在律师行业的培训和测试以及对律师业绩的监督这类目前解决起来不太理想的问题上。因此,它关注的是任何其他技能的问题,这些技能是不会给业绩留有任何余地的。因此,我认为对任何行业的工作人员及其工作的攻击,都是不可取的。每个制度都是一条很有启发性的、至关重要的、浑然一体的,但目前却被忽视的研究路线。

当然,没有一种制度会像法律和政府这般明确地要求进行这样的攻击,在这种攻击中,规则方面的东西高度发达且阐释精密,然而这是远远不够的,单就其自身而言,不足以说明实际发生了什么。在这种情况下,规则的内容在专业化的内部结构中一次又一次地产生完全不同的意义。譬如:对于一位最高法院的法官来说,"法律",比如关于谋杀罪的"法律",是一套一般复杂的应然法则,这些法则首先是根据法官职责下的良知所公布的规则,这些法则告诉法官,法院审理过程中有些特定行动方针毫无疑问是正确的,应予以维持;毫无疑问有些是不正确的,应当通过适当的上诉予以撤销;还有一些问题则需要通过一个极其复杂且相互作用的过程加以解决,即在成文法汇编中某些固定的官方措辞与法院过去在处理这类法规措辞方面的某些判决,以及部分概括在成文法中或者部分包含在法院过去的行动之中,又或者同时包含在二者之间的模糊政策理念之中的互动过程,最后再加上在一般情形和特定案件中感受到的正义味道。除了对其职务所承担的职责和方法的感觉之外,没有可靠的规则或指南来管理这一复杂且相互作用的过程,这是上诉法官产生意见分歧的主要原因。在最高上诉法院的法官发布有关谋杀的(或其他任何事情)的法律命令时,这些命令仅仅产生了间接的且并不紧密的影响:某些极不寻常的漠视良知义务的行为可能会招致名誉受损,甚至是弹劾或者监禁;即使是坦率但却执拗地不理会传统材料或其使用的传统方式,也可能会累积成明显的影响。相比之下,对于审判中的法官(他们在实际审判中使用的技能与上诉法官大不相同)而言,"官方法律"中表示命令的方面实际上更为广泛。由于他可能没有正确地完成他的一些工作而被上诉法院"打屁股"。这种责备虽然只是针对自尊心和威望,但却是一种尖刻的谴责。像这样,在初审法官可以认定特定案件不会被上诉的情况下,这种额外的表示命令在事实和效果上都有所减少;但是这种前景并不能改变"官方法律"与主审法官的职责和良知之间规范性和半强制性的关系。

现在,用这两种法官中的任何一种与有一个案子要胜诉的律师作对比。对律师来说,在他的技能工作中,谋杀法是他必须采取行动的所有框架工作中的第一个——这是一系列限制条件。但是其次，它也是一套说服工具。它给他提供了整理证据所必要的技术；他能建立一种明显的"合理怀疑"吗？他能使人信服这是自卫或者刑法上的精神失常或者缺乏"一级谋杀"所必须具备的故意吗？诸如成文法中的表达或者判决情况能否令人信服地用来证明，在这种证据状态下，该被告不在该成文法规定的有限处罚范围之内（如果辩护人是为被告人辩护）或者在该处罚范围内（如果辩护人是为国家辩护）？这里的"法律"在一开始并不是良知的指南，但在一开始，我在这里想要强调的是一系列限制行动的条件，然后在这些条件下，就可以成为取得预期结果的一系列有用工具。简言之，律师看待"法律"就如同任何一个人看待制度一样，二者只有这一个区别：就辩护律师而言，其他制度，尤其是其他法律制度的行为控制目的在一定程度上是不存在的，因为至少在我们的制度中，他的指定任务包括为一个完全无视"法律"所有其他目的的人争取公正审判。

接下来，我们比较一下对于立法者和修订者而言"法律"的含义。对于他来说，法律首先是一种塑造他人行为的工具和手段。特别的工具就是言辞，但言辞这种工具受到根深蒂固的传统的不利影响：它被视为一种不像律师的行为——用《十诫》（Ten Commandments）中的第二人称或以其他方式直接对被控制者说出想要其做些什么。相反，被正式认可的方法是，设置官方命令，一个有耐心的人可以从中详细说明对其他人的威胁或承诺，而一个有洞察力的人往往可以猜测出立法者想要达到的效果。⑨但是有一点是明确的，负责任的法律制定者一定会将这些法律事务——无论是实际的还是预期的——视为一种操作手段，视为一种取得结果所必要的手段，视为一个在整个法律制度的总体工作环境中的因果问题。鉴于这个制度的现状以及如此运作的方式，什么模式的法律用语可以如此激励和组织官方法律人员以实现威胁和承诺？什么模式的法律用语能够真正如此激励和引导外行人使得威胁变得不必要，并在可行预算内信守诺言？结果迅速、准确、确定、成本低廉，并且不附带任何不想要的副产品：一个工程、一个技术目标和研究。这项研究的另一部分是研究的目的——但这不是一项针对法律本身的研究，而是一项关于法律与社会其他所有方面应当服务于何种目的的研究。在这一点上，继续再对其他法律技能进行彻底的研究没有任何意义。其中的一个要点在于技能这一概念,通过细分不同的观察事务,挖掘并筹备了一系列关于"官方法律"的成果,这是法律思想家们至少几个世纪以来一直在探索并断断续续使用的更好的东西。另一个要点是建议社会上的其他任何制度——比如说教育——通过类似的方法提供类似的启发。不同制度下的技能都各不相同;但总是存在不同但可以互补的技能。就如同今天的法律技能一样,我们总是忽视技能与知识以及标准和目标,这会使该行业面临技术和道德衰退的威胁。

此外,技能这一概念对社会学有着极其独特的价值。因为研究一门技能就是研究从事具体工作的人,就是观察那些工作者与众不同的生活以及这些微小生命对于意外结果的独特贡献。没有哪门学科是健康的,如果在实践艺术方面与理论方面没有形成稳定的相互作用:提出问题、提供经验和见解、对理论知识进行检验和再检验。在社会学中,与实践艺术方面的互动还没有得到充分的发展——至少在"工业社会学"这样的现代领域出现之前是如此。社会学的概念往往过于庞大和模糊,以至于不便日常使用。我认为很有意思的一点在于,应该是社会学家的社会工作者,倾向于向精神病学寻求帮助,而本应是社会学家(或律师)的安置中心的工作人员却是从人类学领域招募过来的。当你把目光转向持续使用"技能和技术人员"这一个概念的工作时,你会发现,你的一只脚仍然立足在理论上,而另外一只脚则落在技术人员史密斯下周二上午 10 点 30 分的实际工作中。这意味着,你在实践和理论之间架起了一座桥梁,它承载着稳定的双向交通。

我们可以从法律领域来说明这一过程和趋势,即产生具有意想不到的价值的交叉碰撞。麻烦案件——不满、争议、侵犯——是法律学说最重要的生长点之一,同时也是次级法律制度最重要的增长点之一。麻烦案件及其处理当然是法律技能事务中日常被抱怨的一部分。人们已经提到过去规则的相互作用,以及特定冲突的独特上升点:习惯与正义。这是一般性的。在这些麻烦案件中,有一些是带有重大预兆的关键案件。一些古老的标志性实践和规范受到了挑战。这个挑战要么成功,要么失败;因此,一个至关重要的新的推动力要么永久地融入正在运行的机制中,要么被扼杀。让我担心的不仅仅是单一决定的塑造力,更是围绕某种程度上有些偶然的特定问题和特定的支持者,文化中各种各样至今无法表达得清楚、不被注意、被误解的驱动力逐渐发声并组织起来——这样的决定不仅带来了新的方向(或拒绝新的方向),而且带来了工作结构新的加强巩固。你们可以看得出我所想试图表明的:通过对技能发挥作用进行初步的研究,对主要动力和主要结构进行阐述说明。也许我可以补充一点,如果沿着这条路线进行深入且细致的研究,都未能揭示文化发展过程中的麻烦和危机与个人成长过程中的麻烦和危机有宝贵相似之处,我将感到震惊不已。

VI

在结束本文之前,我还想谈论一个问题。法律事务的工程学方法——我认为负责任的法律制定者所应当具有的——理所当然的不仅适用于国家官方法律规则的制定者,也适用于处理控制机制的家庭以上任何群体的人员。需要记住的是,法律和政府的事务,对于一定规模的任何群体而言,就是产生、维持和指导该群体的群体性事务。任何类型的所有监管机制都构成了一个单独的研究领域;事实上,当人们看到一个新的家庭在与刚到说话年龄的孩子们作斗争时,看到未经法律培训的父母以及两三岁的孩子——回归或者重新改造这类律师技能,例如区分、类比规则的延伸、对公布规则的严格解释或者根据赋予生命的精神进行解释等;或者看到他们几乎从一开始就改造关于公告和听审的理论,或反对事后行为法的理论,他们将会认为它是极具吸引力的。对我们所知的任何其他制度或活动的法律方面的观察都有其潜在价值。但我直接关心的是社会学的一个新的小分支——教条主义社会学——的出现,这是一个有趣的结果。它所研究的是当人们试图将指引性规则转化为具有权威性的措辞时会发生什么。教条主义社会学与法律技能中随着时代不断变化的现象巧妙地联系在一起,这种途径给法律制度以及公民对该制度的欲望和需求带来了一种光明和希望,这种光明和希望在这个国家已经被四代人所严重忽视。我所提及的是"法治而非人治"的治理理念以及无论法官是谁,一个案件应由"法律"裁决的理念。这两种理念都是正当的,而政府和法律实际上在很大程度上并不考虑官员的个人情况,这一理论应该是一种基本正确的理论。正如很快就会出现的那样,现在所讨论的两个理念没有哪一个与上文我所提到的关于在任何法律事务中人的内在因素的内容相冲突。

　　与生俱来的是,人必须始终参与结果中去:必须读懂法律规则的词句,必须衡量事实以判断法律规则能否适用。徒法不足以自行。但教条主义社会学能够告诉我们的是,在以某种传统技能运行得准确公正、明确、可靠为衡量标准中,你可能期望从训练有素的技术人员身上得到几乎同样的解读,几乎同样的适用方式甚至几乎同样的情况分类。因此,在衡量技能传统的清晰度方面,分歧的数量和程度都在减少。在这种程度上,"人"这一元素可以而且确实能够在词语和理念的含义之内限缩。此外,如果当前时期的风格(如19世纪早期的伟大时期,今天的情况也越来越是这样的)强调的是精神和目的,而不仅仅是字面意义上的法律规则,那么,陈旧的、僵化形式与刚出现的、新兴需要和情况之间的持续斗争,会趋于稳定,而并非对于后者不可预见的、偶然情况的担忧。确实,这还不足以确保结果的规范性。因为,如果现行法律规则不是根据目的,而是根据外部标准制定的,如果定义不是功能性的,而是由独立于功能的标记所确定的,那么,结构上的驱动力和需求上的驱动力之间的冲突仍是不可预测的。但不管怎样,让在技能方面强调目的和功能的这一时期风格也来接管规则本身的形成和表达,你就能够得到真正独立于"人"的因素来判决案件的法律规则:因为这些规则对于每一个技术人员来说几乎是一样的,他们接受过这种时代风格的训练,无论其背景或者性格如何,他们对这种风格的反应都是热烈敏捷的。的确,在这样一个管理体制中,履行职责的人的创造性活动就显得尤为重要;但这毕竟是相对可预测的、符合规则精神的活动——因此,它也符合"法治而非人治"这一口号以及这一口号所蕴含的理念。

　　我认为教条主义社会学(这是制度社会学的一个细小分支)并不奇怪,反而很自然;你会发现它本身与时代风格相关,而时代风格又是美学的一个分支。我认为这并不是怪事,而是自然而然的事,因为这种结合可以解决法理上的争议,厘清政府崇高理想工作的实际意义,并通过说明法律规则必须是什么样的才能发挥其应有的作用,为我们有效改革法律规则指明道路。同样,通过同时阐明所有制度的技能和团队协作的整个问题,随之产生法律制度之光,应该能为所有的社会科学提供新的视角,这也并不奇怪,反而很自然。在学科与学科之间、人与人之间、国家与国家之间，也是如此。

注　释

① 除非我们所有人，或者声称能够代表我们所有人行动的某些人，以这样或那样的方式，忙于处理并非其所欲的行为，否则哪里还会有"犯罪"的概念？"社会学的"抑或是"心理学的"路线方法有其正当性，但是这种正当性必须基于什么是"犯罪"的相关概念，并以此为出发点。这类其他方法所针对的问题如下：什么行为（过去的或者将来的）普遍会造成麻烦？谁将会对此采取措施？如何采取措施？当然，历史悠久的法律在这类问题上会存在一定的滞后性。但是，正如敏锐的德申（Dession）在希特勒行动之前就提醒我们，如何采取措施至少由两部分组成。不仅仅包括当你配备人员的时候应当考虑如何控制他们，还包括如何从人群之中将其挑选出来为你所用。

② 同样引人注目的是其严重程度，庞德的专著中最具有独创性且成果丰硕的阶段，仍不被运用，最重要的是得不到发展；同样，其中言过其实和错误的部分也未得到纠正。迄今为止，我们的法律制度仍缺乏一个对于其健康发展不可或缺的方面：一个持续的、不断发展批判性建设的，以及受到理论与实践不断检验的体系。然而，有的人可能会认为，对于庞德地位的普遍性承认，会导致他的情况出现例外。

③ 在我所读的可买到的书籍中，对"制度"最好的论述是沃尔顿·汉密尔顿（Walton Hamilton）在《社会百科全书》[8 ENCYC. SOC. SCI.，84（1937）]中以"制度"为名的一篇文章。我认为这篇文章有意思的地方在于，我们之中那些倾向于把"制度"看作社会科学的核心和最重要概念的人[我认为马克斯·韦伯、康芒斯、汉密尔顿、马林诺夫斯基（Malinowski）都算在其中]，他们的思想在很大程度上受到了法律方面著作的影响。

④ 例如，我在默多克（Murdock）、T. 帕森斯（T. Parsons）和克拉克洪（Kluckhohn）的令人称赞的著作中发现了这些。

⑤ 我认为凯尔森（Kelsen）的著作太过刻板，是他将他精明的目光从他认为的"纯粹法"上移开片刻的副产品的集合。

⑥ 斯坦姆勒（Stammler）对"权利"法的阐述最能说明问题。这种操作在帕特森（Patterson）的《法理学讲义》（*Lectures on Jurisprudence*）中比比皆是。对于一个有着与生俱来的理性的人，以法律"仅仅"是规范的理念持续性地工作，确实是一件可谓超越人性的工作。

⑦ 这个案例既适用于研究，也适用于歌词，斯坦因（Stein）小姐设定了一个很有

说服力的模式：一个团体是一个团体，就是一个团体，也确确实实是一个团体。

⑧ 参见《小人国游记》(*Voyage to Lilliput*)。研究社会人类学的罗伯特·罗维 (Robert Lowie)格外强调这一方面。然而罗维却完全忽略了接下来将要讨论的在法律方面的专业技能。

⑨ 这种说法并非尽如人意，尽管被视为典范。然而在这中间，仍有足够的真实性，足以让卡通也能够展示出现实的意义。

3

不完全契约和控制权[*]

奥利弗·哈特(Oliver Hart)

1983年夏天,(诺贝尔)奖项委员会首次引用"不完全契约和控制权"的相关研究。首先,我想简述一下我的研究路径。作为一名研究生,我被一般均衡理论所吸引,并先后在英国华威大学、美国普林斯顿大学获得了数学硕士学位和博士学位。我的博士论文便是关于不完全市场的一般均衡理论。[①]虽然我最终把研究重点放在了即使在交换经济中也可能出现的最优化和存在性问题上,但我的主要兴趣之一是生产理论。在一个完全市场且存在完全竞争的阿罗-德布鲁经济(Arrow-Debreu economy)中,一个企业追求利润或市场净值最大化是可行的。但在不完全市场中,如何简要概括企业的目标? 更重要的是,如果股东对企业决策存在分歧,应该如何解决?[②]

在博士论文写作结束后,我开始研究这一主题。1976年夏天,因为一个偶然的工作机会,我与桑福德·格罗斯曼(Sanford Grossman)继续进行这方面的研究。[③]尽管研究股东

* 原文"Incomplete Contracts and Control",是奥利弗·哈特于2016年12月8日在瑞典斯德哥尔摩荣获诺贝尔经济学奖时发表的演讲(修订版)。奥利弗·哈特,2016年诺贝尔经济学奖得主。本文译者:徐洋、李文佳,宁夏大学。

之间的分歧十分有趣,但事实证明,管理者和股东之间的冲突更值得深入探索。④于是我们先后发表了将企业收购作为一种约束管理机制的研究成果,以及一篇将债务作为担保手段的文章。⑤后来我们意识到,既然要研究如何激励管理层,或许应该直接分析所有者和管理者之间的最优激励方案。于是我们在 1983 年合作发表了论文(Grossman and Hart,1983),并提出委托代理理论。

这段曲折求索的经历很好地解释了我的想法是如何从市场研究逐渐转向契约研究的,并为 1983 年夏天那次的研究埋下了伏笔。彼时,格罗斯曼邀请我来到芝加哥大学,在他的办公室里,我们正在思考下一步的研究方向。经过一番讨论,我们决定分析一个已经成熟的问题:为什么一家企业会并购另一家企业,而不是通过契约与该企业开展业务往来?换句话说,契约的局限性是什么?为什么要建立企业?

当然,这个问题并非首次提出。关于企业的边界问题可以追溯到科斯在 1937 年发表的成果(Coase,1937)。包括奥利弗·威廉姆森(Oliver Williamson)的许多著作(见 Williamson,1975;Klein,Crawford and Alchian,1978)。实事求是地说,我们之前只是粗浅地了解过这些作品,并没有展开深入研究(随后才开始对这些研究着迷)。但可以肯定的是,他们的研究都是非正式的(或者如评奖委员会所说,是"非程式化的")。作为受过正式训练的经济理论学家,我们觉得也许能进一步充实以上研究。

我们花了十天时间来研究企业和契约之间的差异。我需要向约翰·里德(John Reed)*道歉,也不得不感叹一句,这十天才是"震撼了我的世界"。⑥起初我们认为这种差异与绝对权力有关。也就是说,企业的雇主可以选择雇员的任务。⑦但是,这与两个企业之间的需求契约有什么实质性差异呢?比如说,在这两个企业的需求契约中,买方可以选择从卖方那里购买多少部件(q),付款由预先商定的计划决定,价格 $p=p(q)$。可以说,在这种情况下,买方对 q 拥有绝对权力。更有甚者,一旦世界处于买方获得关于需求冲击的私有信息而同时卖方获得关于供给冲击的私有信息的模式中,根据机制设计理论,数量 q 应该取决于双方的冲击信息,则任何一方对 q 都不具有

---

* 约翰·里德,《震撼世界的十天》的作者。——译者注

绝对权力。

在某一时刻，我们意识到，我们思考这个问题的方式是错误的。我们是以完全契约条款来看待这个问题的，但如果买卖双方之间的契约不完全呢？

不完全契约

关于以上要点的文献研究都在完全契约框架下，即缔约双方能够完全预见契约期内可能发生的重要事件，并写入契约文件中。道德风险或信息不对称可能会产生一些激励约束，但无法提及意外偶发事件。

现实中的契约总是不完全的。这一点，我相信律师们早就不堪其扰。这些契约大多措辞糟糕、模棱两可，甚至会遗漏要点。在某个阶段格罗斯曼和我意识到一个关键问题，当契约不完全时，即谁有权决定遗漏的内容，我们称这种权利为剩余决定权或剩余控制权。问题是，谁拥有这项权利呢？

进一步的思考使我们意识到，这就是所有权的含义。当契约没有详细规定的时候，资产所有者有权决定如何使用该资产。自然而然地，我们想到了这就是企业和契约的差异。假设企业都由资产组成，如果企业 A 和企业 B 签署了一份独立（不完全）契约，那么企业 A 的所有者对资产 A 拥有剩余控制权，企业 B 的所有者对资产 B 拥有剩余控制权。但是如果企业 A 收购了企业 B，那么企业 A 的所有者就对 A、B 两个企业的资产拥有剩余控制权。

为什么谁拥有剩余控制权很重要？因为剩余控制权和其他所有经济产品一样，存在最优配置。有时，一个所有者拥有全部剩余控制权更为高效；有时，控制权由几个所有者分割更为高效。这将决定 A、B 两个企业应该合并，还是作为独立的实体各自留存下来。

1986 年，格罗斯曼和我沿着这些研究思路构建了一个程式化模型（见 Grossman and Hart, 1986）。1990 年，我与约翰·穆尔（John Moore）合作，进一步发展了这个想法和模型（见 Hart and Moore, 1990）。这些研究成果通常被称为产权理论（PRT）。

一个真实案例可以很好地说明这个模型是有用的。假设有一个燃煤发电的发电厂，其位置正好在一个煤矿旁边。[⑧] 为了使双方的交易更加规范，发电厂可以与煤矿签订一份独立的长期契约。该契约会明确规定未来很多年煤炭的数量、质量和价格。但无论如何拟定，该契约都是不完全的，未来一定会发生双方无法预见的事情。

例如，假设发电厂需要的煤必须是纯的，但考虑到有许多潜在的杂质，很难预先说明煤的纯度需要达到什么标准。假设双方的契约关系能够延续十年，同时，灰分作为一种杂质，对发电厂来说，高灰分煤的燃烧成本比低灰分煤高，但对煤矿来说，生产高灰分煤的成本更低。鉴于契约的不完全，煤矿可以根据契约权利供应高灰分煤。

当然，发电厂和煤矿可以重新谈判契约。然而，在这样的谈判中，煤矿处于明显的有利地位，它可以为改用低灰分煤索要高价。发电厂正好位于煤矿的旁边，对这种情况也没有很好的替代方案。如果从其他煤矿运输煤炭，成本可能非常昂贵。

经济学家们将这种情况称为"套牢"问题。煤矿会套牢发电厂，由于煤矿就在发电厂附近，可以说，煤矿是发电厂赖以生存的基础。还需要说明的一点是，尽管几乎无法写出一份足够完全的契约来避免被套牢，但这并不意味着双方无法预见这个问题。事实上，该理论的假设是，发电厂确实预见到自己将会受到煤矿的压制，并且其未来很大一部分利润可能会被煤矿侵吞。出于这样的担心，发电厂或许会改变策略，从一开始就不会太依赖某一个煤矿。例如，它可能会冒着增加运输成本的风险，将工厂的选址安排在几个煤矿之间，并与几个煤矿保持相同的距离，而不是位于某一个煤矿的旁边。

尽管有言过其实的风险，但还是有必要明确该煤矿套牢权力的来源。煤矿之所以有套牢权力，其实是因为其所有者对该煤矿拥有剩余控制权。因此，在这种情况下，关键的剩余控制权便在于开采哪种煤：高灰分煤还是低灰分煤。

发电厂采取什么措施能避免这种问题？除了写一份更好的契约外，发电厂可以做的另一件事就是提前收购煤矿。发电厂收购煤矿后，就成为煤矿的所有者，也就拥有了关键的剩余控制权。煤矿不能再以灰分含量高低为由而漫天要价，因为发电厂可以命令煤矿经理开采低灰分煤；若煤矿经理不愿意服从命令，发电厂可以解雇该经理，找人取而代之。

造成的结果之一是，现在的发电厂可能更愿意依赖煤矿。不担心"套牢问题"的话,发电厂就可能选址在煤矿旁边。因此,这一理论指出了整合发展的一个好处。这里的整合发展就是由发电厂收购煤矿。融合的价值在于,发电厂选址在煤矿旁边可视为一种提高效率的投资,也就是关系专用性投资。如果只受到不完全契约的保护,发电厂自然就不会进行这样的投资。

到目前为止,我们讨论了融合的好处。但是,正如将剩余控制权从煤矿转移给发电厂,发电厂拥有了管理者的权力,但同时也剥夺了煤矿管理者的权力。发电厂为了稳固与煤矿的关系,可能会进行一些关系专用性投资,成本也因此而增加。假设该煤矿以前由管理者运营,被发电厂收购后,煤矿管理者可以留下,但现在是发电厂的一名雇员。假设煤矿管理者对如何高效管理该煤矿有了新想法。当煤矿独立时,煤矿管理者有权(剩余控制权)实施这个想法并从中受益。但是现在,由于煤矿管理者是一名员工,他必须从老板那里得到许可才能实施这个想法。而发电厂的所有者拥有否决权,他可以利用这个否决权为自己从中谋利。既然自己的利益有可能被侵吞,那么煤矿管理者创新的劲头就没有那么足了。

因此,整合发展既会带来好处,也会产生成本。发电厂是否应该购买煤矿,取决于发电厂的投资扭曲是否比煤矿的投资扭曲更严重。同样值得注意的是,煤矿还可能收购发电厂。这与电厂购买煤矿不同,现在的剩余控制权在煤矿管理者手中而非在发电厂管理者手中。最后需要指出,这个道理在这两个所有者和两个资产以外许多资产和许多工人的情况中也适用,甚至可以应用在更普遍的所有权结构中,如共有和共同所有权(参见 Hart and Moore, 1990)。此外,该文章还指出,协同资产应共同拥有,资产应由不可缺少的人力资产拥有。

现在,让我们仔细思考一下。第一,Grossman 和 Hart(1986),以及 Hart 和 Moore(1990)的早期的程式化模型认为,在不完全契约情形下的事后反悔是在信息对称条件下进行的,任意一方都能够发现契约中遗漏的要点。并且,正如科斯(Coase, 1960)所说,若没有财富约束,谈判将有效进行。效率低下仅仅是因为关系专用性投资被扭曲了。

第二,如果这些投资是可以契约商定的,则可以克服事前投资的扭曲。在这种情况下,前面提到的煤矿和发电厂双方可以撰写一份契约,明确规定若要发电厂选址在煤矿旁边,则煤矿需要支付一笔预付款。如此一来,发电厂后来被套牢的损失就得到了补偿。为了使该理论行之有效,我们必须假设也有部分投资是不可以契约商定的(或契约商定成本高昂),例如,即使双方可以通过契约确定工厂位置,还有很多事项无法明确。比如,发电厂是否安装了适合的锅炉,使得煤矿生产的煤充分燃烧?同样也必须假设,煤矿管理者对创新的投入也是无法契约商定的(这个假设很合理)。

第三,我们关注的是不可契约商定的投资的扭曲,也因此与威廉姆森和克莱因(Klein)等人的研究区分开来。威廉姆森的大部分研究都是关于事后协商的低效现象,以及如何通过整合发展来减少这种现象。克莱因等人虽然研究了事前协商的低效现象,但没有区分哪些是可契约商定的投资,哪些不是。[9]

第四,科斯和威廉姆森之前的研究强调了企业的关键特征就是对人力资产的绝对权力,即雇主告诉雇员该做什么。相比之下,PRT强调控制实物(一般是非人力)资产。发电厂收购煤矿时,就获得了该煤矿的剩余控制权。注意,区别就在这里,根据PRT的论述,如果前面提到的煤矿管理者是不可或缺的,那么收购煤矿的实际价值并不高。在这种情况下,煤矿管理者即使作为一名员工,也能保留套牢发电厂的权力。如果发电厂希望煤矿提供的煤从高灰分煤转变为低灰分煤,煤矿管理者可能会要求大额涨薪。正因为煤矿管理者是可以替代的,所以发电厂在收购该煤矿后比以前处于更有利的谈判地位。

在金融契约中的应用

除了帮助我们了解资产所有权和企业的边界问题,PRT还可以应用在很多领域,其中一个就是金融契约。[10]

莫迪利安尼和米勒(Modigliami and Miller, 1958)的研究表明,在一些合理的假设下,企业的融资结构对其总价值没有影响。从那以后,理解企业的金融结构就一直是一项挑战。以詹森和梅克林(Jensen and Meckling, 1976)为代表的学者认为,如果管理者不能代表股东行事,莫迪利安尼-米勒模型(即MM模型)所呈现出的不相关结果就不再成立。然而,这种方法的一个问题是,它假设融资结构是用来解决激励问题的。一旦激励问题得到解决,MM 模型又会再次显现出不相关结果。

PRT 提供了一个不同的视角,让我们可以从控制层面考虑融资结构。[11] 为了更好地理解,我们可以先回顾一下前面的例子,并将发电厂换成金融投资者。具体来说,假设煤矿需要资金来扩大规模或者进行扩张/现代化,并将目光锁定在一个资金雄厚的投资者身上。那么,它应该如何说服这个人去投资?

其中一个可能的做法是煤矿可以承诺出让部分利润。然而,在双方关系存续过程中,投资者与煤矿之间的金融契约很有可能是不完全的,这样一份契约不会也不能明确说明很多行动或决定。因此,出让利润可能远远不够。

例如,投资者可能担心煤矿管理者转移收益,即煤矿管理者可以给自己开高薪,或者用煤矿收益进行再投资,而不是拿这些收益支付股息。另一种可能是,煤矿管理层或许会采取投资者不同意的经营策略。再或者,即使有更好的人选,煤矿管理者也会牢牢保住自己首席执行官的职位,不愿让位。

机会主义行为与之前案例中的套牢行为相似。保护投资者免受此种行为影响的方法之一就是给他剩余控制权或投票权。例如,投资者可以成为煤矿所有者,而不是与煤矿签订一份独立契约。如此一来,他便可以进行干预,以阻止机会主义行为。例如,他可以调整管理者的薪水,甚至找人取而代之。

但正如我们所看到的,剥夺管理者的控制权可能产生负面影响。根据之前的分析,代价之一就是管理者可能失去创新的动力。因此,在投资者和管理者之间存在控制权的最佳平衡方案。

阿吉翁和博尔顿发表了一篇重要论文(Aghion and Bolton,1992),该论文分析了控制权的最优平衡方案。阿吉翁和博尔顿的这篇论文不再关注煤矿管理者那些不可契约商定的投资(有想法的激励),而是专注管理者的个人收益。[12] 例如,为企业谋福利带来的精神满足感,担任首席执行官带来的工作满意度,以及权力地位带来的报酬。只有管理者才能享受这些个人收益,且无法转移给投资者。相比之下,金钱回报却是实实在在的,而且可以转移给投资者。

在阿吉翁-博尔顿模型中,将控制权转移给投资者也会产生成本。投资者可能会一味追求利润最大化,甚至无情地损害管理者的个人收益。管理者可以试图向投资者提供附带报酬,以说服投资者不要一味追求利润。然而,管理者的财富是受约束的,与投资者重新谈判的能力有限。此时,科斯定理不再适用。因此,控制权分配存在均衡点。一方面,若将所有控制权分配给管理者,则管理者有可能盲目追求个人收益,甚至损害利润。而投资者得不到足够的补偿,也就不会进行投资。另一方面,若将所有控制权分配给投资者,则意味着很多事后决策无法第一时间发挥效力。

阿吉翁和博尔顿的研究表明,在某些假设下,状态依存的控制权是最优的。具体来说,在现实所有可能的状态里,当个人收益高于利润时,管理者享有控制权;在利润相对于个人收益更重要时,投资者享有控制权。在某种程度上,随着状态的改变,个人收益不会有太大变化,但利润却会随着状态的改变而改变。这表明,在状态出现颓势时,投资者应该掌握控制权。比如,在不景气的情况下,管理者可能希望企业保留其个人收益,即使这些资产部署到其他地方或许能产生更大价值。

卡普兰(Kaplan)和斯特罗姆伯格(Strömberg)关于风险资本契约的研究可以很大程度佐证阿吉翁-博尔顿模型(参见 Kaplan and Strömberg, 2013)。卡普兰和斯特罗姆伯格研究了信息技术、软件和电信领域的初创企业交易。他们发现,投票权和控制权的分配往往取决于财务绩效考核方案。例如,如果企业的息税前利润低于预期水平,或者企业的净资产低于阈值,投资者就可以获得投票权或董事会控制权。如果企业持续表现不佳,投资者就能获得完全控制权。随着企业业绩的改善,企业家保留或获得了更多的控制权。如果企业表现良好,投资者就会放弃他的大部分控制权。

阿吉翁-博尔顿模型和卡普兰-斯特罗姆伯格研究都有一个有趣的点,那就是控制权不会因为管理者未能按承诺付款而转移给投资者。相反,控制权的转移是因为世界出现了某种特定状况。换句话说,金融契约并不等同于典型的债务契约。在风险投资方面,其中一个原因可能是初创企业在一段时间内不会产生大量现金流。尽管如此,债务契约仍然无处不在,值得进一步探究。

Hart 和 Moore(1994,1998)曾经尝试进一步研究这个问题。[13] Hart 和 Moore(1998)放弃了货币回报是实实在在且可以转移的这一假设,因为管理者甚至可以带着货币回报一起离开。而管理者之所以愿意向投资者支付部分现金流,是因为投资者拥有一定的威慑力。例如,投资者可以没收项目的标的资产甚至将其清算。在这里,清算意味着用某种次优方式使用这些资产,可能用于其他活动或给予不同的管理者,甚至出售这些资产。

由此,Hart 和 Moore(1998)表明,债务契约是可行的。通过债务契约,煤矿管理者承诺向投资者支付固定的款项。只要资金到位,管理者就可以继续负责掌管煤矿,即保留对煤矿的(剩余)控制权。若资金未到位,那么控制权将转移给投资者,投资者可以决定是否清算该煤矿。此时,双方有可能重新谈判。

基于债务契约进行付款的动机非常简单,那就是管理者想要保留对资产的控制权。为什么控制权有价值呢?因为管理者可以利用资产源源不断产生货币回报。有了控制权,管理者就可以把这些回报收入囊中。换言之,管理者拖欠债务可能有以下两个原因。一个原因是他无法支付。比如,不利冲击导致收入太少。这属于非自愿违约。另一个原因是管理者不想付款。反过来,这两个原因又对应两种解释。第一种解释是,管理者拖欠债务,可能是因为他能在未来获得的货币回报低于他需要如约支付的金额。例如,假设这些资产将再持续一段时间,将产生 100 美元的回报,但根据当前的债务契约,管理者需先支付 120 美元(忽略折扣)。对管理者来说,花 120 美元为了以后能赚 100 美元,这是不划算的。于是管理者违约,留下这 120 美元。第二种解释是,即使需要支付的债务低于未来的收入(比如根据债务契约需支付 80 美元),管理者也可以违约并重新协商债务偿还,压低价钱,以接近资产的清算价值(可能是 60 美元)。

在第二种解释中,管理者可以支付但不愿支付,这属于自愿或战略违约。

这个模型有几个有趣的特性。首先,它体现了抵押物的重要性。如果资产的清算价值很高,投资者就不用担心战略违约。即使管理者在债务偿还的时候重新协商,资产价值总是不低于清算价值的。在这种情况下,管理者能从投资者那里获得更多的资金以及好项目,以实现可持续发展。同样,如果资产较为耐用,且清算价值不会随时间的推移而降低,那么债务的期限可能更长。在这种情形下,投资者在项目后期也更不容易受到战略性债务谈判的影响。Benmelech(2009)以及 Benmelech 和 Bergman(2008)的研究也证实了以上猜测。⑭

其次,根据这个模型,可能会出现清算效率低下的情况。让我们继续用数字举例,假设资产在下一周期将产生 100 美元的收益,当前的债务偿还为 80 美元,清算价值为 60 美元,而当前的收入是 40 美元。很明显,管理者会违约,因为他的 40 美元无法偿还债务。此时,投资者可以以 60 美元的价格进行清算,但如果不进行清算,这些资产的最终价值将超过 100 美元。在理想状态下,若由科斯学派的代表进行重新谈判,那么他们一定会留下这笔资产。在重新谈判过程中,管理者需要补偿投资者 60 美元的清算价值,这等于出让下一阶段 100 美元利润中的一部分。然而,现实世界并不是理想状态。让利的承诺是不可信的。由于项目已进入收尾阶段,资产很快将无法继续产生收益。届时,投资者没有杠杆,管理者可以将所有 100 美元收入囊中,且免受处罚。因此,投资者若要获利,唯一途径便是现在就进行资产清算。

Hart 和 Moore(1994)假设管理者不再获得货币回报,而是可以抽回己方的人力资产。假设一个项目在日期 0 的成本为 100 美元,到日期 2 会产生 120 美元的收益。管理者向投资者借来 100 美元,并承诺在日期 2 偿还 100 美元。到了日期 1,管理者可能会威胁投资者减少债务,否则就要撤回己方的人力资产。如果双方具有同等的议价能力,同时若没有管理者,这个项目无法产生任何价值,那么债务可以重新谈判到 60 美元水平上。投资者也可预见这一点,那么从一开始他就不会给管理者投资。此时,抵押物派上了用场。如果资产在日期 1 被用作他途,也就是管理者进行战略违约,抵押物能保护投资者的部分利益。

哈特-穆尔模型(Hart and Moore,1994)也再次提醒我们,人力资产和非人力资产之间的区别。一个主要由人力资产组成的项目很难融资,因为投资者会受到人力资产的牵制。相反,一个拥有大量非人力资产的项目更易融资,且不用担心套牢问题。⑮

在近期一些有趣的研究中,Kaplan、Sensoy 和 Strömberg(2009)考察了初创企业中人力与非人力资产的重要性。他们的论文标题一针见血地指出这个问题:投资者应该押注于骑师还是赛马?他们通过实证表明,以商业计划形式存在的非人力资产是一个重要且持久的价值来源。然而,Bernstein、

Korteweg 和 Laws(2017)却发现,在初创企业早期,人力资产也非常重要。事实上,正如 Rajan(2012)所指出的那样,这种均衡状态也可能随着时间的推移发生改变。一家初创企业可以逐渐发展成为一家成功且成熟的企业,转型很大程度上是标准化过程,而人力资产的重要性也就渐渐隐没下去。

这项最新的研究之所以值得注意,是因为这正好与 Grossman 和 Hart(1996)以及 Hart 和 Moore(1990)的研究出发点一致。两篇研究都从同样一个问题开始:什么是企业?答案是,非人力资产是所有企业的重要组成部分,它们像黏合剂一样将企业紧密联系在一起(见 Hart,1995),上述作者的研究恰好证明了这一点。[16]

在公有产权和私有产权中的应用

经济学家普遍认为,有些商品和服务无法通过私人市场得到满足,因此需要政府融资,比如国防、警察、外交政策和监狱等。还有一些比较有争议的例子,比如医疗保健和学校。

政府融资并不全然意味着政府提供资金。政府可以选择自己提供商品或服务,也可以与私人供应商签订契约。不完全契约有助于解释这一均衡。

安德烈·施莱弗(Andrei Shleifer)、罗伯特·维什尼(Robert Vishny)曾与我(Hart,Shleifer and Vishmy,1997)一起探索过如何在公有产权和私有产权中进行选择,特别关注监狱的供应。[17]假设政府作为社会的代表,需要把犯人囚禁起来,并且有以下目标:防止囚犯逃跑,人道地对待他们,并且让他们重返社会后尽可能为社会所用。政府可以自己派遣人员来管理一座监狱,也可以与一家私人企业签订契约来管理。哪个方案更好?

首先需要注意的是,在理想状态下,缔约双方可以预见后续所有发展并形成契约。既然两种方案都可以形成完全契约,选择哪种方案就不那么重要了。如果我们处在完全契约世界里,所有决定都可以明确体现在契约中,那么所有权与剩余控制权便无关紧要了。道德风险或信息不对称可能会在最优契约中产生一些激励相容的约束,但结论不会改变。

当契约不完全时,剩余控制权至关重要。政府与私人监狱企业签订的契约可以做到相当翔实,涵盖囚犯待遇的方方面面,包括食品、卫生、医疗保健、工作、教育、娱乐等。然而,Hart、Shleifer 和 Vishny(1997)认为,这些契约有两个重要因素明显不完全:警卫使用武力情况和员工质量问题。由于这种不完全属性,私人承包商可以利用其剩余控制权,通过雇佣廉价、不合格的警卫来节省开支。一旦发生暴力事件,这些警卫根本无法有效应对。

监狱企业雇佣廉价的不称职警卫,类似于煤矿选择开采高灰分煤而不是低灰分煤。在以上两例中,供应商均选择了更省钱的办法,虽然没有违反契约,却牺牲了质量。在第一个例子中,劣质产品的影响由发电厂承担,在第二个例子中,该影响则由政府或社会承担。当然,如果牺牲质量比节省成本更有价值,则应该进行重新谈判,这一点在 Hart、Shleifer 和 Vishny(1997)建立的模型中也有体现。然而,仍然存在一种扭曲:私人供应商有可能一味追求节约成本从而降低质量。

如果监狱为政府所有,以上问题便迎刃而解。如果发电厂拥有煤矿,就可以要求对方提供低灰分煤。同样,政府也可以禁止监狱长雇佣廉价的不称职警卫。

Hart、Shleifer 和 Vishny(1997)引用了一些证据,表明私立监狱中的暴乱发生频率更高。[18]

当然,私人供应商参与也会带来一些好处。对于煤矿而言,当其独立时,管理者将有更大的创新动力,监狱也是如此。私人监狱的监狱长会更加积极地寻找社会效益更大的省钱方法,或者去开发有社会价值的改进方案。[19]因此,在暴力问题相对较少而创新管理更重要的地方,比如"中途之家"*或少管所,在公私提供之间天平可能会更偏向于由私人提供。然而,在高度戒备的监狱中,防止犯人对警卫和其他犯人使用暴力是最重要的。因此,根据我们的结论,此时私人供应可能不是最佳选择。

Hart、Shleifer 和 Vishny(1997)用同样的逻辑证明了私人供应商处理垃圾回收是合理的,但对军队、警察或外交政策的帮助不大。学校和医疗保健则既可以交给私人供应商,也可以由政府管理。这种竞争实际上有力推动了私有化,因为一旦私人供应商降低质量,势必引起市场的负面反应。因此,竞争机制在学校和医院或许行得通,但在监狱却无法有效发挥作用。

通过以上分析,我们得出了一个宝贵经验,公有产权和私有产权的选择

---

*　一个帮助犯人重新适应社会,同时对其行为进行监控的地方。——译者注

是一个效率问题,而不是意识形态问题。

基础

本文第一节所讲的产权理论是基于这样一种观点,即当契约不完全时,非人力资产的所有权决定了谈判是否处于有利地位。Grossman 和 Hart(1986)以及 Hart 和 Moore(1990)的程式化模型证明了契约不完全的合理化,他们的观点是:鉴于未来可能发生的情况不一,人们总是很难预先描述买卖双方交易的具体货品这样的情况可能有很多。相反,一旦交易货品确定,那么一个完美的现货契约也就此确定了。然而事与愿违,事前投资在谈判之时就已沉没,可能出现搁置,后期确有可能发生"套牢问题"。由于双方都能预见这一点,因此,投资过程将较为低效。

挑战在于如何把以上事例变成一个程式化模型。

事实证明,这并不容易。首先是议价能力的问题。说回发电厂和煤矿的例子,即使发电厂在契约签订前已经选址在煤矿旁边,依旧有方法使其在事后处于有利的谈判地位。那么为什么不直接分配议价权,而是必须通过资产所有权来掌握议价能力呢?例如,最初的契约可以规定,无论何时进行重新谈判,发电厂都可以直接报价,煤矿只能接受或拒绝,任何讨价还价都将受到严厉处罚。

事实上,契约所能做的仅限于此,它依旧没有具体规定煤的数量、质量和价格。

试想,发电厂希望煤矿生产低灰分煤。为此,发电厂会向煤矿提供一笔略高于开采成本 c 的补偿款,此时款项价格 $p=c+\varepsilon$。假设双方交易存在完成期限,在交易达成前,煤矿可以随时威胁拒绝如此低的报价。然而,发电厂会完全忽略这种威胁,由于有额外的 ε 总比没有好,煤矿总会在最后一刻接受报价。这就是"子博弈完美均衡"的力量。因此,发电厂从交易中获得了所有事后盈余,并将选址于煤矿旁边。

事实上,正如 Hart 和 Moore(1988)所言,甚至都没有必要在契约中规定该煤矿会因为还价而受到惩罚。可以直接在契约中规定双方都可以开价,并且双方都不需要在交易发生前接受任何报价;相反,他们可以进行交易,然后签署一个接受书。假设没有任何双方签订的文件,则交易视为煤矿对发电厂的赠予。试想,发电厂提出上述提议,而煤矿提出更高的价格 p',那么交易仍将最后以价格 p 进行。为何如此?一方面,煤矿可以通过交易保证自己获得 p,还可以在发生争议时签字确认并公布发电厂的报价来确保自身盈利。另一方面,如果发生争议,发电厂将不会签字确认并公布煤矿的报价,因为它宁愿不透露任何信息,并声称煤矿提供的煤炭是一种赠予。

当然,如果将所有的议价能力都分配给发电厂,将激励它在煤矿旁边选址,但是煤矿管理者将由此失去创新动力。假设管理者找到了一种方法,将煤炭成本从 c 降低到 c'。然后,电厂将其报价从 $(c+\varepsilon)$ 改为 $(c'+\varepsilon)$,相当于发电厂享受了煤矿创新带来的好处。这表明,或许到头来还是掌握资产所有权比较有用。通过契约将议价能力分配给发电厂,但将煤矿所有权转让给煤矿管理者。煤矿所有权可能为管理者提供一些更好的外部选择,比如他可以将煤炭卖到其他地方。因为如果管理者提高效率,这种外部选择将会增加,提高效率的部分收益将流向管理者。

然而,事情远没有这么简单。假设煤矿所有权在煤矿管理者手中,那么他的外部选择为 $(\bar{p}-\lambda c)$,其中 c 是向发电厂提供煤炭的成本,同时 $0<\lambda<1$。这个式子表明,当煤矿管理者向发电厂提供煤炭时,提高效率产生的收益会部分但不完全转化为将煤炭提供给外部所获得的收益。显然,如果煤矿管理者能够直接获得 $[\bar{p}+(1-\lambda)c]$ 的激励方案,那么资产所有权就无关紧要了。由于是煤炭管理者承担供应煤炭的成本,他的净支付额为 $(\bar{p}-\lambda c)$。如果 c 是切实可验的,这一切就很有可能;但如果 c 仅仅是肉眼可见的,那么前面那些假设乍一看似乎是不可能的。

从 Maskin(1999) 以及 Moore 和 Repullo(1988) 的研究中吸取灵感,埃里克·马斯金和让·蒂罗尔(Eric Maskin and Jean Tirole, 1999)提到了以下博弈,博弈将在交易完成后进行,并被写进契约里。首先,煤矿管理者公布其向发电厂供应低灰分煤的成本为 c^*,发电厂可以接受这个要求,并支付给煤炭管理者 $[\bar{p}+(1-\lambda)c^*]$。发电厂也可以提出挑战,声称成本应该是 c^{**}(略低于 c^*,以支付更少的报酬)。如果发电厂提出该挑战,则煤矿管理者需要向第三方支付一笔罚款 F。此时,会有专人验证该挑战,并向煤矿管理者提出是否愿意以 $(1/2c^*+1/2c^{**})$ 的价格供应煤炭。如果其愿意以这个价格交易,就说明煤矿管理者在撒谎,因为如果其真实成本是 c^*,这个价格是会赔钱的。在这种情况下，发电厂会收到来自第三方的付款 F。如果煤矿管理者拒绝以这个价格交易，则挑战失败，发电厂将向第三方支付 F。

这种机制中的"子博弈完美均衡"是需要煤矿管理者说出其真实成本，同时获得 $(\bar{p}-\lambda c)$ 的净利润。可以看出，这种情况避免了对资产所有权的争夺。

什么情况下马斯金和蒂罗尔提出的这个机制将会失效呢？其中一种情况是，买方或卖方与第三方之间可能存在勾结合谋问题。[20]但是，由于双方可以在契约中明确表示这是非法的，因此尚不清楚这种串通协议将如何执行。此外，马斯金和蒂罗尔还表明，如果至少有一方是风险规避者，那么设计巧妙的彩票可以替代第三方。然而，如果补充以下三点假设：(1)买方和卖方都是风险中立的；(2)不能使用第三方；(3)双方总是可以在任何修改程序完成后重新谈判契约，例，由于没有明确的最后期限，不完全契约的内容和资产所有权的角色可以重新设定。这些在 Segal（1999）以及 Hart 和 Moore（1999）的研究中都有体现。

这些的确都是强有力的假设，但我本人并不完全认可。如果这个模型准确地说明了现实情况，我们应该能看到尝试使用马斯金-蒂罗尔模型以及契约分配议价能力的例子。然而据我所知，我们几乎找不到使用该模型的例子，也鲜少有人使用契约分配议价能力。此外，目前的模型也不能解释事后低效问题（除非各方受到财富约束）。这似乎是一个重要限制，因为科斯和威廉姆森的早期工作强有力地证明，减少事后无效率至少是公司存在的理由之一。

当然，人们可能试图把事后无效率归咎于信息不对称。[21]但是，只要在契约签订时双方信息对称，就可以使用另一种机制（在实践中也没有看到）克服这个问题。[22]因此，在最近的研究中，我开始研究另一种方法。

降低合理性

如果交易双方是完全理性的，我不理解他们为什么不在契约中纳入马斯金-蒂罗尔机制。正如前面所说，据我所知，现实中并没有这样的例子。当然,人们总是可以把责任推到法官身上,认为法官不理解和/或不会强制执行这种机制。[23]这反而进一步说明了这个问题,事实上有很多聪明的法官,如果这个机制的设计是不完全契约的解决方案,那么人们期待法官最终能够理解、接受并执行参考这个机制制定的契约就是情理之中的事了。但距离马斯金和蒂罗尔的论文发表已经过去十八年了,我并没有看到这方面有任何进展。

我个人认为,我们之所以没看到这些机制,是因为当事各方并不完全理性。这样的结论无疑是令人失望的,虽然的确能用一种方法模拟理性,但也有很多方法,甚至无限多的方法来模拟非理性。规律无迹可寻,这让许多经济学家感到不安,他们愿意不惜一切代价坚持理性假设。然而,我认为我们别无选择,只能放弃理性假设。

2008年,我开始与约翰·穆尔研究这一问题(Hart and Moore, 2008)。回顾过去,我们这个研究的动机主要有以下三个方面(以下排名不分先后):第一,我们想发展一个不受马斯金-蒂罗尔批评影响的理论;第二,我们想解释为什么通过契约分配议价能力无法解决套牢问题;第三,我们想构建一个能够同时考虑到事后低效问题的模型。正是因为动机的多样性,我们并未过多考虑各方的认知限制,而是把重点放在公平、合理行为的理念上。就此而言,我们的确深受大量行为学文献的影响,这些文献总是研究"公平、合理"。[24]

为了理解这个方法,我们可以假设这样一个简单场景:买方 B 和卖方 S,他们在日期 0 见面。此时,有一个买卖双方的竞争市场,但在日期 0 之后,买方 B 和卖方 S 将成功配对,并离开市场。在日期 1,这笔交易开始产生收益。卖方 S 可以以成本 c 提供一个部件,买方 B 从中获利 $v > c$。所有收益都是用货币来衡量的(但这些回报无法验证)。

现在我们再简化一下,假设在日期 0 的买方卖方市场上,卖方的保留效用为 0。买方 B 可以向卖方 S 提供一份契约,约定给予买方 B 所有的交易收益。契约规定:在日期 1,买方 B 将向卖方 S 提出报价,卖方 S 可以接受或拒绝;而卖方 S 不能向买方 B 提出任何报价。如前言,在标准理性假设下,买方 B 将在日期 1 提供略高于 c 的报价,卖方 S 将提供相应部件,此时,买方 B 将获得全部盈余$(v-c)$。

　　著名的最后通牒博弈实验表明,实践中可能不是这样的。这些实验告诉我们,一般这种情况下,买方 B 最终提供的报价会远远高过 c,否则,卖方 S 将拒绝接受买方 B 的报价。[25]但是,请注意,最后通牒博弈和我们的案例并不完全相似,因为在最后通牒博弈中没有事前契约。

　　卖方 S 会拒绝太低的报价,穆尔和我本可以直接基于此构建一个模型。然而,我们并没有这样做,原因有二。首先,我们担心可能有人会批评最后通牒博弈涉及的回报相对较小。[26]其次,我们希望我们的模型更加普适,而不会出现卖方可以选择拒绝交易的情况。例如,当各方开始使用马斯金-蒂罗尔机制时,最后通牒博弈行为又相当于什么呢?

　　因此,我们继续进行如下工作。我们假设,即使在事后也无法写出完美契约。因此,即使买卖双方都遵守契约条款,也有可能表现出不理想的状态。我们将这种不理想的状态称为"减让"。在买卖双方的例子中,卖方可能通过提供劣质产品来减让,而买方则可能拒绝提供卖方顺利完成任务所必需的信息。一个关键的假设是,当且仅当一方受到不公待遇时,他才会选择减让。因此,如果卖方得到了一个特别低的报价,虽然报价低但是有薄利可图,卖方可能接受此报价,然后通过减让手段惩罚买方。

　　我们进一步作了一个关键假设,即最初的契约会限制当事人认为公平的内容。在日期 0 时买卖双方的竞争市场是一个重要因素。此时,由于契约是经过长期谈判签订的,双方都认为契约的广义条款是合理的,并且双方都不会因为均衡交易条件指责对方。因此,买方 B 和卖方 S 都不认为自己有权获得契约之外的产出。相反,到了日期 1,竞争市场不复存在,也不再提供客观基准,一方作出的任何自由决定都可能被另一方认为不合理,并可能导致减让行为的发生。为了让结果更加直观,在 Hart 和 Moore(2008)的研究中,我们假设双方都有一个极端自私的偏见,就是本人必须从这个契约允许的所有结果中获得最大收益,且这一结果对对方来说也是合理的。

　　让我们回到前面的例子,即卖方 S 向买方 B 提供一个部件,买方 B 向卖方 S 提供"可接受或拒绝"的报价。假设买方 B 提出的报价略高于成本 c。卖方 S 可能会认为这个报价不合理,因为买方 B 本可以提供一个更高的价格。事实上,根据契约,卖方 S 所能获得的最好价格是买方 B 提供的价格 v。超过 v 就会给 B 造成损失,因此 B 会认为是不合理的。根据实际报价 c,卖方 S 的减让是多少呢？Hart 和 Moore(2008)假设此时的减让取决于卖方 S 被少付了多少钱,以及他的合法所得被侵害了多少。此时卖方 S 认为自己合法应得为$(v-c)$,而实际得到的却是 0,合法所得被侵害导致的减让就会在 0 和$(v-c)$之间徘徊。具体来说,卖方 S 通过$\theta(v-c)$减少了买方 B 的回报,其中 $0<\theta<1$。减让不会影响执行减让一方的收益。

总之,契约赋予买方 B 的权力是向卖方 S 提供"可接受或拒绝"的报价,此时将产生无谓损失 $\theta(v-c)$,且双方没有办法围绕此问题进行谈判。注意,此时科斯学派的谈判是行不通的,因为减让是无法通过契约商定的。当然,买方 B 可以提供高过 c 的报价来减少对卖方 S 合法所得形成的侵害。但这样做不符合他自身的利益。也就是说,多提供一美元会使买方 B 的成本增加一美元,但减让只减少其 θ 的成本。

然而,在这个简单例子中,存在一个解决方案,即买方 B 和卖方 S 可以提前确定价格。他们可以在日期 0 写一份契约,指定交易部件在日期 1 的价格为 c。在这种情况下,任何一方在日期 1 都没有自由决定权。买方 B 和卖方 S 都认为价格 c 是公平的,因为它是在日期 0 的竞争市场上已经协商好的。在日期 1 将没有减让或无谓损失,且可以获得全部盈余 $(v-c)$。这样便获得了最优方案。

这个简单框架再次说明了契约存在的另一层意义。在双方互相绑定之前签订契约会使他们达成共识,也避免了后期产生分歧。这区别于传统观点,但也是对传统观点的补充,即契约有利于鼓励不可契约商定的投资(以上例子均不存在不可契约商定的投资)。

一旦我们放弃确定性,通常就不可能获得最优结果。为了说明这一点,可以试想哈特-穆尔模型的简化版本,也就是假设卖方 S 的财富值为零。这有助于展示部分结果。假设,$v=20$ 为确定值,$c=16$ 的概率为 π,$c=10$ 的概率为 $(1-\pi)$。c 的不确定性将在日期 1 之前得到解决,随后双方都可以观察到 c 的具体数值。然而,c 是无法验证的,c 的概率分布属于事前常识。再进一步假设事后交易是自愿的,也就是任何一方都可以拒绝交易,且由于没有第三方来核定谁该为交易失败负责,因此双方都不会受到惩罚。买方 B 和卖方 S 均为风险中性的。在日期 0 的市场上,买方比卖方多得多,因此,卖方 S 的保留效用为零。此外,暂不考虑重新谈判的情况。

在这种情况下,买方 B 能提供的最优契约是什么? 只有两种可能。一种是无论成本高低,买方 B 要始终确保交易成功。另一种是买方 B 仅在低成本状态时确保交易。在第一种情况下,最优契约将指定一个价格范围[10,16],并允许 B 在日期 1 从这个范围中选择一个价格进行交易。同时,因为交易是自愿的,买方 B 就可以确保交易。此外,这也是能交易成功的最小价格范围,它能最大限度地避免合法所得被侵害和减让。

有了这样的契约,买方 B 将在 $c=10$ 时选择 $p=10$,在 $c=16$ 时选择 $p=16$。在低成本状态下,买方 B 本可以开价更高,以帮助卖方 S 实现最大收益,也就是将 p 定为 16,但是买方 B 没有这样做,因此卖方 S 会认为自己的合法所得被侵害了。卖方 S 的损失所得为 6。卖方 S 通过 6θ 的减让来惩罚买方 B,所以买方 B 的净回报为 $(10-6\theta)$。在高成本状态下,卖方 S 没有损失,因为他得到了契约允许的最高价格。此时,买方 B 的回报等于 4。

双方的预期收益分别为:

$$U_B = (10-6\theta)(1-\pi) + 4\pi \tag{1}$$

$$U_S = 0 \tag{2}$$

将这个灵活一点的契约定义为契约 1。

另一方面,买方 B 可以选择仅在低成本状态时交易。此时契约最佳定价为 10。双方的预期收益分别为:

$$U_B = 10(1-\pi) \tag{3}$$

$$U_S = 0 \tag{4}$$

将这个严格一点的契约定义为契约 2。

显然,契约 2 比契约 1 好,当且仅当:

$$10(1-\pi) > (10-6\theta)(1-\pi) + 4\pi \tag{5}$$

如果 π 值很小,以上公式就可以成立。

换句话说,出现高成本状态交易的概率很低,因此买方 B 可能会为卖方 S 提供一个固定价格的契约,直接杜绝高成本状态。用经济学原理很好解释:如果概率较低,那么将价格范围从 10 扩大到[10,16]是不值得的,这将使得低成本状态发生的概率更高,从而导致减让行为,并产生大量的无谓损失。

还要注意卖方 S 的财富约束的重要性。若没有这样的约束，买方 B 可以提供一个契约，规定 $p=16$，那么无论是高成本状态还是低成本状态，双方都可以进行交易。买方 B 可以要求卖方 S 提前支付 $6(1-\pi)$，从而收回卖方 S 的所有预期利润。

该模型实现了上述主要目标。首先，它不受马斯金-蒂罗尔批评的影响。这些机制或者"可接受或拒绝"的报价并不能获得最优结果。实际上，契约 1 包含这样的机制，并导致减让行为，还可能存在事后无效率的情况。如果式(5)成立，买方 B 会故意选择一个契约，使得交易失败。[27]

哈特-穆尔模型依赖于一些非标准假设，虽然其中一些与已被验证的行为假设相似，但也有一些显著差异。因此，直接测试该模型似乎是可取的，我与恩斯特·费尔(Ernst Fehr)、克里斯蒂安·曾德尔(Christian Zehnder)在实验室也正是这样做的。[28]以下是 Fehr、Hart 和 Zehnder(2011)对这些实验的简要描述(另见 Fehr, Hart and Zehnder, 2009)。我们将学生参与者分为买方和卖方两组，他们的角色在实验过程中保持不变。每个买方都会与两个卖方见面，卖方可以竞标买方的契约，此举可以实现事前竞争。买方可以在两种契约中进行选择：一种是形式灵活的契约[p,16]，另一种是固定价格的契约 p。一旦选定契约类型，卖方就会通过时钟拍卖来争夺契约。拍卖决定了 p 的价格水平，即 p 从 10 开始，每秒上升少许，直到其中一个卖方接受这个价格。由于在许多这种类型的实验中，所得到的 p 接近于 10，所以我们将在下面的内容中把它视为 10。

在拍卖结束时，卖方最终会商定一个契约。如果买方 B 在早期选择灵活契约，则 p 为[10,16]；但如果买方 B 选择了严格契约，则 $p=10$。接着，买方和中标卖方会进入下一个阶段，也就是日期 1。我们采取一个随机化装置决定 c 的数值，且双方都能看到结果。在灵活契约下，买方 B 从范围[10, 16]中选择 p，要求 p 始终不低于 c，然后进行交易。此时，卖方 S 可以选择是否采取减让行为。在实验中，减让是一个离散行为，它给卖方带来小成本，给买方带来大成本。

相反，在严格契约下，交易只有在 $c=10$ 时才会发生。同样，在交易后，卖方可以选择是否采取减让行为。

这个实验重复了几次,每次买卖双方都被随机重新匹配,得出的结论是选择高成本状态的概率 π 相对较小。

如果买方和卖方都是完全理性的,我们可以预见一个非常简单的结果,从结果倒推来看,由于减让会产生成本,一个理性的卖方永远不会搅和进去。这就是为什么我们修改了理论模型中的相关假设,不再认为减让是无成本的。因此,买方可以放心地忽略减让,并选择灵活契约,毕竟灵活契约可以保证无论是高成本的交易还是低成本的交易都能成功。当 $c=10$ 时,买方 B 将选择 $p=10$,当 $c=16$ 时,买方 B 将选择 $p=16$。至此,我们获得了最优结果。

然而实验结果却并非如此。在大部分时间里,买方会选择严格契约,而且这些契约比灵活契约更有利可图。在灵活契约中,买方报价超过10,低成本状态下出现减让行为,而减让在严格契约中却是十分罕见的。

这些结果与哈特-穆尔模型基本一致。让人惊讶的是,严格契约中几乎没有减让行为发生。尽管该契约将所有盈余分配给买方,但由于这是由竞争决定的,因此,卖方似乎接受了,并没有对己方的低(零)回报感到生气。[29]

Fehr、Hart 和 Zehnder(2015)对实验进行了扩展,允许沟通和重新谈判。在这种情况下,买方可以在契约形成阶段向卖方发送信息,解释他计划如何在高成本和低成本状态下选择价格。虽然通过沟通提高了灵活契约的效率,但严格契约和灵活契约之间仍然存在权衡。[30]相比于灵活契约,允许重新谈判提高了严格契约的效率。一方面,在严格契约下,当 $c=10$ 时交易发生。另一方面,如果 $c=16$,买方可以提供一个重新谈判后的新契约。在这种情况下,由于卖方没有得到应得的 20,因此他会感到合法所得被侵害,由此发生一定程度的减让行为。尽管如此,无论是高成本状态还是低成本状态,交易都会发生。有趣的是,我们发现当 $c=10$ 时,卖方不期望重新谈判,不会觉得自身合法所得被侵害,也不会发生减让行为。

哈特-穆尔模型可以用来重新审视产权理论中的一些问题。首先,考虑到可能存在事后无效率的情况,资产所有权的重要性就体现出来了,但原因与之前有所不同。由于可能发生无效率的分配,比如,在没有重新谈判的严格契约中,即使非常低效,也有可能执行由资产所有权决定的外部选择。因此,前期资产配置将影响事后盈余。此外,资产所有权还将决定交易收益的规模,从而决定收益和减让行为及其程度。因此,即使最终收益不受资产所有权支配,减让引起的无谓损失也通常会取决于资产配置。因此,Hart(2009)发展了资产所有权理论,该理论基于回报不确定性,而非关系专用性投资。

其次,该模型可以阐明雇佣关系。假设卖方成本不存在不确定性,而是买方想要的商品不确定。此时,就将商品类型称为卖方的任务。Hart 和Moore(2008)通过研究发现,在某些假设下,最优契约的形式如下:支付给卖方的价格是固定的,其中一方有选择任务的权利。如果买方被赋予权利,这其实就是一个雇佣契约。如果卖方被赋予权利,则是独立契约。之所以要确定价格,是因为如果事后对权利的分歧仅限于选择任务,而不是选择价格和任务,那么减让行为就会减少。

这个模型与早期关于雇佣关系的想法有关(见 Coase,1937;Simon,1951;Alchian and Demsetz,1972)。但在科斯和西蒙的早期研究中,他们假定价格或工资是固定的。当然,这也是说得通的。

基于这种雇佣关系模型,Hart 和 Holmström(2010)发展了企业边界理论。试想两家企业打算就一个技术平台进行合作。他们可以彼此独立,并签订一份契约,也可以合并。在第一种情况下,由于很难明确合作的所有细节,谈判失败和减让行为都会导致事后无效率。在第二种情况下,合并后总公司的负责人需要协调各分公司的任务,但即使这样做,工人转向新技术依然会产生成本。Hart 和 Holmström(2010)认为,正是这些影响的相对重要性决定了应该选择哪种组织形式。

最后,在近期与迈哈·哈洛宁-阿卡特维尤卡(Maija Halonen-Akatwijuka)进行的一些研究中,我探讨了当契约作为参考点时出现的动态问题。如果双方签订了一系列契约,那么第一个契约将成为第二个契约的参考点,以此类推。如果随着时间的推移并未发生太大变化,且双方均同意契约条款与之前大致相同,那么这种相互依赖会使双方很容易签订新契约。然而,如果外部条件发生了变化,那么早期契约中的公平和诚信概念可能会使双方难以适应新的环境。因此,即使交易是有效的,可能双方也无法交易成功。详见 Halonen-Akatwijuka 和 Hart(2016)。

未来展望

1983 年夏天,我和桑福德·格罗斯曼坐在他的办公室里,我们的目标是构建一个程式化模型来说明契约的限制和企业的边界。我只能说,这一努力只取得了部分成功。到目前为止,还没有出现一种易于理解并被广泛认可的不完全契约理论。事实上,正如我所主张的,一个人必须脱离理性才能进步,但这一点可能永远无法实现。

同时,我相信不完全契约方法产生了一些有价值的观点。我试图在这里阐释其中一部分,但是这个方法还可以应用在许多其他领域,如法律和政治科学。

经济学家会被具有简单、优雅、无争议的模型的领域所吸引。但不完全契约的领域并非如此,相反,它是混乱的。契约在现实中是不完全的,契约的不完全性是许多重大现象的基础,有些现象甚至具有很强的政策相关性。因此,我希望经济学家,特别是年轻学者,能继续研究这个有些混乱但极具挑战性的领域。

注　释

① 参见 Hart(1975)。

② 例如,参见 Drèze(1974)。

③ 引自 Grossman 和 Hart(1979),同样参见 Hart(1979)。

④ 该研究已取得丰硕成果。例如 Mirrlees(1999)和 Holmström(1979)的委托代理理论,以及 Jensen 和 Meckling(1976)的公司财务理论。

⑤ 参见 Grossman 和 Hart(1980,1982)。

⑥ 我指的是 1920 年去世的美国记者,而不是花旗集团前首席执行官。

⑦ 这与 Coase(1997)和 Simon(1951)的观点非常相似。

⑧ 保罗·乔斯科(Paul Joskow)研究过这种情况,这种关系可以持续几十年(见 Joskow,1987)。

⑨ Baker 和 Hubbard(2004)、Woodruff(2004)都做过相关研究,他们认为所有

权影响不可契约商定的投资。PRT 的一个有趣应用就是跨国公司的外包策略。参见 Antràs(2003)以及 Antràs 和 Helpman(2004)。

⑩ 过去三十多年来,金融契约的相关文献研究非常丰富,控制权方法只是其中一部分。Townsend(1979)、Gale 和 Hellwig(1985)在不对称信息方面做了重要研究;Innes(1990)、Holmström 和 Triole(1998)在道德风险方面做了重要研究。控制权方法是对这些贡献的补充。

⑪ 此处我们将考虑需要资金的一方和有资金的一方之间的关系。有关公司治理和控制的讨论,请参见 Shleifer 和 Vishny(1997)的研究。

⑫ 他们还认为金融投资是可通过契约商定的。这个问题无法再继续分析下去,因为管理者受到财富约束,无法弥补投资者的投资。

⑬ Hart 和 Moore(1998)的第一版发表于 1989 年,本文在发表前流传了数年。Hart(1995,Chap.5)对其进行了简单阐述。与之相关的论文有 Bolton 和 Scharfstein(1990,1996)。

⑭ 应该指出的是,当项目回报完全确定时,债务契约是最优的,但在不确定的情况下,以更详细的方式转移控制权的契约可以更有作为。关于债务契约最优的条件,参见 Hart 和 Moore(1998)。

⑮ 事实上,人力资产和非人力资产之间的区别并不像我们所描述的那么明显。人们可以通过其他方法来防止被套牢,例如,通过签订竞业禁止合同。然而,对人力资产的控制存在限制,该限制并未出现在对非人力资产的控制中。

⑯ 我曾参与过两起法律案件,在这两起案件中,关于"企业是什么"的问题很重要。第一个案件是百得(Black and Decker)公司与美国政府的纠纷案。百得公司认为,它创建了一个新实体来管理员工和退休人员的医疗保健福利,此举出于效率,而不是税收。我支持政府主张,所谓新实体其实是百得公司的分部,因为百得公司保留了控制权。这个案子就此解决。第二个案件是富国银行(WFC)与美国政府的纠纷。WFC 认为,将其房地产租赁业务转移到一个单独的子公司是出于商业目的。我再次代表美国政府主张,鉴于WFC 拥有完的控制权,该子公司相当于 WFC 的一个部门。此案进入审判阶段,美国政府胜诉。有关这些案例的讨论,参见 Borek、Frattarelli 和 Hart(2014)。

⑰ 相关观点由 Schmidt(1996)继续发展。

⑱ 更多证据可以在美国司法部最新的报告中找到。还有一种方法可以防止监狱管理者为了节省成本而降低质量,即将私人监狱建立为一个非营利组织。然而,如果非营利组织可以利用节省下来的成本增加工资,这个问题依旧不太可能完全解决。

⑲ 监狱管理者或许会采取一些在社会层面更有亲和力的省钱方法,也可能因为降低质量而不被民众认可,这个想法来自 Holmström 和 Milgrom(1991)的多任务处理模式。

⑳ 另一个反对意见是,当情况与常识稍有出入时,马斯金-蒂罗尔机制并不可靠。

㉑ 参见 Matouschek(2004)。

㉒ 参见 d'Aspremont 和 Gérard-Varet(1979)。

㉓ 最近的研究参见 Baliga 和 Sjöström(2016)。

㉔ 参见 Camerer(2003)、Fehr 和 Schmidt(2003)。

㉕ 参见 Güth、Schmittberger 和 Schwarze(1982)。

㉖ 参见 Andersen 等(2011)。

㉗ Herweg 和 Schmitt(2015)提出了事后无效率情况的替代和补充理论。在他们的模式中,双方拟定一份契约,将可能出现的现世所有状态列出,并规定相应状态出现后必须重新谈判。双方以初始契约为参考点,用以比较重新谈判的交易损益。鉴于双方都要规避损失,有时无法进行有效的重新谈判。

㉘ 还有一些非实验室证据,可以印证将契约作为参考点的观点,见 Hadfield 和 Bozovic(2016)最近关于创新公司如何管理其关系的研究。

㉙ 相关证据表明,即使在没有竞争的情况下,契约所隐含的条款也被默认为是公平的。

㉚ Brandts、Ellman 和 Charness(2016)发现,若重新设定一个有少许不同的场景,且双方可以在事后进行形式自由的沟通,此时,灵活契约比严格契约更占优势。

参考文献

Aghion, Philippe, and Patrick Bolton. 1992. "An Incomplete Contracts Approach to Financial Contracting." *Review of Economic Studies* 59(3):473–494.

Aghion, Philippe, Drew Fudenberg, Richard Holden, Takashi Kunimoto, and Olivier Tercieux. 2012. "Subgame-Perfect Implementation under Information Perturbations." *Quarterly Journal of Economics* 127(4):1843–1881.

Alchian, Armen A., and Harold Demsetz. 1972. "Production, Information Costs, and Economic Organization." *American Economic Review* 62(5):777–795.

Andersen, Steffen, Seda Ertaç, Uri Gneezy, Moshe Hoffman, and John A. List.

2011. "Stakes Matter in Ultimatum Games." *American Economic Review* 101(7):3427 – 3439.

Antràs, Pol. 2003. "Firms, Contracts, and Trade Structure." *Quarterly Journal of Economics* 118(4):1375 – 1418.

Antràs, Pol, and Elhanan Helpman. 2004. "Global Sourcing." *Journal of Political Economy* 112(3):552 – 580.

Baker, George P., and Thomas N. Hubbard. 2003. "Make versus Buy in Trucking: Asset Ownership, Job Design, and Information." *American Economic Review* 93(3):551 – 572.

——2004. "Contractibility and Asset Ownership: On-Board Computers and Governance in US Trucking." *Quarterly Journal of Economics* 119 (4): 1443 – 1479.

Baliga, Sandeep, and Tomas Sjöström. 2016. "A Theory of the Firm Based on Haggling, Coordination and Rent-Seeking." Unpublished.

Bartling, Björn, and Klaus M. Schmidt. 2015. "Reference Points, Social Norms, and Fairness in Contract Renegotiations." *Journal of the European Economic Association* 13(1):98 – 129.

Benmelech, Efraim. 2009. "Asset Salability and Debt Maturity: Evidence from Nineteenth-Century Railroads." *Review of Financial Studies* 22(4):1545 – 1584.

Benmelech, Efraim, and Nittai K. Bergman. 2008. "Liquidation Values and the Credibility of Financial Contract Renegotiation: Evidence from U.S. Airlines." *Quarterly Journal of Economics* 123(4):1635 – 1677.

Bernstein, Shai, Arthur Korteweg, and Kevin Laws. 2017. "Attracting Early-Stage Investors: Evidence from a Randomized Field Experiment." *Journal of Finance* 72(2):509 – 538.

Bolton, Patrick, and David S. Scharfstein. 1990. "A Theory of Predation Based on Agency Problems in Financial Contracting." *American Economic Review* 80 (1):93 – 106.

——1996. "Optimal Debt Structure and the Number of Creditors." *Journal of Political Economy* 104(1):1 – 25.

Borek, T. Christopher, Angelo Frattarelli, and Oliver Hart. 2014. "Tax Shelters or Efficient Tax Planning? A Theory of the Firm Perspective on the Economic Substance Doctrine." *Journal of Law and Economics* 57(4):975 – 1000.

Brandts, Jordi, Matthew Ellman, and Gary Charness. 2016. "Let's Talk: How

Communication Affects Contract Design." *Journal of the European Economic Association* 14(4):943 – 974.

Camerer, Colin F. 2003. *Behavioral Game Theory: Experiments in Strategic Interaction*. Princeton, NJ: Princeton University Press.

Coase, R. H. 1937. "The Nature of the Firm." *Economica* 4(16):386 – 405.

——1960. "The Problem of Social Cost." *Journal of Law and Economics* 3: 1 – 44.

d'Aspremont, Claude, and Louis-André Gérard-Varet. 1979. "Incentives and Incomplete Information." *Journal of Public Economics* 11(1):25 – 45.

Drèze, Jacques H. 1974. "Investment Under Private Ownership: Optimality, Equilibrium and Stability." In *Allocation under Uncertainty: Equilibrium and Optimality*, edited by Jacques H. Drèze, 129 – 166. London: Macmillan.

Fehr, Ernst, Oliver Hart, and Christian Zehnder. 2009. "Contracts, Reference Points, and Competition: Behavioral Effects of the Fundamental Transformation." *Journal of the European Economic Association* 7(3):561 – 572.

——2011. "Contracts as Reference Points: Experimental Evidence." *American Economic Review* 101(2):493 – 525.

——2015. "How Do Informal Agreements and Revision Shape Contractual Reference Points?" *Journal of the European Economic Association* 13(1):1 – 28.

Fehr, Ernst, and Klaus M. Schmidt. 2003. "Theories of Fairness and Reciprocity: Evidence and Economic Applications." In *Advances in Economics and Econometrics, Theory and Applications, Eighth World Congress*, Vol. 1, edited by Mathias Dewatripont, Lars Peter Hansen, and Stephen J. Turnovsky, 208 – 257. Cambridge, UK: Cambridge University Press.

Gale, Douglas, and Martin Hellwig. 1985. "Incentive-Compatible Debt Contracts: The One-Period Problem." *Review of Economic Studies* 52(4): 647 – 663.

Grossman, Sanford J., and Oliver D. Hart. 1979. "A Theory of Competitive Equilibrium in Stock Market Economies." *Econometrica* 47(2):293 – 330.

——1980. "Takeover Bids, the Free-Rider Problem, and the Theory of the Corporation." *Bell Journal of Economics* 11(1):42 – 64.

——1982. "Corporate Financial Structure and Managerial Incentives." In *The Economics of Information and Uncertainty*, edited by John J. McCall, 107 – 141. Chicago: University of Chicago Press.

——1983. "An Analysis of the Principal-Agent Problem." *Econometrica* 51(1): 7 – 45.

——1986. "The Costs and Benefits of Ownership: A Theory of Vertical and Lateral Integration." *Journal of Political Economy* 94(4):691 – 719.

Güth, Werner, Rolf Schmittberger, and Bernd Schwarze. 1982. "An Experimental Analysis of Ultimatum Bargaining." *Journal of Economic Behavior & Organization* 3(4):367 – 388.

Hadfield, Gillian K., and Iva Bozovic. 2016. "Scaffolding: Using Formal Contracts to Support Informal Relations in Support of Innovation." *Wisconsin Law Review* 5:981 – 1032.

Halonen-Akatwijuka, Maija, and Oliver Hart. 2016. "Continuing Contracts." Unpublished.

Hart, Oliver D. 1975. "On the Optimality of Equilibrium when the Market Structure Is Incomplete." *Journal of Economic Theory* 11(3):418 – 443.

——1979. "On Shareholder Unanimity in Large Stock Market Economies." *Econometrica* 47(5):1057 – 1084.

——1995. *Firms, Contracts, and Financial Structure*. Oxford, UK: Clarendon Press.

——2009. "Hold-Up, Asset Ownership, and Reference Points." *Quarterly Journal of Economics* 124(1):267 – 300.

Hart, Oliver, and Bengt Holmström. 2010. "A Theory of Firm Scope." *Quarterly Journal of Economics* 125(2):483 – 513.

Hart, Oliver, and John Moore. 1988. "Incomplete Contracts and Renegotiation." *Econometrica* 56(4):755 – 785.

——1990. "Property Rights and the Nature of the Firm." *Journal of Political Economy* 98(6):1119 – 1158.

——1994. "A Theory of Debt Based on the Inalienability of Human Capital." *Quarterly Journal of Economics* 109(4):841 – 879.

——1998. "Default and Renegotiation: A Dynamic Model of Debt." *Quarterly Journal of Economics* 113(1):1 – 41.

——1999. "Foundations of Incomplete Contracts." *Review of Economic Studies* 66(1):115 – 138.

——2008. "Contracts as Reference Points." *Quarterly Journal of Economics* 123(1):1 – 48.

Hart, Oliver, Andrei Shleifer, and Robert W. Vishny. 1997. "The Proper Scope of Government: Theory and an Application to Prisons." *Quarterly Journal of Economics* 112(4):1127 - 1161.

Herweg, Fabian, and Klaus M. Schmidt. 2015. "Loss Aversion and Inefficient Renegotiation." *Review of Economic Studies* 82(1):297 - 332.

Holmström, Bengt. 1979. "Moral Hazard and Observability." *Bell Journal of Economics* 10(1):74 - 91.

Holmström, Bengt, and Paul Milgrom. 1991. "Multi-Task Principal-Agent Analyses: Incentive Contracts, Asset Ownership, and Job Design." *Journal of Law, Economics, and Organization* 7(S):24 - 52.

Holmström, Bengt, and Jean Tirole. 1998. "Private and Public Supply of Liquidity." *Journal of Political Economy* 106(1):1 - 40.

Innes, Robert D. 1990. "Limited Liability and Incentive Contracting with Ex Ante Action Choices." *Journal of Economic Theory* 52(1):45 - 67.

Jensen, Michael C., and William H. Meckling. 1976. "Theory of the Firm: Managerial Behavior, Agency Costs, and Ownership Structure." *Journal of Financial Economics* 3(4):305 - 360.

Joskow, Paul L. 1987. "Contract Duration and Relationship-Specific Investments: Empirical Evidence from Coal Markets." *American Economic Review* 77(1): 168 - 185.

Kaplan, Steven N., Berk A. Sensoy, and Per Strömberg. 2009. "Should Investors Bet on the Jockey or the Horse? Evidence from the Evolution of Firms from Early Business Plans to Public Companies." *Journal of Finance* 64(1): 75 - 115.

Kaplan, Steven N., and Per Strömberg. 2003. "Financial Contracting Theory Meets the Real World: An Empirical Analysis of Venture Capital Contracts." *Review of Economic Studies* 70(2):281 - 315.

Klein, Benjamin, Robert G. Crawford, and Armen A. Alchian. 1978. "Vertical Integration, Appropriable Rents, and the Competitive Contracting Process." *Journal of Law and Economics* 21(2):297 - 326.

Maskin, Eric. 1999. "Nash Equilibrium and Welfare Optimality." *Review of Economic Studies* 66(1):23 - 38.

Maskin, Eric, and Jean Tirole. 1999. "Unforeseen Contingencies and Incomplete Contracts." *Review of Economic Studies* 66(1):83 - 114.

Matouschek, Niko. 2004. "Ex Post Inefficiencies in a Property Rights Theory of the Firm." *Journal of Law, Economics, and Organization* 20(1):125 - 147.

Mirrlees, J. A. 1999. "The Theory of Moral Hazard and Unobservable Behaviour: Part I." *Review of Economic Studies* 66(1):3 – 21.

Modigliani, Franco, and Merton H. Miller. 1958. "The Cost of Capital, Corporation Finance and the Theory of Investment." *American Economic Review* 48 (3):261 – 297.

Moore, John, and Rafael Repullo. 1988. "Subgame Perfect Implementation." *Econometrica* 56(6):1191 – 1220.

Rajan, Raghuram G. 2012. "Presidential Address: The Corporation in Finance." *Journal of Finance* 67(4):1173 – 1217.

Schmidt, Klaus M. 1996. "The Costs and Benefits of Privatization: An Incomplete Contracts Approach." *Journal of Law, Economics, and Organization* 12(1):1 – 24.

Segal, Ilya. 1999. "Complexity and Renegotiation: A Foundation for Incomplete Contracts." *Review of Economic Studies* 66(1):57 – 82.

Shleifer, Andrei, and Robert W. Vishny. 1997. "A Survey of Corporate Governance." *Journal of Finance* 52(2):737 – 783.

Simon, Herbert A. 1951. "A Formal Theory of the Employment Relationship." *Econometrica* 19 (3):293 – 305.

Townsend, Robert M. 1979. "Optimal Contracts and Competitive Markets with Costly State Verification." *Journal of Economic Theory* 21(2):265 – 293.

US Department of Justice. 2016. *Review of the Federal Bureau of Prisons' Monitoring of Contract Prisons*. Evaluation and Inspections Division 16 – 06. https://oig.justice.gov/reports/2016/e1606.pdf♯page=1.

Williamson, Oliver E. 1975. *Markets and Hierarchies: Analysis and Antitrust Implications*. New York: The Free Press.

Woodruff, Christopher. 2002. "Non-Contractible Investments and Vertical Integration in the Mexican Footwear Industry." *International Journal of Industrial Organization* 20(8):1197 – 1224.

公共与私人官僚机构：基于交易成本经济学视角[*]

奥利弗·E.威廉姆森（Oliver E. Williamson）

公共官僚机构是个难解的话题。无论是相对于假设的理想状态还是与私人官僚机构相比，为什么广泛应用的公共官僚机构总是被认为是低效的呢？本文将从交易成本经济学视角来研究公共官僚机构。交易成本经济学认为，公共官僚机构与其他管理模式一样，仅适用于某些特定交易，而不太适合其他交易。笔者并没有一概而论地进行讨论，而是重点关注詹姆斯·Q.威尔逊（James Q. Wilson）提出的"主权交易"，外交事务就是其中一个例子。笔者提出如何辨认主权交易，并比较了公共官僚机构和私人官僚机构在管理此类交易方面的

* 本文的早期版本受益于在伯克利的制度分析研讨会、里斯本的葡萄牙天主教大学、西班牙巴塞罗那的庞培法布拉大学、斯坦福大学和 1997 年西方经济协会会议上的演讲。E.R.亚历山大（E.R. Alexander）、鲁伊-德菲格雷多（Rui de Figueiredo）、阿维纳什·迪克西特（Avinash Dixit）、维托尔德·亨尼斯（Witold Henisz）、加里·利贝卡普（Gary Libecap）、安德鲁·莫拉夫奇科（Andrew Moravcsik）、罗杰·诺尔（Roger Noll）、道格拉斯·诺思（Douglass North）、蒂莫西·斯雷尔（Timothy Snail）、弗朗西斯·范卢（Frances Van Loo）、巴里·温斯特（Barry Weingst）、詹姆斯·Q.威尔逊（James Q. Wilson）和贝内特·泽尔纳（Bennet Zelner）对本文作了有益的评论，特此致谢。本文译者：王已卉，宁夏大学；任鹏宇，中南财经政法大学。

效率。得出的结论是：公共官僚机构有其效率所在，但包括公共官僚机构在内的所有治理模式（市场、混合、企业、监管）都存在局限性，即仅适用于某些特定交易。笔者进一步指出，公共官僚机构并非都属于同一种类型，需要区分它们之间的差异。

经济学界对公共官僚机构的评价莫衷一是。其中一个极端看法来自旧的弹性公共财政传统（现在越来越多地受到质疑），它将公共官僚机构视为仁慈的、全知全能的工具（Dixit，1996，p.8）[①]。相反，持相反极端观点的产权理论代表则认为，公共官僚机构是低效率的天堂，消除低效率的唯一途径是合理分配产权，并将有关公共活动私有化。

然而，随着激励理论（Tirole，1994）的新发展，情况发生了变化，交易成本政治学（North，1990；Dixit，1996）和不完全契约（Hart，Shleifer and Vishny，1997）得到了应用。本文将从交易成本经济学的视角进行研究。

交易成本经济学认为，公共官僚机构作为众多治理形式中的一种，适用于某些目的，而不适用于其他目的。那么，公共官僚机构适用什么样的交易，其原因何在？公共官僚机构在经济组织的总体框架中处于何种地位？

回答这些问题需要分几步完成。第一步是不要将公共官僚机构视为全能的技术实体（以生产成本为特征），而应将公共官僚机构视为一个有缺陷的组织实体（以交易成本为特征）。正如对商业组织的研究得益于认识到"新古典厂商理论的不足，并（发展出）基于多种交易成本概念丰富的研究范式和模型一样……政策分析也是如此……受益于……新古典的黑匣子被打开，检查匣子内部的实际运行机制"（Dixit，1969，p.9）。由于所有可行的组织形式都存在缺陷，因此需要对每一种备选的组织形式进行评估和比较。我们必须识别并区分公共官僚机构的各种结构性特征，正是这些特征界定了公共官僚机构，使之有别于其他机构，同时正是这些特征决定了公共官僚机构的优势和缺陷。此外，为什么私营企业不能代行公共官僚机构之职，同样也需要说明。

第三步是说明公共官僚机构的交易特征，公共官僚机构要针对这些特征提供（相对）有效的治理措施。为此，需要识别并阐明使公共部门交易有别于其他交易的各种特征。随之而来的一个问题是：公共部门交易并不全是同一类型。在不同类型的公共部门交易中，笔者特别关注詹姆斯·威尔逊提出的"主权交易",外交事务即其中一个例子。第四步是希望"对极端事件的研究……将提供理解事物本质的重要线索"(Behavioral Sciences Subpanel, 1962, p.5)。因此,尽管几乎没有人建议将外交事务交易私有化,但是,为什么外交事务"明显"适合由公共官僚机构管理而相对不适合私有化呢?

本文内容安排如下:第一部分回顾从交易成本经济学视角研究公共官僚机构的相关研究。第二部分简要介绍本文所涉及的交易成本经济学的基本原理。第三部分提出评估效率的可补救准则。第四部分讨论适合用公共官僚机构作为备选组织形式的多种事务。接下来的部分将重点介绍主权交易。第五部分探讨主权类交易/外交事务带来的额外的克己奉公风险(probity hazards),以及公共官僚机构减轻这一风险的方式。第六部分解释为什么不能以私人机构或受监管的企业代替公共官僚机构管理外交事务,之后分别阐述私人官僚机构、受监管的企业和公共官僚机构的特征及区别。第七部分是进一步的评论。最后一部分是对全文的总结。

交易成本政治学

与之前将交易成本经济学应用于政治领域的研究一样,我将研究重点放在联邦层面。与本文所讨论的问题密切相关的早期研究代表人物有威尔逊(Wilson, 1989)、特里·莫(Terry Moe, 1990, 1997)、诺思(North, 1990)、迪克西特(Dixit, 1996)。

政治中的无效率

特里·莫是最先鼓励将新组织经济学应用于政治学领域的政治学家之一(Moe, 1984);并且他始终是此项工作的坚定支持者(Moe, 1997)。鉴于公共部门与私人部门存在显著差异,特里·莫也谈到,为了有效处理公共官僚机构事务,"新组织经济学需要一定程度的修正"(Moe, 1990, p.119)。[2]

一方面,美国民主的三大突出特征——三权分立、周期性选举和多数原则,不利于提高效率。"美国政府最引以为傲的民主特征反而为高效的行政管理设置了障碍"(Derthick，1990，p.4)。民主体制下固有的产权不安全感使得问题更加棘手。不安全的产权与三权分立"使新的法案极难以通过"，并导致过度形式化和低效率的官僚体系(Moe，1997，p.142)。显然，政治不利于提高效率。

此外，特里·莫还探讨了是否可以将原先研究私人部门的交易成本经济学应用于公共部门。他认为，组织经济学与组织政治学存在以下重要差异：(1)私人部门交易中的市场、层级制并不适用于公共部门，政府提供的多数物品和服务并不存在对应的市场(Moe，1990，p.119)；(2)尽管可以假设私人部门的行为人可以有效地处理彼此间的关系，但该假设在政治领域并不适用，因为(a)政治参与者不能出售公权力(Moe，1990，p.121)，(b)政治需要妥协，这使公共部门的设计中会出现权宜之策，有悖于效率原则(Moe，1990，pp.121—127)[③]；(3)在私人部门，自愿缔约原则导致交易中的双赢局面，但是，公共官僚机构是非自愿的(强制的)，因此效率收益的假设并不成立；(4)虽然资产专用性在研究私人部门的交易中起到了重要作用，但在公共部门，情况并非如此。[④]

道格拉斯·诺思在《政治学的交易成本理论》(A Transaction Cost Theory of Politics，1990)一文中更多地考虑了公共选择过程中的效率，而不是将公共官僚机构视为一种组织形式。按照诺思的观点(North，1990，p.360)，应该通过观察实际的政治市场在多大程度上接近"零交易成本的世界"来评价政治效率。依此观点，"实际的政治市场本质上是有很多缺陷的"(North，1990，p.360)。事实上，诺思认为，政治市场不仅与理想状态相比不完美，与经济市场相比也是如此。"政治市场更容易出现低效率"(North，1990，p.362)，还存在"产生低效率产权的倾向"(North，1990，p.365)。与特里·莫一样，诺思认为，"制度的建立不一定，甚至通常不是为了提高效率(就社会角度而言)；相反，制度或者至少是正式规则被设计出来，是为了服务在规则制定中掌握话语权的人的利益，以创造新的规则"。"公共官僚机构是低效率的天堂"这一观点得到了以下事实的支持——"政治领域天然具有高的交易成本"(North，1990，p.372)。

正如下文即将谈到的，我赞同特里·莫关于政治有其特殊性的观点，但我认为效率原则也确实适用于政治领域。与诺思相反，我认为零交易成本原则需要被可补救准则替代。此外，诺思将公共部门与私人部门比作"苹果与橘子"，我则认为在评估政治交易的效率时应将它们当作普通交易处理。最后，高交易成本的问题要交给政治组织处理，因为对某些交易而言，尽管公共官僚机构处理起来显得笨手笨脚，但是它依然是最佳选择。⑤

竞争视角

Wilson(1989)和 Dixit(1996)对交易成本经济学的应用更加乐观。尽管Wilson(1989, p.347)感叹，"经济学理论对我们理解政府如何履行职责几乎没什么指导"，但是他也认为，对契约作比较分析有可能帮助我们揭开这个谜题(Wilson, 1989, p.358)。⑥ 在他看来，考察(政府效率)的最佳方法是思考我们是否愿意让私人企业提供相同的产品或服务(Wilson, 1989, p.331)，这与交易成本经济学的思路完全一致。威尔逊在呼吁将交易成本经济学应用于政治领域的同时，也警告说："单单仔细考察交易成本不足以确定公私的分野"(Wilson, 1989, p.359)。政府的产出不仅"复杂且常常有争议"(Wilson, 1989, p.348)，而且各机构是"多目标导向的，政府项目具有再分配功能，公平与责任也很重要"(Wilson, 1989, p.348)。

迪克西特在《经济政策的制定：交易成本政治学的视角》(*The Making of Economic Policy：A Transaction-Cost Politics Perspective*, 1996)一书中明确表示，要从交易成本经济学的视角研究经济政策制定过程(Dixit, 1996, pp.31—36、45—62)。迪克西特采用了不完全契约理论的分析框架，在此框架下有限理性和机会主义至关重要(Dixit, 1996, pp.53—56)，该分析框架是为了"了解经济-政治联合体系的演化机制，以克服必须面对的各种交易成本"(Dixit, 1996, p.xv)。他还摒弃了规范性分析，转而研究其他可行的组织形式，尽管这些形式都并不完美(Dixit, 1996, p.xv, 39, 77)。

在将私人/公共官僚机构视作一个生产函数(一种技术性构造)还是一种治理结构(一种组织性构造)之间，迪克西特选择了后者。因此，早期的规范性、黑箱式的优化工具让位于对各类交易成本的实证分析，组织内部的实际运行机制也因此得到研究(Dixit, 1996, p.9)。在这些机制中，可信契约是一个常被提及的主题(Dixit, 1996, pp.62—66)。⑦

问题何在?

上述分析直接或间接地引出了一系列问题,我将在文章的余下部分对这些问题作尝试性回答。关键的问题有:

问题一:交易成本经济学的基本分析框架是什么(迪克西特、诺思)?

问题二:由公共部门来处理事务可能存在哪些新增风险(迪克西特、莫、诺思、威尔逊)?

问题三:为减轻这些风险,治理结构应具有什么样的特征? 公共官僚机构是否具有这些特征(迪克西特、莫、威尔逊)?

问题四:无论是否有监管,私人机构能否复制公共官僚机构的这些特征(威尔逊)?

简而言之,我的回答如下:

回答一:无论何时何地,交易成本经济学都基于节约交易成本的原则比较各种可行的组织形式。

回答二:主权交易带来了额外的克己奉公风险。

回答三:由此增加了领导层、人员配置和派生程序方面的问题。

回答四:无论是否有监管,私人机构均无法复制公共官僚机构的特征。

交易成本经济学:概述

有关经济组织的交易成本法在其他地方已有介绍(Williamson,1989,1996,1998),这里只进行概要介绍。

行为人

交易成本经济学与西蒙(Simon,1985)的看法一致,即行为人的认知与自利特性是研究经济组织的关键,他将这两方面的特性称为有限理性与机会主义。因为有限理性,所有复杂的契约都不可避免地具有不完全性。又因为机会主义,如果没有可信承诺的支持,契约将成为一纸空文,无法自主实施。交易成本经济学介于短视的缔约和有远见的缔约之间,假设经济人具有前瞻能力,能够察觉到潜在风险,那么其在设计组织时就会充分考虑这些风险。

治理形式

约翰·R.康芒斯(John R.Commons)预见到许多概念,他坚称,"活动的最终单位……必须包含三个因素——冲突、相互关系和秩序,这个单位就是交易"(Commons,1932,p.4)。交易成本经济学不仅认同交易是基本的分析单位,还认为当潜在冲突可能消除或破坏双赢机会时,治理是实现秩序的手段。通过匹配假设(discriminating alignment hypothesis),使不同特征的交易对应于不同成本和效能的治理结构,从而节约成本。实现这一点须考虑以下几个方面:(1)识别交易的关键特征,并根据这些特征区分交易类型;(2)明确组织的核心目标和利弊得失;⑧(3)识别不同治理结构的结构特征。节约交易成本是核心议题(尽管不是唯一的),而适应是(私人部门)经济组织的核心问题。

适应有两种类型:自主适应(Hayek,1945)与合作适应(Barnard,1938)。市场在自主适应方面有优势,但随着对合作适应的需求增加,层级制的优势开始显现。交易成本经济学中经常出现的利弊权衡就是自治与合作之间的成本-收益分析。以自治为特征的治理结构鼓励独立和进取,以合作为特征的治理结构则更多鼓励服从,以及更强的系统(或任务)导向。

在这一点上,区分局部目标与总体目标是有益的。如果存在完全理性,所有系统都将按照最大化总体目标的原则被组织起来。⑨但是,由于持续地最大化整个系统目标的努力导致了有限理性,且复合项目通常可以被拆分为"一系列小的任务,将这些小的任务连接起来,即完成了大的任务"(March and Simon,1958,p.151)。因此,将问题拆分为"若干近乎独立的部分,让每个组织单位处理一个部分,并允许该单位在开展工作时不考虑其他部分",可以实现简化(March and Simon,1958,p.151)。虽然 March 和 Simon(1958)从不承认"组织中的成员倾向于根据局部目标评估行动……(这将导致)与总体目标的冲突"(March and Simon,1958,p.152);但是,他们所提到的冲突完全是工具性的(而不是战略性的):个人与团体有时会错过互动效应,因为他们只专注于自身的任务。

机会主义使得对于局部目标的追求更显复杂,因为它引入了以牺牲总体利益为代价来谋求局部利益的策略性行为。毫无疑问,对局部目标的追求包含很多方面:策略性地使用非对称信息,策略性地理解契约的模糊之处,以及在预见到局部利益时诉诸假意合作。

然而,在身份不重要、竞争行之有效的情形下,这类风险是可控的。而当身份变得重要时,连续性展现了其经济重要性。起初,供应关系可能大量存在,但后来交易会趋于减少。离散契约让位于长期的不完全契约。长期契约如果能够将相互依赖的双方导向相互合作以共同应对各种干扰,就能实现价值。由此产生了新的治理结构,包括共享、核对信息,制定私人(相对法律而言)争端解决机制。在极端情况下,当适应不良的风险(maladaptation hazards)特别大时,公司间的契约将被单一所有制替代(内部组织)。

交易成本经济学认为,各种治理模式在结构上存在差异。⑩激励强度、行政控制和契约法制度是私人部门治理模式有效运行的三个关键属性。在市场、层级制和混合型这三种治理形式当中,市场结合了高强度的激励、低强度的行政控制和契约法制度,以此来支持自治;层级制结合了低强度的激励、广泛的行政控制和公司内的争端解决机制(在这种治理形式中,公司本身相当于终审法院),以此来支持内部合作;混合型在上述三个方面,都介于市场与层级制之间。

表1总结了上述内容,并为将公共官僚机构视为另一种独立的治理结构提供了框架。

表1　私人机构的治理结构及其特征

特　　征	治理结构		
	市场	混合型	层级制
工具			
激励强度	＋＋	＋	0
行政控制	0	＋	＋＋
绩效			
自主适应	＋＋	＋	0
合作适应	0	＋	＋＋
契约法	＋＋	＋	0

注:＋＋表示强,＋表示中等强度,0表示弱。

启发式说明

图 1 显示了一种"自然秩序"，在这种秩序下，治理结构的形成和交易特征有关。为了说明这一点，用 (k, p, s) 描述一份契约，k 表示契约风险指数，p 表示止损价格，s 表示契约的安全保证。这三个要素同时被决定。

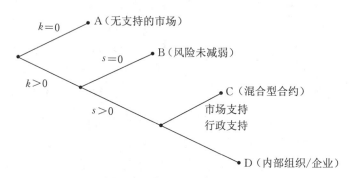

图 1　私人机构的组织选择

因此，考虑一种商品或服务，可以由两种可供选择的技术中的任意一种提供。一种是通用技术（$k=0$），另一种是专用技术（$k>0$）。

节点 A 对应于法学和经济学中的理想交易：不存在依赖性（$k=0$），自主适应就足够了，不需要额外的保障措施（$s=0$），交易中以竞争性价格为准。节点 B、节点 C、节点 D 是进行专用投资的节点（$k>0$），在此情形下，合作变得必要，当干扰发生时，如果双方中至少有一方拒绝合作，将会产生适应不良的风险。有远见的参与者将认识到这一潜在风险，并制定保障措施或索要风险溢价。因此，在节点 B，供给方会附加一个风险溢价，作为对缺乏契约保障的补偿。在节点 C 和节点 D，供给方会提供额外的契约支持（$s>0$）：或者以契约保障的形式（节点 C），或者通过单一所有制内化风险（节点 D）。

由于将交易从市场转移到组织内部将产生额外的组织成本（Williamson，1985，Section 6），因此，内部组织应被视为最后选择：首先看市场是否可行，再看混合型组织是否可行，如果二者都不可行，再诉诸企业。因此，节点 D，即企业，只有在交易对合作适应有迫切需求时才会出现（在本文第六部分，笔者把这一分析框架扩展至监管和公共官僚机构）。

可补救准则

政府以税收、补贴、监管和国有化形式进行的干预曾被视为解决市场失灵（所谓的"失灵"，是因为实际的市场状况偏离了假定的理想状态）的有效方法。但是，罗纳德·科斯并不赞同这种观点，在他看来，不管什么时候、什么地方，亟待研究的是"正交易成本"（Coase，1992，p.717）。

　　一个最优系统可能提供曾被忽略的分析方法……但（总的来说）它的不利影响依然占据主导地位。它使经济学家的注意力偏离了主要问题，即各种制度安排在现实中是如何发挥作用的。它也导致经济学家从研究抽象的市场状况中推导出有关经济政策的各种建议。在文献中……我们发现了论述市场失灵的文献，而没有发现论述政府失灵的文献，这并非偶然。除非我们认识到，我们是在或多或少失灵的社会安排之间作出选择，否则，不太可能取得较大进展。

德姆塞茨（Demsetz，1969）所谓的"天堂经济学"传达了类似的信息。

然而，假设的理想状态的吸引力非常强大。前文曾提及，诺思（North，1990）声称政治是低效率的，为说明这一点，他援引了零交易成本的理想世界（作为基准）。此外，零无谓损失常常被当作衡量再分配效率的标准，如美国的食糖项目（Stigler，1992）。

与假设的理想状态的非对称相比，即市场偏离理想状态时，政府被认为处于有利地位，由此导致政府干预的倾向。然而，一个基本认识是，无摩擦的理想世界不可能实现，理想状态中的某些部分非常模糊，以至于即使作为一般性的参考也没有多大用处。例如，零交易成本意味着什么？所有相关的信息都能免费获得并无成本地加工吗？无所不包的完全契约是否可行？监督成本为零吗？决策制定方式是好的吗？相比于接受一笔交易（比如外交事务），然后评估两种或更多种有缺陷但可行的治理形式执行此笔交易的相对功效，是否还有更好的处理方式？既然粗糙、简单的论证往往足以证明市场和政府并不等价（Simon，1978，p.6），持续关注各种可行治理形式的可补救准则能否让我们更有效地了解问题本质？

准则

可补救准则认为，倘若我们无法描画出比现行治理形式更优越且在实施时能带来预期净收益的其他可行的治理形式，就可假定现行治理形式是有效率的。尽管有人可能认为，根据这种效率假设，现行治理形式的优势名不副实。但是，现行治理形式在可比较的制度竞争中存活了下来，这一简单检验支持了上述效率假设。除非事实证明这种竞争存在严重缺陷（见下一小节），否则，我们至少应该勉强认可现行治理形式。

在这一点上，需要注意的是，缺乏完美的预见性并不是缺陷，除非有人以假设的理想状态作为标准。对于有远见的经济人，我们对他们的要求应该是他们尽力而为，包括接受他们的认知局限。虽然有时从"事后诸葛亮"（拥有充分知识）的角度来看，我们能够将事情做得更好，但这不足以用来质疑在事前看其所作出的选择已是最优选择。

假设我们事后发现了一种可行且更优的治理形式，现行治理形式是否会被取代？［QWERTY 打字机键盘是一个著名的例子（David, 1986）］可能会，也可能不会。在效率计算中，必须考虑不同的实施成本。如果一种治理形式已经产生了初始的启动成本，变成了不可转用于他途的耐用资产，而另一种治理形式还未付诸实施；那么，将两种治理形式视同为没有前期投入的全新形式就是一种幻想。因此，由于不同的启动成本和投资费用，在简单的一对一比较中胜出的另一个备选模式也可能落败，至少在考虑新的投资决策之前是这样的（在这个节点上，处于挑战者地位的另一种治理形式总是处于劣势地位）。相比于路径依赖的相关文献，这类文献将无效率归因于处于早期，或者对决策者并非全知全能而感到遗憾（Liebowitz and Margolis, 1990），相反，可补救准则要求则较为严格。

反证

如果我们能够证明，讨论中的情形源自不可接受的初始设定、操作方法、概念性错误或异常情况，则能够推翻现行治理形式有效率这一假设。

不可接受的初始设定既可以是一般性的，也可以是特定的。例如，现行组织形式是特定政体的产物,当该政体被认为腐败横行,或者在其他方面不值得尊重(可能是一个极权主义政权);或者该政体总体上运行良好,但是就某些活动而言存在缺陷(例如,剥夺了部分公民的投票权,然后通过立法将过重负担压在这些人头上)时。如果没有政治改革,现行的各种项目虽然源头不正,但仍会继续存在。只要能证明源头不正,比如某个项目缺乏合法性但仍然继续存在,效率假设就不再成立。

另一种情况是,一个项目也许有可接受的初始设定,但是被用来打击其他潜在的项目,恰恰是这种不可接受的做法使之继续存在。有策略性地集中打击这一做法的问题尤其突出。那些以打击或阻止实际或潜在竞争对手为目的(同时也确实起到了这样的效果)但并不带来更普遍利益的附带做法(contingent practice),至少是有问题的,这也是效率假设不成立的潜在原因。

如果在评估效率时计算错误,效率假设也可能被推翻。反垄断提供了一个例子。在 20 世纪 60 年代,执法机构的主流观念是,只要某兼并有可能增强市场支配地位(不管增强程度多么弱,或者只是有此怀疑),潜在经济效益永远不能成为兼并的理由。虽然执法机构花了不少时间才承认经济效益可以作为反垄断的抗辩理由,但市场支配地位总是强于经济效益的观点最终被证明是错误的(Williamson,1968)。

最后,如果某个项目错综复杂,效率假设就不一定成立。Krueger(1990)考察了食糖项目的历史,见证了种种错误、学习过程、战略制定和复杂的政治程序,她质疑这些是否能证明食糖项目是有效率的。艾米·贝丝·泽加特(Amy Beth Zegart)同样对国家安全委员会提出了质疑。在她看来,国家安全委员会是"立法"的意外产物(Zegart,1996,p.245),它的发展演变可谓是"无心插柳柳成荫"。

总之,效率假设可能受到质疑,有时甚至会被推翻。例如,被讨论的项目有如下情况:(1)它是不可接受的政治体制的产物,或者有不可接受的政治源头;(2)借助(不可接受的)策略性手段而继续存在;(3)因为计算错误而被误认为有效率;(4)经历了一系列无法预见且无法合理解释的复杂演变。

对公共官僚机构的应用

通常,我们会把公共项目无效率的原因归咎为存在无谓损失。乔治·施

113

蒂格勒（George Stigler）对这一做法提出了挑战，他认为美国食糖项目的无谓损失（约 30 亿美元）不应该用来解释无效率。传统观点认为至少在学术界，经济重于政治。然而，施蒂格勒认为："从政府制定的政策上判断，国民收入最大化……并不是我们国家的唯一目标——实际操作表明，政府的目标比法学或经济学教授所宣称的目标更具权威性"（Stigler，1992，p.459）。

一种推行改革的常见策略是承诺从财政部划拨资金，以每年度直接支付的方式补偿在位者的损失。但是，值得注意的是，这种策略是无法自我强化的（self-enforing）。这种补偿机制太过透明，容易造成与政治脱节。当经济学家偏爱的再分配机制被在位的政治家摒弃时，为什么我们会感到惊讶？谁的利益被忽视了（Williamson，1996，pp.200—202）？仅仅说明无谓损失的存在是远远不够的。有哪些更好的可行方案？实现改革的经济政治机制是什么？

在这一点上，我们必须接受美国政治中那些弥足珍贵的结构特征所产生的必然结果。一方面谴责公共官僚机构的属性——这是三权分立的必然结果，而另一方面又坚持维护三权分立，这种做法是不可接受的。如果三权分立是不可改变的约束条件，我们就应该理解并接受它所产生的后果。

撇开政治不谈，从经济学的角度来看，我们需要具备更深厚的鉴别力，以考察各种治理模式。与私人官僚机构相比，公共官僚机构的激励程度低而规则和监管更多，工作的安全程度更高。这些特征可能是人为设计的结果，目的在于减轻契约的风险，尽管这样做会不可避免地产生成本。如果确系这种可能，而观测者又未意识到，还公然抨击公共官僚机构，那么，他们就未能抓住问题的关键。

诚然，官僚机构产生了一些（起初）未曾预见的后果。但是，随着这些未曾预见的后果示诸世人，人们在设计治理形式时，就会将它们纳入考虑。监管便是一个例子。尽管特殊利益集团俘获监管机构可能在一开始并未被预测到（Bernstein，1955），但是，这些始料未及的结果最终演变成可预测的规律。一个基本认识是，在决定是否实施监管以及如何实施监管时，要考虑可预见的结果，不管这些结果是想要的还是不想要的。和考虑其他契约风险一样，在设计监管时，也应充分考虑俘获。即使监管的收益随时间下降，最后跌落为负，净现值仍可能为正。即便结果无法补救，那也没什么好遗憾的。

公共部门中的交易

特里·莫认为在公共部门中不存在市场,威尔逊(Wilson,1989,p.346)则持反对意见,他认为很难想象有什么政府活动从未被私人企业染指。诚然,多数市场离法学和经济学中的理想交易有一定距离——在理想状态下,存在大量合格的供应商,他们的身份并不重要。但是,正是私人部门交易中理想市场的缺失,才为交易成本经济学打开了大门。之前被认为不标准、反竞争的契约和组织实践,一旦从交易成本经济学的视角加以考察,则常常被证明具有节约交易成本的目的与效果。

再次,我们也采用了同样的一般性方法来研究公共部门的交易。本文区分了六种不同的公共部门交易:政府采购、再分配、监管、主权交易、司法和基础设施。在这六类交易中,本文只对主权交易的组织形式进行系统考察。

政府采购

采购类交易类似于"自行生产或购买"(make or buy)的决策:政府应该生产自身需要的产品吗,抑或将所需产品或服务的生产以契约的形式外包出去? 这类交易的涵盖范围包括普通商品(如政府部门供应品)和复杂商品(如空间站和武器)。本文无意研究这类交易的组织问题,只想表达以下观点:(1)撇开特殊的环境[如二战时期的曼哈顿工程(Manhattan project),这是由当时的历史条件决定的]不谈,政府极少生产自身需要的产品;(2)竞争可以用来保证普通商品的采购;(3)专用型采购常常受资产专用性的影响(常常伴随少量的竞争和双边依赖),更可能被政治化。

再分配

再分配类交易包括:一般性用途和广覆盖的项目(如社会保险),也包含范围狭窄、涉及特殊利益的项目(如美国的食糖项目)。对于前者的管理能够而且可能应该外包出去。但对于后者,外包却很难,因为它是高度政治化的。[⑪] 对于特殊利益的再分配,由一个能够直通国会和总统的机构来管理会更好。⑫

在这一点上,用理想的、有效率的机制(总额补贴和总额税)替代实际的、无效率的经济机制(如配额制),通常是行不通的。在迄今为止的讨论中,理想的机制不仅不可操作,还忽视了机制所服务的政治目的。根据可补救准则,只有那些可行的机制才有资格参与比较(Williamson,1996,Chap. 8);同时还要恰当地将政府的政治动机与政治程序纳入效率评估(Stigler,1992)。

监管

监管类交易经常围绕资产专用性展开,如自然垄断、信息不对称、对消费者和雇员健康与安全的监管。米尔顿·弗里德曼(Milton Friedman)认为,对自然垄断行业而言,没有好的选择(1962,p.128);所有选择都无法达到有效率的理想状态,包括不受监管的私人垄断、受监管的私人垄断和国家经营。其后也有人认为,可以用特许权招标,即把垄断权授予出价最高的公司,用以解决自然垄断问题,但这种方法也困难重重(Williamson,1976)。要点在于,基于收益率的监管(将私人企业与公共官僚机构联系起来)虽然存在缺陷,但是与同样有缺陷的备选项相比,有时依然是"最优"选择(Goldberg,1976;Priest,1993)。

监管作为矫正信息不对称的一种手段,常被用来帮助消费者(他们被认为是无知且天真的)和雇员(他们缺乏知识和组织)。与此相关的是一些复杂问题,如长期拖延、品牌保障、担保、声誉效应的作用以及破产等(Williamson and Bercovitz,1996)。以信息不对称之名进行的监管有时被用于促进再分配或出于意识形态的目的,这些监管可能被高度政治化。

主权交易

主权交易的组织安排将在下文进行说明。一言以蔽之,这些交易关乎国家安全,因而特别需要廉洁奉公。在主权类交易的管理中,政府行政部门(而非立法机构)负有主要责任。外包主权交易面临很多困难。

司法

越来越多人认为,独立的司法制度会增强国家给投资和契约注入信心的能力［参见 Levy 和 Spiller(1994，1996)的非正式论述］。学术界也越来越关注司法与政治之间（有时微妙，有时则不然）的关系（参见 Figueiredo and Tiller，1996）。虽然这类交易很重要，但超出了本文的研究范围。

基础设施

警察、消防、公路、公园、监狱、教育等的管理是联邦和地方政府的要务。它们作为比较组织经济学的研究对象，正日益受到关注，但本文不考察这类交易。

主权交易

威尔逊将主权交易视为"天生具有不可剥夺的权威：有一些命令只能由国家发布"(Wilson，1989，p.138)。此外，他认为，由政府自己组织这些事务不是因为"政府的成本更低或者更有效率，而是因为只有它才能体现公共权威"(Wilson，1989，p.359)。主权交易的例子包括外交事务、军事、外国情报和货币供应管理，可能还包括司法。

主权交易看似非常不适合交易成本经济学这样的比较制度分析。外交事务"理所当然"应该由公共官僚机构来组织！这是显而易见的。既然如此，为什么还要选择它作为分析对象呢？主要有以下三点原因。

首先，即使那些显而易见的事情，有时也能从对它的分析说明中获益，也就是说，有关组织结构的直觉需要剖析。其次，选择极端事例来研究，恰恰是因为它们经常有助于揭示事物的本质，而研究普通的事物则不尽然。最后，尽管威尔逊将主权交易排除在效率分析的范围之外，但在我看来，与其他可行的备选形式（所有形式都是有缺陷的）相比，公共官僚机构在组织主权交易方面仍然是最有效率的。

新增风险

交易成本经济学的一般原理是通过事后治理来减轻风险。既然所有复杂的契约都不可避免地是不完全的，那么写出一份事前能将方方面面考虑在内的完全契约无异于天方夜谭。面对不完全契约且其风险增大时,促进合作的治理机制(通过事后的裂痕弥补、争端解决以及合作适应)就变得重要了。要注意的是,从事前的激励相容转到包含事后的治理并不意味着激励被忽视了。因为治理被定义为一组特征的综合体,而激励强度正是特征之一,选择一种治理结构就意味着选择了一种(相对的)激励强度(离散结构分析假设,每种治理形式的决定性特征都有值域限制)。

那么,究竟是什么样的契约风险困扰着主权交易呢?我关注两点:在私人部门交易的各种风险中占突出地位的资产专用性和克己奉公。如果将治理视作"一种制度框架,这个框架决定了交易的诚信水平"(Williamson,1979,p.235),那么,提及克己奉公就在情理之中。不过,这是一个新想法(也许令人奇怪的是,此前从未有人明确提到克己奉公)。

记得特里·莫曾主张,资产专用性在公共部门是可以忽略不计的。这看似准确地描述了很多公共事务的实物资产专用性(但并非所用公共事务都这样,参见本文"其他交易"一节),但很多公共官僚机构的人力资本(外交事务是其中之一)涉及相当大的专用性(不可转移的培训和社会约束)。要知道,政府是外交事务的垄断者。至少在过去(可能会改变)⑬,为了开展外交事务,关于礼仪和程序的丰富知识必不可少(即使对领导人无要求,对职员也有此要求),包括具备偏远地区和实践的专门知识,而这些知识在其他工作中几乎毫无价值。正如在私人部门一样,在公共部门中,由人力资本专用性带来的新风险可以通过多种方式减轻,如提供更安全的就业、更充分的信息披露、更完善的争端解决机制。下文将讨论这些方式。然而,真正使外交事务有别于其他交易的是克己奉公风险,这里所谓的克己奉公,是指忠诚和诚实。如图2所示,克己奉公包含三部分:纵向的、横向的与内部的。

有人可能认为,对于公共部门与私人部门中的所有交易而言,克己奉公都很重要,这没有错。但是,迄今为止,克己奉公的重要性并没有显露出来,笔者猜测,这是因为克己奉公的重要性只在极端事例(主权交易/外交事务是其中之一)中才较为明显;同时,克己奉公源自治理形式在领导和管理方面的特征,然而,迄今为止比较契约分析并没有考虑这一点。因此,克己奉公更多地表现为组织社会学(Selznick,1992,Section 12)而非组织经济学。然而,在我看来,组织经济学应该对所有重要规律给出回答。如果克己奉公

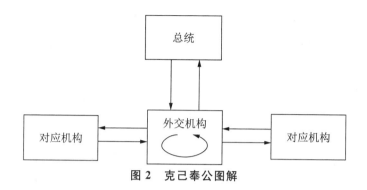

图 2 克己奉公图解

很重要,就应该适当考虑它。

在图 2 中,纵向的克己奉公是对外交事务管理负主要责任的总统与外交机构的关系。总统是否信任外交机构提供的信息和评估?外交机构会及时、有效地执行指令吗?外交机构是否偏爱冒险?套用塔列朗(Talleyrand)的名言来说,外交事务"最重要的是,不要头脑发热"。[14]诚信问题可以通过如下治理结构来缓解:可靠地回应总统,包括目标的一致性、及时完成任务和少冒风险。

这里所说的克己奉公,意味着高度的诚信,包括优秀的职业素养和安于其位。根据菲利普·塞尔兹尼克(Philip Selznick)的说法,"诚信的首要美德是忠于不言而喻的原则"(Philip Selznick,1992,p.322),"每种机构……都有一套独特的原则"(1992,p.323)。与主权交易相关的一致原则包括:(1)忠于使命;(2)可靠地回应总统(包括不冒风险);(3)与对应机构进行准确的意图交流(虽然有时意图仍然是模糊且不确定的)。社会约束和程序保障与以上所有原则都相关。拥有任命与撤销外交机构领导人的权力对于回应和交流来说都很重要。

就外交事务的风险而言,如果总统对外交机构提供的信息和评估缺乏信任,或者外交机构被觉察到不服从命令(包括爱冒险),克己奉公风险就会产生。诚然,当总统近期的政治利益与国家长期的利益产生冲突时需要作出权衡。为了不损害国家的完整性,在设计制度时就要引入保障措施。因此,评估确保忠于使命的不同治理模式的相对有效性是选择运算(choice calculus)的一个组成部分。

权威的缺失将引发外部的克己奉公风险。缺乏专门知识和政治支持不利于外交机构与对应机构进行有效交流。前者涉及职业化的员工；后者与委任程序相关。其他条件不变时，如果外交机构领导人未赢得总统的信任或未经立法机关通过，其被委任或拥有的权力将更小。因此，精心构造一个治理结构，树立外交机构在其对应机构中的权威，是实际操作的重要组成部分。

从契约角度来讲，严重依赖克己奉公的那些交易，期限往往很长（属于自我展期、持续不断的类型），而且高度不完全。很多交易可归入此类。克己奉公的交易的独特之处就是，它们需要高度忠诚（面向领导和使命）和过程的完整性（integrity）。违背契约或不兑现克己奉公会带来系统风险，因此，克己奉公代表了一种契约风险，这种风险无法通过罚款的方式加以弱化。对克己奉公的背离被视为不可宽恕的失职，甚至是背叛，在极端情况下可以按叛国罪论处。

最后来看运营成本过高的风险，它经常隐匿于幕后，但值得放到前台来讨论。虽然运营成本是私人经济组织的核心问题和一些公共部门活动（如国防采购）的严重问题，但是就外交事务而言，提高激励程度固然可以节约运转成本，但作用并不大。⑮

综上所述，就外交事务而言，契约风险的维度及强弱程度如下：资产专用性（主要是人力资本），一般风险；克己奉公，较高风险；运营成本过高，较低风险。在设计外交机构及其管理方式时，前面两个维度有利于合作（相比于独立决策），最后一个维度对合作的抵消作用不大。考虑到雇员和机构双方都愿意持续维持雇佣关系，一个专门用于支持人力资本专用性投资的内部劳动力市场应运而生。类似地，支持合作的治理结构将减轻克己奉公风险。而且，没有理由恢复独立决策，虽然这将减少成本。

响应型治理

上文用三个维度来刻画私人部门中的治理形式：激励强度、行政控制和合同法（见表1）。这些维度与外交事务中的独立决策和合作特征有何关系？

非常低强度的激励会遏制不必要的进取心和热情。在这样的机构中，不仅报酬较为固定，出于节约成本目的的资源再配置也将受到限制。类似于公务员制度的做法（见下文）将有助于达成第一个目的；对已节约下来的成本限制用途则有助于达成第二个目的。具体来说，发现并使用节约成本方法的人并不会因此得到补偿。这种节约也无法转用于增加在职消费。为了避免在系统层面出现因节约成本产生的压力，未花完的预算不能留存，而是返还财政部。这些限制的目的在于保证低强度激励不被有条件的支付或奖励方案所削弱。令人担忧的是，长期以来，若激励强度超过一个（相对较低的）阈值，会对克己奉公造成损害。

另外，与此相关的是，照章办事有利于保护克己奉公和信誉。马克斯·韦伯描述的理想官僚机构在很多方面符合外交事务的需要：通过官方的规则和条例对管辖权进行排序；建立有明确层级的权威等级，按正当行政程序办事；将经营性资产（business assets）和私人财富分离开来；对程序的深刻了解；包括培训和对上级的忠诚在内的职业使命感（Max Weber，1946，pp. 956—959）。韦伯描述的官僚机构中不包含高强度的激励（净收入归个人或团体所有）。这是因为高强度的激励会危及对组织的忠诚。

诚然，缺乏层次的单一薪酬（flat compensation）有其代价，它会使部分雇员懈怠。因此，官僚机构的规则、条例和标准的操作程序等在一定程度上可以限制过度怠工。然而，这里想要说明的是，行政控制的主要作用是提高执行使命时的克己奉公程度，增强反应能力，增进交流。

除了单一薪酬外，还包含雇佣关系的其他方面，比如，考虑外交机构中随意解雇与因故解雇的不同使用情况。一般来说，其他条件不变时，根据总统喜好任命并为之服务的外交机构领导人，一旦察觉到政治领导人的需求，就会迅速作出反应，当然也包括其他因素。这样的外交机构领导人在与对应的机构交流时，就会更有权威，而这有助于克己奉公。另外，在三权分立的体制中，总统的任命需经立法机关的批准方能生效，听证会和批准程序增强了使命的完整性。不仅总统会选择（提名）一个能够提振士气（而不是被驱使追求总统个人目的）的候选人，立法机关也会认可机构领导人的政策和计划，从而在候选人的任期内对使命的"偏离"将成为听证的主题。这里提到的问题是实证政治学的研究对象（参见 Spulber and Besanko，1992，pp. 133—140，152）。有远见的政治学学者（包括政治家）会意识到，负责主权交易的机构对国家负有捍卫使命的特殊职责。

尽管外交机构的领导人由总统任命——这使外部聘用和职业变动成为

可能,但职员只能在机构内部寻求职业变动。职员长期从事外交事务的管理。在和职员确定雇佣关系时,相比于听从总统的指令,丰富的知识和忠于使命的重要性更为突出。职员可能不愿进行专用的人力资本投资,或者只在获得风险溢价后才愿意进行这样的投资,为避免这种情况,雇主(买方垄断者)有动力通过提供就业保障来降低风险。在这种情形下,因故解雇代替了随意解雇。另外,专门培训和社会约束将被用来传授外交事务特有的理念及实践。由于与其他国家对应机构的官方交流需要精心设计,同时还要避免出现歧义,因此,外交形式也同样很重要。外交正确将被纳入培训并影响升迁。不仅会有很多规则、条例和复杂的程序来规范操作实践(横向协调),而且还会有广泛的纵向协商来应对非常规事件。在这样的机构中,独立决策很少存在。相反,"谨慎,讨厌大胆的言辞或行为,渴求共识"将占上风(Wilson,1989,p.94)。最后,如果承担主权任务的机构几乎没有破产的风险,并且在面对多变的经济形势时有可靠的预算,那么其雇员的就业安全就得到了保障。

为了避免分散注意力和危及使命,专注于单一目的将有利于处理外交事务。扩大外交机构职责范围的提议反映了这一点。虽然分部门管理体制可以在一定程度上实现任务分类,但可以通过将这些任务分配给其他(可能是新创立的)机构来化解潜在的冲突。Niskanen(1971)认为,公共官僚机构贪得无厌,与之不同的是,被赋予主权任务的机构并不愿意以危及使命的方式来扩张。[16]

现实中的公共官僚机构:美国国务院

尽管上文的描述旨在适用于所有的外交机构,但我将只考察一个现实中的机构——美国国务院,与上述抽象机构作比较[17]。此外,需要注意的是,我对美国国务院(以下简称国务院)的分析由于形势变化可能有点不合时宜了,譬如美国国家安全委员会的逐渐形成,又如产品和贸易全球化程度不断提高。前者源于更快作出响应的需要,与此相关的问题超出了本文的研究范围(Zegart,1996)。经济全球化则提供了更多的外事服务的就业机会,从而缓解了上文所说的资产专用性问题。即使如此,考察杜鲁门-艾奇逊时代(Truman-Acheson era)的外交事务组织仍具启发意义。这里将从雇佣关系开始探讨。

机构领导人

选择外交机构领导人的初衷不一而足（Wilson，1989，p.198）：

> 总统根据需要选择机构领导人，这既可能与政治考虑有关，也可能与之无关。有些是为了回馈职员的支持；有些是为了给落选的国会议员找位置；还有一些是为了满足利益集团的要求。

尽管多数联邦机构的行政长官不是从职员中选任，但也有例外，如联邦监狱管理局、气象局、森林局和标准局（Wilson，1989，p.198）。

国务卿由总统任命，其职责是贯彻总统的外交政策。这同样也是副国务卿和助理国务卿的职责。然而，被赋予主权任务的机构的领导人还肩负了超越政治的责任，如维护国家完整。这样的任命需要起到鼓舞士气的作用，不论对内还是对外。由于在参议院确认过程中，任何缺乏履职能力或缺乏克己奉公的名声都会引发严重问题；因此，相比于商务部部长的提名，一位明智的总统在提交国务卿任命人选之前会针对这些品质，更认真地考察并筛选候选人[18]（交易成本经济学随时随地都可用于比较制度分析）。

国务院的领导人由总统任命，因此这些人将为总统办事向其尽忠。由此得出一个与响应总统有关的假设：撇开使命方面的因素不谈，在支持总统方面，个人分歧得以解决。尽管艾奇逊在谈到巴勒斯坦时与杜鲁门有分歧，但是他报告说，他"尽了最大努力理解总统的意愿，并将其付诸实施"（Acheson，1969，pp.169—170）。

在制定外交政策上，杜鲁门不仅主要征询国务院的意见——除了使用军队外，（而且）在外交事务上，国务卿成了总统的参谋长，既要指挥和控制本部门，又要与总统并肩作战，让总统了解可能需要作出决定和采取行动的紧急情况，还要充当政策制定的主要助手并保证政策的贯彻落实（Acheson，1969，pp.734—735）。[19]通常，国务卿在政策制定中起重要作用，例如，罗伯特·洛维特（Robert Lovett）和艾奇逊劝说杜鲁门修改与克莱门特·阿特利（Clement Atlee）秘密达成的核武器协议，从而避免了在国会中受挫的尴尬（Achenson，1969，p.484）。

职员

在国务院，雇佣关系分为两部分：通过公务员制度实行的一般行政管理;致力于更敏感的外交任务的外交部。两者的激励程度都很低,同时雇佣关系较为稳固[尽管"炒掉一个政府雇员并非不可能……但确实非常困难"(Wilson,1989,p.145)]。

Johnson 和 Libecap(1994,p.154)所描述的美国公务员制度如下:

> 公务员制度自创立以来已运转逾百年,这使得总统、政府机构的高级干部和国会议员很难通过常规工具——比如绩效工资激励雇员,也很难开除表现不佳的雇员。相反,在公务员制度下,薪酬和晋升取决于工龄而非生产率;薪酬设定源于全国性的工资计划,法定的工资调整常常覆盖系统内所有雇员,且按相同比率加薪;所有职员实际上都获得了任期保障。在这种体制之下,联邦监管者实施奖惩的能力受到严重限制,难以根据绩效对部下进行奖励或惩罚。

诚然,就公务员制度的雇佣关系而言,经济激励程度低和工作安全程度高不足以反映其全部特征。工作能力突出、遵守规则、耐心的雇员也会得到提拔。照章办事成为常态,但这也是有代价的:懒惰或者对仕途不抱幻想的雇员固守纸面规则,对待工作敷衍了事,这些都是常见现象。

鉴于克己奉公的重要性,任何程度地泄露机密都将被认为是严重违反纪律(Achenson,1969,p.49)[20]。因此,在公务员制度基础上加深外交机构的雇佣关系,以此来加强社会约束,是十分必要的。值得注意的是,1924 年的《罗杰斯法案》(Rogers Act)创立了外交部,这是一个精英群体,"对成员的智力水平和社会地位有较高要求……有严格的筛选机制,自下而上升迁(而非横向聘任),终生任职"(Warwick,1975,p.30)。外交部的很多职员缺乏市场技能,当然,这也是职业规划(career calculus)的一部分。[21]

此外,外交部"还很看重其成员在外交政策制度中的主流地位、外交手腕,包括敏锐、协调技能、文化素养、礼貌礼节"(Warwick,1975,pp.30—31)。默会知识,即个人技能以及经验丰富的外交部官员无法言传身教的智慧,在国外活动的价值远远大于在华盛顿的价值(Achenson,1969,p.347)。总统需要的是意思清晰的转达,这也正是国务院领导人的职责所在(Achenson,1969,p.348)。

国务院是高度官僚化的,Warwick(1975,p.4)指出,层级制结构、明确规定的职责、正式规则、条例和标准以及职业导向,所有这些都是国务院的特征。他进一步解释说，制定规则、条例和正式的程序既是为了有效管理外交事务，也是为了防止外交事务"与上面不断变化的态势不合拍"（Warwick，1975，pp.68—69）。这有时会导致令人烦躁的反应迟缓，对此，很多总统都深感无奈（Warwick，1975，pp.71—72）[22]。其中部分原因是使命的完整性有时会与政治上的权宜之计冲突，授予国务院一定程度的自主权反映了这一点。"总统和国务卿来了会走，但国务院始终存在，这种态度使很多总统不喜欢，也不信任国务院"（Achenson，1969，p.157）。

对于国务院的官僚化倾向，研究国务院的学者和内部人士也感到沮丧（Argyris，1967，p.1）：

> 国务卿拉斯科（Rusk）告诉他的业务顾问团，他面临的最大问题是让雇员接受并扩大他们的职责范围……外交部官员……质疑筛选和晋升程序，但是，让他们另外提供一个可行方案时，他们又无能为力。

著名管理学家克里斯·阿吉里斯（Chris Argyris）的结论是："国务院，尤其是外交部，存在管理低效率的问题，这是其自身结构决定的"（1967，p.2）。这种低效率可能来自主权机构特有属性（因此应当理解为利弊权衡的一部分），但未曾有人留意到这种可能。

作为公共官僚机构，国务院能从国库获得源源不断的资金支持，从而避免破产的威胁。然而它的预算受制于总统、行政管理和预算局以及（尤其是）国会，这些个人和组织对其进行严格监管（Warwick，1975，pp.73—75，192），并且可能会提出异议（Achenson，1969）。

有趣的是，国务院一直抵制承担可能损害其核心使命——外交和领事任务——的额外任务。在二战时期，为增强军事和情报收集能力，在国务院以外创立了战略情报局（the Office of Strategic Service）。到1945年，战略情报局的情报分析员划归国务院所有，但外交部的资深成员并不愿意接受。于是，在1947年创设了一个独立的机构——中央情报局（the Central Intelligence Agency）（Warwick，1975，pp.15—16）。[23]

私人机构可以代替公共官僚机构吗？

私人机构可以代替上述外交事务的管理机构，包括本文抽象描述的外交机构和美国国务院吗？如果可能，并且可以因此节约成本，私有化就值得推荐。各位总统（如杜鲁门）、国务卿（如拉斯科）和分析家（如阿吉里斯）的担忧能因此减轻吗？

本文将分两部分来展开论述。首先，考察一个"纯粹的"私人机构；然后考察一个混合形式，即受监管的企业。

完全私有化

在外交事务这一问题上，尽管考察完全私有化机构的可行性令人匪夷所思，但超越直觉思考私人企业不足以胜任的原因，仍是有教益的。承担外交责任的企业的契约具有什么样的特征呢？

通论

管理外交事务的契约高度不完全，这一点毫无争议。正如威尔逊（Wilson，1989，p.358）所说："制定一份提前规定公司在每一种情况下如何行动的契约，即使并非不可能，至少也是十分困难的，这主要是因为政府事前并无法预见所有事情。"他进一步认为，这种无知状态是因为政府的偏好是在谈判过程中形成的（Wilson，1989，p.358）。尽管如此，我想说的是，在无法预测的偶然事件和对抗策略盛行的谈判博弈中，适应性序贯决策是唯一的可行策略。比如，艾奇逊认为北大西洋公约组织（NATO）的策略非常粗略，但除此之外确无他选（Acheson，1969，p.352）。

如此大的不完全性会使任何私有化的努力变得更为复杂，甚至前功尽弃。既然无法预测偶然事件，更不用说以某种有意义的方式估算其成本，那么，完全竞争的竞标意味着什么呢？如何比较投标？对于程度和种类都有差异的意外事件，如果总统要求作出有别于契约条款的反应，应该如何协调？所有这些问题都曾出现在资产专用性和不确定性程度很高的自然垄断行业（呈现出高度的）的特许权竞标中，在私有化外交机构上也同样会出现（Williamson，1976），而且只会更多。如果真的将外交事务外包给企业，这种契约形式可能将更类似于国防部采购中高科技项目的成本加成契约（参见本文"监管"一节）。

就本小节而言，为了更好说明，假设私人机构（如同公共官僚机构）从政府手中获得预算，并按要求选出领导人、招聘职员以处理外交事务。由此产生的机构能否同时做到:第一,提供低激励程度的契约(这有利于增强反应能力,抑制冒险行为);第二,将因节省成本而产生的净收入予以挪用?

如上文所述,在实施低激励程度契约的过程中,如果产生了成本节余,须返还给财政部。这种要求与私有化是对立的。在私人机构中,增强激励程度将影响以下方面:(1)成本节约/成本分摊;(2)领导任命;(3)职员;(4)机构程序。

私人机构不仅对成本节约更加警觉,而且会努力落实节约成本的方案;不仅如此,如果总统在契约间隔期要求该私人机构承担额外的(代价高的)任务,它也会感到担忧。私人机构会因节约成本而行为失范;机构的反应能力会因承担额外任务而减弱(即使重新谈判,及时、可信的反应能力也会受到影响)。

机构高管的任命也会出现类似问题。诚然,私人公司的董事会通常是被动的。在不良事件发生以前,一味地认可对公司的管理方案;然而,当事情变糟的时候,董事会可能采取干预措施。如果它什么都不做,就要面临被取代的风险:一方面,股东可以通过投票选举新的董事会;另一方面,董事会可能被新的投资者(以购买股票的方式)接管。在任何一种情况下,新的董事会几乎必然会对机构高管进行调整。即使事态发展很顺利,也不必进行干预(现任董事会就像美泰克的修理工一样,每隔一段时间就会闲下来),因为高管退休公司仍会定期更换管理层。

商业与政治的关系殊为紧张。对股东负责的董事会在管理层的任免及任期决定上具有重要话语权。但是,外交事务的固有特征又要求总统和国会作此决策。

向私人企业的普通员工提供极大的就业保障,并对他们进行培训,辅之以社会约束,表面看起来当然很好。然而,如果目的不同时,相同的程序、规则和条例等就不足以使私人机构表现出与公共官僚机构相同的绩效。除非分配与晋升完全受制于身份标记(如资历),否则经理在作出判断时,会倾向于那些与净收益有关的结果。因此,净收益再次被提及,尽管它从未被明确提及(甚至反对)。换句话说,相同的法律规则并不意味着同样的实际判断。

此外,假设将采用相同的程序、规则和条例等是毫无根据的。私人机构会同时考虑外交政策的功效和盈亏底线,也就是说,这其中存在权衡取舍。

更进一步,如果政府缺乏处理外交事务的直接经验(从而对需求不甚了然),那么,它就没有能力制定规则和条例。

结果就是,在外交事务领域,由私人企业代替公共官僚机构无法实现。私人企业具有如下特征:高激励强度、弱行政控制、弱响应型管理(responsive management)、对员工较少保护。这并不意味着外交将是一场灾难。而是说,情况会有所不同,表现在以下方面:成本控制的重要性会增强,克己奉公被牺牲掉,对普通员工的保护会降低。在这种情况下,政府将较少充分授权给私人企业(意在保护国家的利益),其他国家的对应机构会认为这种私人企业前途难测(即使不出现逆转,也会受到更多审查或更有可能发生变化)。

特论

哈特、施莱弗和维什尼(Hart, Shleifer and Vishny, 1997)在《合意的政府范围:理论和对监狱的应用》一文中探讨了公共官僚机构和私人机构的选择问题。尽管他们讨论的主题是监狱私有化,但他们也考虑了外交政策。他们认为,因开展外交事务而进行的投资很小,同时,外交契约通常是高度不完全的。在他们(Hart, Shleifer and Vishny, 1997, p.1155)看来,私有化按照如下方式发挥作用:[24]

> 假设国务院被私有化,并在契约里规定了一套针对不同国家的政策。在这种情况下,当政府想改变对一国的政策(比如苏联解体)时,它必须说服签约的另一方——私人企业——改变做法。在重新谈判的过程中,由于当事前投资很少,这些雇员完全是可替代的,因此政府对私人企业的支付可能多于私人企业对其雇员的支付。考虑到投资较少和事后要挟的可能性很大,内部供应(in-house provision)显然更有优势。

与哈特、施莱弗和维什尼关注重新谈判和事后要挟不同,我将论述私有化的其他问题。面对意外干扰,适应变得必要,因此,问题在于哪一种治理形式适应性更强、效率更高。适应共分为八个步骤:(1)确定适应时机;(2)确定备选方案;(3)评估每一种适应的后果;(4)确定最佳适应方案;(5)与私人企业交流,让私人企业最终接受被选中的适应方案;(6)执行适应方案;(7)对适应方案进行追踪评估;(8)进行适应的新一轮有序调整。

在以上八个步骤中,哈特、施莱弗和维什尼仅考虑了步骤(1)、步骤(4)和步骤(5)。步骤(1)很清楚:苏联解体,但是,多数事情没有如此剧烈或明确无疑。如果其他治理模式在评估和预测即将发生的变化能力方面存在差异，那么在选择治理形式时应考虑到这一点。根据步骤（4），政府决定它想做什么。但是，缺乏步骤（2）和步骤（3），政府如何实现这一步尚未披露。同样，如果公共官僚机构和私人机构在识别可能的适应和评估其后果方面存在能力差别，那么，在选择治理形式时也应考虑到这一点。步骤（5）涉及说服、再谈判，这正是潜在要挟所在。哈特、施莱弗和维什尼认为，在私人承包商和内部供应商之间，政府不得不向前者支付更多费用，因此，政府在自产或购买之间将选择自产。

然而，所有八个步骤对管理外交事务（更宽泛地说是主权交易）来说都很重要。撇开其中的一步或几步不论，关注事后要挟不仅会漏掉很多重要环节，还可能得出误导性结论。根据以上设想的八个步骤，外交政策是总统和外交机构实时互动的产物。步骤（5）是重要的，但事后要挟不是唯一的，甚至不是最重要的因素。克己奉公在所有八个步骤中都起作用，因此，要考虑不同领导人治理结构、职员社会约束、程序规则以及激励程度的差异。㉕

由此看来，尽管和其他人一样，我们都关注外交事务私有化存在很大困难这一问题，但我们的观点却不尽相同：其他人讲述的是再谈判/事后要挟的故事，我却强调外交机构之间不断发展变化的关系，在这种关系中，信息、决策、政策执行交相重叠并相互依赖，对克己奉公始终发挥作用。

监管

上文考虑了完全私有化带来的问题，那么，收益率监管（rate of return regulation）是否适用于被授予外交事务职责的私人企业呢？这可以被视为一种成本加成型的不完全长期契约，其中政府的利益通过以下方式得到保护：（1）将私人企业置于一种复杂的监管体制中，届时会有大量的规则、条例和程序，同时企业将定期接受审计；（2）领导层的任命需与总统协商，并得到国会的默许（或明确认同）；（3）机构职员的工作保障得到增强，受到的社会约束也增多了，这可能是通过监管机构对职员开展培训来实现的。

相比于完全的私有化，这种监管形式能够很好地复制公共官僚机构的特征。这样一来，既能为专用性投资提供更大程度的支持，又能满足外交事务对克己奉公的需要。然而，它依然有别于公共官僚机构。

其中一个区别在于,总统和外交事务管理机构之间新增了一个环节——监管机构。总统是通过监管机构传达指令,还是绕开它呢?另外,还必须考虑到监管机构可能加强对外交事务的控制(要知道,这正是监管机构的职责所在),这将对处理外交事务造成不利影响。由于契约的模糊不清和可随意解读,以及监管机构保护自己的需要,控制分歧由此产生。

控制分歧表现为无心之失(omission)和有心之失(comission)。由于监管机构与实际操作隔了一层,缺乏一手知识和经验,从而不能像独立的公共官僚机构一样准确地识别对控制的需要。无心之失在所难免。但由于监管机构左右为难地游走于政治领导人和受监管企业之间,且面临前面提到的保护自己的问题,因此有心之失会出现。其结果是,公共官僚机构的规则、条例和程序无法被完全复制。

此外,受监管企业的领导人更可能从企业内部职员而非杰出的外部人士中产生。一位完美的官僚,他既不折腾,又能被受监管企业和总统接受,就会受到青睐。但是,由此产生的领导人,与由总统自己选择、和总统曾有交往且有共同价值观的人显然是不一样的,因此指望总统无区别地对待他们是不现实的。

同时,还有一系列操作难题。当需要作出方向性调整时,政府如何诱导受监管企业欣然从命?是通过重新谈判吗?如何确定由此产生的成本,或者全部由政府支付这些成本?政府如何获得充分信息?一旦意识到采取果断行动的必要性,总统就有动机绕开监管机构、建立一个平行的机构(如国家安全委员会)了。

情况比这还要复杂。因为因果关系很难确定,当情况变糟的时候,企业可能面临懒惰、无能或者不忠的指控,届时企业如何为自己辩护?如果情况变糟的时候拿"局外人"当替罪羊,将会产生更多问题。由于面临由人为原因(可能是政治原因)导致的契约终止或相互指责的风险,外部供应商更容易受到伤害。因此,受监管的企业极不愿意承担最终结果高度不确定的任务(受监管的企业的风险偏好程度并不比公共官僚机构高,但其更易受到伤害)。

从上述简要的比较分析中,可以得到如下结论:尽管相比于私人机构,监管能够更好地复制公共官僚机构的特征,但是完全复制不可能实现。实

表 2　公共机构治理结构的比较

特　　征	治理结构		
	市场	混合型	层级制
工具			
激励强度	＋＋	＋	0
行政控制	0	＋?	＋＋
绩效			
自主适应	＋＋	＋	0
合作适应	0	＋	＋＋
合同法			
雇员关系			
领导层自主权	＋＋	＋	0
雇员工作安全性	0	＋	＋＋
通过法律争端解决	＋＋	＋	0

注：＋＋表示强，＋表示中等强度，0 表示弱。

际上，监管类似于上文提到的混合型组织：它介于公共官僚机构和私人机构之间，是这两种组织的混合体。表 2 总结了上文的分析，它与表 1 很相似，但增加了领导层和职员的特征。

　　如表 2 所示，私人机构的激励强度最强，行政控制最弱，自治的倾向最强（进取心强，风险偏好），合作（服从）的倾向最弱，相对而言通过法律解决争

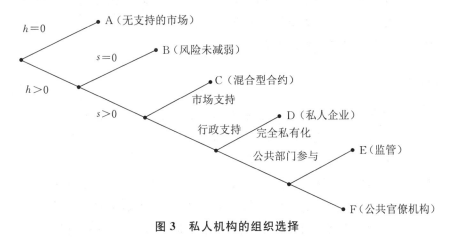

图 3　私人机构的组织选择

端、任命自身的领导层的倾向最强,雇员工作的安全程度最低。公共官僚机构在所有方面都与其相反,而监管则介于二者之间(需要注意的是,监管的行政控制程度可能更高,这可能源于功能失调)。图 3 是对图 1 的拓展,它加入了新的治理形式。

评论

通过上述分析,可以得到一个明显结论:外交事务不易私有化。然而,这并不是说外交事务从来不被授权(获准私有化)。在过去(如东印度公司)和现在(如与"流氓国家"打交道)都曾被授权。前者可用高的运输和沟通成本、小规模不经济来解释。这类授权以契约的形式确定下来,从而具有合法性(转移到公共办公室),利益格局也由此形成。临时授权的原因之一可能是在正式认同不存在时,仍有必要维持非正式契约(冒险行为有时会随之出现,比如伊朗门事件)。规则化经常伴随正式认同的重建。通常,没有人建议对外交事务实施私有化,为什么还要费劲解释这一显而易见的事情呢?

首先同时也是最重要的,看似显而易见的事物暗藏着微妙的运行机制[信任这个不易理解的概念就是其中一例(Williamson,1993)]。分析极端事例(包括外交事务)有助于揭示未曾关注的事物的特征,或者我们所熟知的标准事务中相对次要的属性。如果是这样,解释极端事例有助于发现交易或事务的更多维度[26]。关于为何不将外交事务私有化还存在其他解释。这些解释等价吗? 如果它们之间存在差别,差别在哪里,后果又是什么?

研究视角

交易成本经济学将公共事业的收益率监管视为对双边依赖和信息不对称的反应。这种监管提供的保护措施超出了私人秩序所能提供的范围。

对于主权交易的一种解释是,它与公用事业类似,且特征更为明显,即在双边依赖和信息不对称的条件下进行,作为应对,公共官僚机构应运而生,以提供更多的保护。但是,正如本文所述,这并不是主权交易的关键特征。至今未曾被注意到的克己奉公风险才是使外交事务管理复杂化的原因。

这既有教益,又令人担忧。如果像本文分析的那样,克己奉公对主权交易(尤其是外交事务)来说确实很重要,那么,它就是有教益的。在这种情况下,我们需要进一步探究减轻这类风险的治理结构的特征。更进一步,我们要搞清楚何种治理形式最大程度地体现了这些特征。在我看来,当面临克己奉公风险时,公共官僚机构是最优的治理结构。

然而,诉诸克己奉公也有令人不安的问题,因为总是可以制造出新的契约风险,并且这些风险往往很重要,因为它们可以解释令人不解的异常现象。如果这种风险已被识别,情况就好得多,它对外交事务组织的影响只是简单的逻辑应用。考虑到交易成本经济学仍处于起步阶段,这显然超出了它的能力范围。然而,不必因此苛责交易成本经济学,因为不单单是它有这样的问题。假设克己奉公真的很重要,整个组织经济学的发展会存在重大缺陷。如果是这样,交易成本经济学就真的有助于解释这种情况。

但是,克己奉公还有另一方面的问题:这一概念很模糊。克己奉公之所以重要的关键是什么? 对此,尚无明确答案。同样,我们也不必因此苛责交易成本经济学,因为不单单是它有这种模糊的概念,类似的还包括"不清晰的信任概念"(Gambetta, 1988, p.ix)、灵活的"关系契约"(Macneil, 1974)、宽泛的"影响成本"(Milgrom and Roberts, 1988)和"企业文化"(Kreps, 1990)。所有这些概念都很重要,有助于我们理解复杂经济组织,但它们的可操作性还有待增强。

尽管缺乏可操作性,我认为,针对克己奉公风险的治理措施应包括以下几方面:(1)低激励;(2)大量行政控制和程序;(3)由总统任命、解雇机构领导人(并由立法机构确认);(4)受到相当大的社会约束和工作有保障的精英职员群体。在公共官僚机构和私人机构二者之间,公共官僚机构更好地体现了这些特征。

其他交易

以下只进行概略性描述,因此至多把它看作一种建议。正如我所认为的那样,微观分析很重要,那么将上述分析应用于其他交易时,应该采取"适度、缓慢、分子式和明确"的方式。然而,我相信大量交易的治理都可以用以下两个主题说明:(1)存在以下三种风险中的一种或多种,成本过大、双边依赖和克己奉公;(2)各种治理结构的差别主要在自主适应与合作适应方面。关于第二点,基本论点是:以自主适应为特征的治理形式在成本控制方面做得更好,但在双边依赖和克己奉公方面表现不佳;而以合作适应为特征的治理形式在成本控制方面表现不佳,但在双边依赖和克己奉公方面做得更好。

考虑与以下交易相关的风险以及由此产生的组织后果:外交事务、国防采购(高科技项目)、办公用品、所得税征收和监狱。表3尝试描述了与下列交易相关的契约风险以及由此产生的后果:成本控制、双边依赖和克己奉公。如表3所示,外交事务存在适度的成本控制风险,一定程度的(人力)资本专用性和极大的克己奉公风险。相比之下,国防采购的成本控制和双边依赖风险巨大,但克己奉公是一个较小的问题。办公用品只存在成本控制风险。税收征收存在中等程度的成本控制和克己奉公风险。监狱涉及专用性实物资产方面的大规模投入,成本控制和克己奉公风险程度适中。

表3　契约风险

	契约风险		
	成本控制	资产专用性	克己奉公
外交事务	＋	＋	＋＋
国防采购	＋＋	＋＋	＋
办公用品	＋	0	0
所得税征收	＋	0	＋
监狱	＋	＋＋[a]	＋

注:＋＋表示强,＋表示中等强度,0表示弱。

正如上文所说,由公共官僚机构来管理外交事务是有道理的。办公用品也很简单:从市场购入。但国防采购和征税完全交给市场问题处理起来较为麻烦,可以采用成本加成法(一种监管形式)。可能还有其他形式的监管能用于税收征收,但这有待更细致的分析。就监狱而言,一种可能的选择是,政府占有专用性实物资产(监狱)的所有权并特许私人经营;但是,质量方面的问题(在这里反映为克己奉公)依然值得注意。哈特、施莱弗和维什尼的模型涉及这一议题,该模型专门讨论了质量(而非克己奉公)问题。

总 结

说明外交事务应由公共官僚机构组织并非本文的新意所在,这一点已成为常识,也是我们的直觉所支持的。本文的创新点主要在于:(1)从交易成本经济学的视角推导出结论;(2)提出了迄今为止尚未被人注意的克己奉公风险,并指明,由于这一风险的存在,在管理外交事务方面公共官僚机构具有比较优势;(3)低激励程度、繁复的程序和过度的就业安全等在现实中广受争议,但由于它们是节约交易成本的必然产物,存在其合理性;[27](4)相比于以往比较经济学相关研究,本文更多地考察了管理因素(包括领导人和职员);(5)秉承交易成本经济学的传统,本文分析主要关注微观层面;(6)判断是否有效率时,本文没有采用绝对的标准,而采用了可补救准则。

特里·莫认为,政治有所不同,这也与本文的结论一致。诺思认为在政治领域,有一些(也可能有很多)困难的交易,本文同样证明了这一点。但是,诺思将这一结果解释为无效率,我的看法正好相反:诺思所说的困难是这些交易中固有的,尽管公共官僚机构存在缺陷,但其已经是应对这些困难的最佳治理措施。由公共官僚机构来管理这些交易是有效率的。

使用极端事例的目的在于解释事物重要但被忽视的特征。考察外交事务时,被忽视的克己奉公风险正因其显而易见的重要性而浮出水面。一旦被揭示,其他机构和治理形式(如非营利组织)中的领导人和职员的克己奉公风险就可以得以解决。因此,"治理是一个整体"的观点超越了以往对双边依赖、薄弱产权、度量问题的关注,从而研究视野更加广阔。虽然克己奉公似乎能够引起共鸣,但是,它的含义依然较为模糊。当然,这一含义的应用需要加以限定,可操作性也有待加强。

注 释

① 虽然大家普遍认为这些都是以前的错误观点,但是,仁政的概念依然被认可,最近对于"儒家传统对东亚现代化的影响"作出的会议综述证明了这一

点(Wei-Ming，1996，pp.12—39)。杜维明(Du Wei-Ming)声称:"在东亚(日本和亚洲"四小龙":韩国、中国台湾、中国香港、新加坡)的文化传统中，政府被寄予厚望，它在稳定当地经济增长方面负有重要责任，同时，在提升在国际竞争中的比较优势方面，政府的角色至关重要。民众希望政府对地区的前途作出全盘考虑，并制定长期规划，帮助民众达到合意的生活标准，以实现人类共荣的宏愿"(Wei-Ming，1996，p.25)。杜维明进一步指出，政府同样承担着强烈的道德使命，"不论是在自我认识上，还是在公众形象上，政府领导人都应当既是一位导师，又是人民的公仆和榜样"(Wei-Ming，1996，pp.25—26)。责任意识思想发挥突出作用:"对于东亚的道德和政治领袖而言，职责无疑起到了重要的督促作用，督促他依此行事、努力增进公共利益"(Wei-Ming，1996，p.27)。

② 新组织经济学在公共部门的应用有多种形式。Tirole(1994)应用激励理论研究公共部门。Hart、Shleifer 和 Vishny(1997)最近使用了产权方法(Hart，1995)。Williamson 和 Dixit(1996)则从交易成本经济学出发开展研究。在这三类研究中，Tirole(1994)的研究高度抽象，对政治影响作了最宽泛的说明。Hart、Shleifer 和 Vishny(1997)更关注公共部门和私人部门的运行机制，并着重研究了私有化呼声最高的几类服务(监狱、学校、垃圾收集)。本文则更进一步深入微观层面，并着重研究主权类交易。

③ 可以列出一长串支持政治是有效率的文献，其中多数源于芝加哥学派(Stigler，1971，1992；Peltzman，1976；Becker，1983，1989；Wittman，1989)。这些文献高度抽象，既不考察公共部门的设计，也没有比较制度分析[如 Moe(1990，p.129)描述的那样，这些文献"骄傲到忘记了制度"]。在这些文献中，贡献最大的是 Stigler(1992)。

④ 莫质疑了如下观点:在世界政治领域，交易成本和资产专用性也是"选择的关键所在"(Moe，1990，p.123)。

⑤ 如果交易是为了实现经济(效率)目的，并且如果政治市场特别容易导致低效率，那么，人们会认为，高交易成本问题应该交由私人部门治理结构(来处理)，因为这种治理结构通常具有很强的效率特征。

⑥ 不仅可以"像政府一样……收集垃圾、清扫街道、运营公共汽车、经营医院、开办学校，而且我们还注意到，私人安保公司拥有比市政警察局更多的雇员……我们当中对历史感兴趣的人会记得，私人银行曾一度发行货币，政府雇佣军队奔赴战场"(Wilson，1989，p.346)。事实上，消防曾经几乎全由私人企业承担(Wilson，1989，p.346)。灯塔的情况也是如此(Coase，1974)。

⑦ 政治契约贯穿政治过程，且政治有别于经济，因此政治契约更加复杂，并且更难实施(Dixit，1996，p.48)。因为政治契约不仅要面对多个委托，而且

模糊不清。此外,政治契约漏洞不断(Dixit,1996,pp.48—49)。在 Dixit 和 Tirole(1996)看来,公共官僚机构的低激励,是因为多层代理加剧了复杂性(1996,pp.157—171)。在政治舞台上自然选择的作用有限,因此关于政治市场有效率的推断论据不足(Dixit,1996,p.59)。

⑧ 实际上,如果不存在有限理性的制约,涵盖广泛的中央计划就是可行的——可以理解为,由一个大公司来组织所有活动。

⑨ 交易成本经济学分析问题的三个维度分别是:资产专用性、交易的不确定性、交易发生的频率。资产专用性与下面的事实有关,即用于一种交易的资产在不损失生产价值的情况下能多大程度地转用于他途。高度专用的投资产生了双边依赖的条件。由交易的不确定性引出适应需要,以及在双边依赖和不完全契约的背景下适应不良的风险。交易发生的频率是另外一个相关维度。高频发生的交易有助于覆盖特定治理形式的设置成本,并带来良好的声誉效应。

⑩ 据 Simon(1978)观察,可以根据他们所问的问题来区分边际分析与离散结构分析。比如,涉及就业关系时,"工资将被定在什么水平上"这个问题非常不同于下面的问题:"根据就业契约,工作何时能够完成?"(Simon,1978,p.449)。第一个问题属于边际分析,第二个问题则属于离散结构分析。更一般地,Simon(1978)断言,当经济学"离开它的内核——价格理论……我们观察到……基于边际原则的均衡分析……转向了一种更加定性化的制度分析,即对离散结构中的各种选项进行比较"(Simon,1978,p.449)。

⑪ 仁慈政府的传统认为,即使是普通的再分配——如社会保险——也应由政府管理。联邦医疗保险(Medicare)是一种更复杂的支付服务,国税局是一个更复杂的征税机构。考虑到公共官僚机构激励强度低、程序烦琐、工作安全度高,公共官僚机构在执行与这类交易有关的常规职责时优于私人机构的说法并非显而易见。对于邮政业务而言,情况也是如此(有趣的是,由于法律允许,私人快递服务涉足邮政业务)。

⑫ 我猜测,专项再分配主要是为了实现立法机构的政治目的,但这一点不在本文的考察范围内。参见 Weingast 和 Marshall(1988)。

⑬ 跨国公司的重要性在不断增强,对具有外事工作背景和工作技能的人的需求也在随之增加。

⑭ 转引自 Dean Acheson(1969,p.47)。

⑮ 在 1985—1995 年,美国国务院的预算比国防部少 2%。显然,后者更多地关注成本。一种提议是,将政策方面的防御与采购分离开来,并将后者私有化。这样既可以缓解对成本的担忧,又不至于失控。

⑯ 其结果是,Tirole(1994)的代理理论所讨论的主要对象——多任务复杂

性——有所减轻。

⑰ 我认为,其他外交机构的组织方式类似,尽管在极权政府下,外交机构上级对下级的控制更加严格,也更坚持忠于既有体制。

⑱ 尽管司法工作强调原则性,但司法部领导层的任命高度政治化。法院系统是抗衡司法政治化的后备机制。因此,法官的任命格外重要。

⑲ 事情正在发生变化,国家安全委员会的作用越来越突出。其他人研究了其中的利弊得失(Zegart,1996)。尼克松总统在处理外交事务时不依靠其国务卿,而与国家安全顾问亨利·基辛格(Henry Kissinger)商议,并大胆采取新行动。绕开国务院的好处在于,反应速度更快了,而且便于采取更大胆的行动。

⑳ 艾奇逊记录了一起泄密事件(Acheson 1969,p.49):查找泄密者的努力常常以失败告终……我发现,那段节选来源于两份而非一份机密文件。看到一份文件的人很少,同时看到两份文件的人就更少了。事实的确如此。看过两份文件同时也认识那位专栏作家的人就少之又少了。很快,美国联邦调查局抓到了肇事者,一位曾在斯特蒂纽斯(Stettinius)身边工作、好心但过分热情的助手。现在他已辞职去了军队,并在太平洋战场上有上佳表现。

㉑ 跨国公司的重要性在不断增强,对具有外事工作背景和工作技能的人的需求也在随之增加。

㉒ 创设直接对总统负责的国家安全顾问可以被视为绕开(而非纠正)这一难题的一种策略。

㉒ 威尔逊对美国公共官僚机构的研究进一步支持了他的论点。例如国防部,尽管罗伯特·麦克纳马拉(Robert McNamara)和"精英小子们"试图集权,但是,军队仍被允许保留对重要任务的控制权(Wilson,1979,pp.179—180)。联邦调查局坚持将缉毒纳入其职责范围,尽管这样会使其预算有较大幅度的增加(Wilson,1979,p.180)。农业部要求将食品券计划移交卫生、教育与福利部(Wilson,1979,p.180)。较之美国国家公园管理局,林业局在任务划界方面更为成功(Wilson,1989,pp.63—65),因此有更坚定的使命感。职业安全与健康管理局肩负双重责任,步履维艰(Wilson,1989,p.64)。因此,要点不在于多重任务的压力从不会出现,而是说,各机构已经注意到这种压力并尽量予以避免。

㉔ 他们还认为,如果试图拍卖外交事务的特许经营权,还将遇上严重的资金困难(Hart,Shleifer and Vishny,1997,pp.1155—1156)。

㉕ 威尔逊(Wilson,1989,p.198)认为,部分联邦机关(监狱管理局、气象局、林业局和标准局)的领导人确实是从职员中选拔的,但是总统在选择其他部门的领导人时,人选范围更大。哈特、施莱弗和维什尼并未分析这一现象。他

们也未注意到：主权类交易滋生了严重的克己奉公风险,这反过来会影响主权机构领导人的行为。另外,他们认为外交机构的职员是完全可替代的(Hart, Shleifer and Vishny, 1997, p.1155)。这和我的看法也不同,我认为,这些职员进行了大量的专用性投资,因而要将他们置于安全的治理形式中(不能轻易地解雇职员)。

㉖ 在"发现"克己奉公的同时,也发现了其他形式的资产专用性和治理形式。尽管我们早已认识到有形资产和人力资产的专用性是明显的资产专用性;但其他更微妙的资产专用性只有在新的(不同的)交易进入研究视野时才被发现。类似地,只有在可置信承诺和不完全契约的概念出现后,混合型治理才随之出现。本文考察了主权交易,提出并尝试回答这样一个问题:"交易成本经济学将走向何方?"以此来拓展交易成本经济学的外延。

㉗ Holmstrom(1996)也持这种观点。

参考文献

Acheson, Dean. 1969. *Present at the Beginning*. New York: W.W. Norton.

Argyris, Chris. 1967. "Some Causes of Organizational Ineffectiveness Within the Department of State," Occasional Paper No. 2, Center for International Systems Research. Washington, D.C.: Department of State.

Barnard, Chester. 1938. *The Functions of the Executive*. Cambridge: Harvard University Press(fifteenth printing, 1962).

Becker, Gary. 1983. "A Theory of Competition Among Pressure Groups for Political Influence," *Quarterly Journal of Economics* 98:371-400.

——. 1989. "Political Competition Among Interest Groups," in Jason Shogren, ed., *The Political Economy of Government Regulation*. Boston: Kluwer.

Behavioral Sciences Subpanel, President's Science Advisory Committee. 1962. *Strengthening the Behavior Sciences*. Washington, D.C.: U.S. Government Printing Office.

Bernstein, Marver. 1955. *Regulating Business by Independent Regulatory Commission*. Princeton: Princeton University Press.

Coase, Ronald H. 1964. "The Regulated Industries: Discussion," *American Economic Review* 54:194-197.

——. 1974. "The Lighthouse in Economics," *Journal of Law and Economics* 7: 357-376.

——. 1992. "The Institutional Structure of Production." *American Economic Review* 82:713 – 719.

Commons, John R. 1932. "The Problem of Correlating Law, Economics, and Ethics," *Wisconsin Law Review* 8:3 – 26.

David, Paul. 1986. "Understanding the Economics of QWERTY: The Necessity of History," in W.N. Parker, ed., *Economic History and the Modern Economist*. New York: Basil Blackwell.

de Figueiredo, John, and Emerson Tiller. 1996. "Congressional Control of the Courts: A Theoretical and Empirical Analysis of Expansion of the Federal Judiciary," *Journal of Law and Economics* 39:435 – 462.

Demsetz, Harold. 1969. "Information and Efficiency: AnotherViewpoin," *Journal of Law and Economics* 12:1 – 22.

Derthick, Martha. 1990. *Agency Under Stress: The Social Security Administration in American Government*. Washington, D.C.: Brookings Institution.

Dixit, Avinash. 1996. *The Making of Economic Policy: A Transaction Cost Politics Perspective*. Cambridge: MIT Press.

Friedman, Milton. 1962. *Capitalism and Freedom*. Chicago: University of Chicago Press.

Gambetta, Diego. 1988. "Can We Trust Trust?" in *Trust: Making and Breaking Cooperative Relations*. Oxford, England: Basil Blackwell.

Goldberg, Victor. 1976. "Regulation and Administered Contracts," *Bell Journal of Economics* 7:426 – 452.

Grossman, Sanford J., and Oliver D. Hart. 1986. "The Costs and Benefits of Ownership: A Theory of Vertical and Lateral Integration," *Journal of Political Economy* 94:691 – 719.

Hart, Oliver D. 1995. *Firms, Contracts and Financial Structure*. New York: Oxford University Press.

——, Andrei Shleifer, and Robert Vishny. 1997. "The Proper Scope of Government: Theory and an Application to Prisons," *Quarterly Journal of Economics* 112:1127 – 1161.

Hayek, Friedrich. 1945. "The Use of Knowledge in Society," *American Economic Review* 35:519 – 530.

Holmstrom, Bengt. 1996. "The Firm as a Subeconomy," unpublished manuscript.

——, and Paul Milgrom. 1991. "Multi-Task Principal-Agent Analysis," *Journal of Law*, *Economics*, & *Organization* 7:24 – 52.

Johnson, Ronald, and Gary Libecap. 1994. *The Federal Civil Service System*. Chicago: University of Chicago Press.

Kreps, David M. 1990. "Corporate Culture and Economic Theory," in James Alt and Kenneth Shepsle, eds., *Perspectives on Positive Political Economy*. New York: Cambridge University Press, pp.90 – 143.

Krueger, Anne. 1990. "The Political Economy of Controls: American Sugar," in Maurice Scott and Deepak Lal, eds., *Public Policy and Economic Development: Essays in Honor of Ian Little*. Oxford: Clarendon Press, pp.170 – 216.

Levy, Brian, and Pablo Spiller. 1994. "The Institutional Foundations of Regulatory Commitment: A Comparative Analysis of Telecommunications Regulation," *Journal of Law*, *Economics*, & *Organization* 10:201 – 246.

——. 1996. *Regulations*, *Institutions*, *and Commitment: Comparative Studies of Telecommunications*. New York: Cambridge University Press.

Liebowitz, Stanley J., and Stephen Margolis. 1990. "The Fable of the Keys," *Journal of Law and Economics* 33:1 – 26.

Macneil, Ian R. 1974. "The Many Futures of Contracts," *Southern California Law Review* 47:691 – 816.

March, James G., and Herbert A. Simon. 1958. *Organizations*. New York: John Wiley & Sons.

Milgrom, Paul, and John Roberts. 1988. "An Economic Approach to Influence Activities in Organizations," *American Journal of Sociology* 94: S154 – S179.

Moe, Terry. 1984. "The New Economics of Organization," *American Journal of Political Science* 28:739 – 777.

——. 1990. "The Politics of Structural Choice: Toward a Theory of Public Bureaucracy," in Oliver Williamson, ed., *Organization Theory*. New York: Oxford, pp.116 – 153.

—— 1997. "The Positive Theory of Public Bureaucracy," in Dennis Mueller, ed., *Perspectives on Public Choice*. New York: Cambridge University Press, pp.455– 480.

Niskanen, William. 1971. *Bureaucracy and Representative Government*. Chicago: Aldine.

North, Douglass. 1990. "A Transaction Cost Theory of Politics," *Journal of*

Theoretical Politics 2:355 - 367.

Peltzman, Sam. 1976. "Toward a More General Theory of Regulation," *Journal of Law and Economics* 19:211 - 240.

Priest, George. 1993. "The Origins of Utility Regulation and the 'Theories of Regulation' Debate," *Journal of Law and Economics* 36:289 - 324.

Selznick, Philip. 1992. *The Moral Commonwealth*. Berkeley: University of California Press.

Simon, Herbert. 1978. "Rationality as Process and as Product of Thought," *American Economic Review* 68:1 - 16.

——. 1985. "Human Nature in Politics: The Dialogue of Psychology with Political Science," *American Political Science Review* 79:293 - 304.

Spulber, Daniel, and David Besanko. 1992. "Delegation, Commitment, and the Regulatory Mandate," *Journal of Law, Economics, & Organization* 8:126 - 154.

Stigler, George J. 1971. "The Theory of Economic Regulation," *Bell Journal of Economics* 2:3 - 21.

——. 1992. "Law or Economics?" 35 *Journal of Law and Economics* 455 - 468.

Tirole, Jean. 1994. "The Internal Organization of Government," *Oxford Economic Papers* 46:1 - 29.

Warwick, Donald. 1975. *A Theory of Public Bureaucracy*. Cambridge: Harvard University Press.

Weber, Max. 1946. *Economy and Society*. Berkeley: University of California Press.

Wei-Ming, Tu. 1996. "Confucian Traditions in East Asia," *Bulletin* No. 50, American Academy of Arts and Sciences, pp.12 - 39.

Weingast, Barry, and William Marshall. 1988. "The Industrial Organization of Congress; or, Why Legislatures, Like Firms, Are Not Organized as Markets," *Journal of Political Economy* 96:132 - 163.

Williamson, Oliver E. 1968. "Economies as an Antitrust Defense: The Welfare Tradeoffs," *American Economic Review* 58:18 - 36.

——. 1976. "Franchise Bidding for Natural Monopolies—In General and with Respect to CATV," *Bell Journal of Economics* 7:73 - 104.

——. 1979. "Transaction-Cost Economics: The Governance of Contractual Relations." *Journal of Law and Economics* 22:233 - 261.

——. 1985. *The Economic Institutions of Capitalism*. New York: Free Press.

——. 1989. "Transaction Cost Economics," in Richard Schmalesee and Robert Willig, eds., *Handbook of Industrial Organization*, Vol. 1. New York: North Holland, pp.136 – 184.

——. 1996. *The Mechanisms of Governance*. New York: Oxford University Press.

——. 1998. "Transaction Cost Economics: How It Works; Where It Is Headed," *De Economist* 146:23 – 58.

——, and Janet Bercovitz. 1996. "The Modern Corporation as an Efficiency Instrument.," in Carl Kaysen, ed., *The American Corporation Today*. New York: Oxford University Press, pp.327 – 359.

——, and Scott Masten. 1995. *Transaction Cost Economics*, Vol. II. Brookfield, VT: Edward Elgar Publishing Company.

Wilson, James Q. 1989. *Bureaucracy*. New York: Basic Books.

Wittman, Donald. 1989. "Why Democracies Produce Efficient Results," *Journal of Political Economy* 97:1395 – 1424.

Zegart, Amy Beth. 1996. "In Whose Interest? The Making of American National Security Agencies," Ph.D. dissertation, Stanford University.

重新发现官僚制[*]

约翰·P.奥尔森(Johan P. Olsen)

理解公共行政

官僚制是一只被无助地卷入死亡斗争的组织"恐龙"吗？它是一种在法律主义和权威主义社会中发展起来的不受欢迎的、不可生存的行政管理体制，现在又因为与复杂的、个人主义的和充满活力的社会不相容而无法避免消亡了吗？如果是，当谈到当代西方民主国家的公共行政和政府的意义时，官僚制这个术语以及与之相关的理论观点和经验观察是否无关紧要或具有欺骗性？

或者说，反官僚制情绪的动员，以及终结官僚制和官僚的主张，只是新一轮围绕什么是理想的行政和政府形式的长期

---

* 原文"Maybe It Is Time to Rediscover Bureaucracy"，其早期版本内容在 2004 年 11 月 4 日于马德里举行的关于公共行政改革第九届美洲行政管理联盟(CLAD)国际大会上作为主旨演讲发表，其西班牙版本发表于《改革与民主》(*Revista del CLAD Reformay*)。约翰·P.奥尔森，美国国家科学院院士，曾获 2009 届赫伯特·西蒙奖，研究领域包括：组织决策，新制度主义，民主、权力与北欧模式，欧洲政治组织变革。本文译者：孟琳琳、任世辉，西南财经大学。

辩论和意识形态斗争,即对规模、议程、组织、能力、道德基础、人员配置、资源以及公共部门产出的争辩。如果是这样,相比于过去二十五年中改革者提出的诊断和处方,有关官僚制的研究文献在分析当前的行政挑战方面有多大帮助呢?

本文认为公共行政已经发生了重大变化,更重要的是描述行政体制的变化。然而,本文质疑了普遍的观点,即官僚组织正在过时,已经出现了从韦伯式官僚制到市场组织或网络组织的范式转变。[①]与数十年来对官僚制的抨击不同,本文认为,当代西方国家卷入了一场关于制度认同和制度平衡的斗争。本文还认为,对于那些对当代公共行政如何组织、运作和变化感兴趣的人来说,值得重新考虑和发现作为一种行政形式、一个分析概念,以及一套关于公共行政和正式组织机构的思想和观察的官僚制。

本文的结构安排如下:首先,概述了官僚组织的一些特征;其次,结合成功/失败的竞争标准和关于官僚组织表现的假设,讨论了关于官僚制不可取的主张;再次,对行政动态和官僚组织的可行性进行了讨论;最后,概述了重新发现官僚制的原因。

官僚制,官僚和官僚化

"官僚制"经常被用作贬义词,也是所有公共行政或任何大型正式组织的标签。然而,马克斯·韦伯使官僚制成为一个分析性概念,与它出现时的争论环境脱钩(Albrow,1970)。第一,在这里,这个术语表示一种独特的组织设置,即局或办公室:正式的,有等级的,专业化的,有明确职能分工和管辖范围,标准化的,以规则为基础的,非个人化的。第二,官僚机构由专业的、全职行政人员构成,他们终身雇佣,有组织的职业、工资和养老金,根据正规教育、绩效和任期任命并奖励。第三,官僚制意味着一个更大的组织和规范结构,政府建立在权威之上,即相信合法、合理的法律政治秩序以及国家有权界定并执行法律秩序。具有约束力的权力是通过四种受规则约束的等级关系来获得的:公民与民选代表之间、民主立法与行政之间、行政内部、行政与作为法律主体(以及法律制定者)的公民之间。因此,官僚化指的是官僚形式的出现和发展,而不是官僚权力的扭曲和非法延伸。②

　　官僚制理论是关于组织特征与行政心理、行为、绩效和变革之间关系的一套理论思想和假设。③一个关键的假设是,理性和控制是组织结构的属性,如何组织公共行政非常重要。另一个假设是,组织形式可以有意识地发展。然而,对这些假设的解释取决于官僚制是被视为一种工具还是一种制度,是一种"理想类型"还是一种经验近似设计。

工具与机构

　　官僚制可以被视为执行民选领导人命令的合理工具,从这个角度来看,它是一个执行机构,在达到预定目标的有效性和效率的基础上进行评估。官僚结构决定了哪些权力和资源可以合法使用,如何、何时、何地以及由谁合法使用,而命令和规则之所以被遵守,是因为其是由作为客观的理性-法律秩序的受托人的公职人员发出的。行政合法性是基于这样一种理念,即任务本质上是技术性的——通过解释规则和事实或应用专家的因果知识来确定逻辑上正确的解决方案。行政动态需要通过规范的立法程序进行精心设计和改革。

　　然而,官僚制也可以被看作一种有存在理由、有自身组织和规范原则的机构。行政是建立在法治、正当程序、适当行为准则和一套可理性辩论的理由体系之上的,它是社会长期致力于建立国家和程序理性以应对冲突和权力差异的一部分。因此,官僚制是一种文化价值的表达,是一种具有内在价值的治理形式,理性和公正是为了达到某种结果而遵循的程序特征,而不是结果本身。官僚应该服从宪法原则、法律和职业标准,并成为其守护者,人们想象他们会利用自己的专业知识和经验来阐明公共政策的各个方面,并"对权力说真话"。他们还应该在不涉及民选政客和有组织利益的情况下,自主地将法律适用于个别案件。作为一个部分自治的机构,官僚机构具有不听从领导命令和环境要求的正当性。④

理想类型与实践

　　作为一种理想类型,官僚制具有明确的特征、前提和作用,而实践最多只能接近理想类型,公共行政从来不是一个完全发展的官僚制,而是存在易变的和重叠的组织原则,且官僚制的运作产生、发展和后果取决于各种因素。⑤

　　韦伯观察到,合法秩序的信念可以支配有组织的行动,但人类的行为也可以受到效用、亲和力和传统的指导。基于权威和命令有效性的统治被定义为程度和概率的问题,命令可以有不同的解释,也可能存在矛盾的秩序体系,关键问题是,官僚们在多大程度上,在何种条件下遵守规则和命令,以及规则和命令在多大程度上得到了执行? 行政任务的数量和质量扩张刺激了官僚化,但其方向和原因可能千差万别(Weber,1978,p.971)。

　　韦伯认为,官僚们遵守规则和命令的意愿和能力取决于各种各样的机制,动机是终身职业中固有的物质激励,以及教育和官僚机构中的社会化和习惯化的结果。政府官员遵守正式规则或道德准则的能力取决于自身的资历和信仰,也取决于领导人的指导能力和持续可用的资源。⑥然而,不能指望激励和社会化机制是完美的,当选的领导人可能缺乏指导和控制行政部门的知识与权威,⑦他们可能会促成矛盾或道德上可疑的目标,或者无法或不愿提取足够的资源,公民可以通过选举以外的其他渠道表达他们的关切。官僚们有自己的利益和权力,在现实中很难清晰界定政治和行政之间的区别。

　　因此,在当选官员、官僚和公民之间存在潜在的紧张关系,从命令到实际遵守的因果链条可能很长,而且存在不确定性,⑧官僚组织可能产生多种相互矛盾的结果,基于权威的行为可能导致灾难性后果。在个别情况下,后果取决于生活中各个领域官僚化程度、那些控制机构的人给予它的方向,以及社会中经济和社会权力的分配。

　　考虑到这种复杂性,当有人声称官僚制是一种不受欢迎的组织形式时,实际上用哪些标准来评估成功和失败呢? 公共行政去官僚化的隐含意义是什么?

官僚制的可取性

　　韦伯强调了官僚制的技术优势和程序合理性,与此相反,他认为官僚组织是不可取的,应该被竞争市场或合作、权力共享(组织间)网络所取代。⑨因此,对官僚制的评估是基于实现预定目标的预期贡献而进行的工具性评估,是基于行为准则、理性、道德、组织和治理原则等官僚机构有效性基础进行的道义评估(Olsen,1997)。复杂的是,功能上的最佳解决方案并不总是在政治上或文化上可行,反之亦然(Merton,1938)。

成功与失败的标准

在理想类型的官僚机构中,官僚们有责任以奉献精神和正直态度遵守与他们的部门有关的规则,避免武断的行动和基于个人好恶的行动,他们对以适当方式执行适当规则所产生的不良后果不负责任。然而,在实践中采取的做法是根据各种标准对官僚机构进行评估,而这取决于投诉的社会群体。例如,1847年,海德堡大学政治学教授罗伯特·冯·莫尔(Robert von Mohl)观察到,"特权阶层抱怨失去特权,商业阶层抱怨干预商业,工匠抱怨纸上谈兵,科学家抱怨无知,政治家抱怨拖延"(Albrow,1970,p.29)。韦伯还预见了形式正义和实质正义之间不可解决的冲突,法律面前人人平等,法律保障不专断,择优录用,这些将减少封建特权并平衡社会和经济差异。然而,可以预期,没有财产的群众更喜欢经济和社会生活机会上的平等,而不是法律形式上的平等。

必须区分对公共行政不够官僚和过度官僚的批评。第一种批评是公共行政还没有建立起一个等级分明、以规则为基础、由专业人员组成的官僚机构,因此不符合理想模式。或者说,正式组织只是一个表象,官僚们并没有按照机构的精神和行为准则行事;员工腐败、不可靠、无能、低效、懒惰、僵化、反应迟钝、以自我为中心、无法控制;行政人员滥用其职位和权力,法律执行不到位、不公平,没有遵守上级命令;官僚没有对选举产生的政治领导人或宪法作出反应,也没有对其责任。

第二种批评是,规则被过于盲从地遵循,或者公共行政机构应该按照非官僚制原则来组织和配备人员,管理人员应该根据不同的精神和行为准则行事,或者根本不应该有公共干预。对一项法律执行不力的抱怨与对该法律内容的批评以及对代议制政府首要地位的原则性反对交织在一起。这种批评往往是组织和规范原则、世界观、象征和合法性冲突的一部分,其目的是改变公共行政的体制特征和权力（Bienefeld，2001；Brunsson and Olsen，1993；Merton，1968）。

最近对公共行政的批评有这两种类型的成分，但后者一直占主导地位。一开始是对官僚机构及其低效、高成本和僵化的内部组织和运作的攻击，从20世纪70年代末开始发展为对公共行政作用、政府塑造社会的可能性和可取性、制度与行为体之间的权力平衡以及管辖边界的相关性和功能性、（包括领土国的管辖边界）的批评（Olsen，2004a）。关键论点是，"传统"的社会治理方式不适应目前所面临的任务和环境，正在经历通过官僚制和等级制进行管理和治理向在部分自治的政策网络中进行竞争市场和合作的转变（Dunleavy and Hood，1994）。公共行政的特殊性质和成功标准被否定，国家-社会、公共-私人、政治-行政、专家-外行等二分法变得模糊。

以新古典主义经济思想和私人经营思想为基础的改革规定了私有化、放松管制、市场竞争和商业化，公共行政像一个提供各种各样公共服务的超市，并受到市场竞争的约束（Olsen，1988）。契约管理和结果管理取代了命令管理，公民是与政府有商业关系而非政治关系的客户的集合，合法性基于实质性绩效和成本效率，而非遵守正式规则和程序，行政变革被描述为"改进""最佳实践""调整规模""更好地物有所值"以及"更好地服务于预定（通常是经济）目标"。⑩很少明确权力方面以及所涉及的道德和道德困境；相反，引导改革努力是对竞争市场的强烈信任，这是"中央计划最终消亡"的希望（Camdessus，1999），以及对减少国家家长式管理和"关于政府干预的作用和限制的充分且现实的理论"（de Oliveira Campos，1967，p.287）的古老追求。

网络对官僚制的批评诉诸民主意识形态，并明确提出权威和权力问题，⑪它规定在"更扁平"和更灵活的组织类型（包括组织间权力共享网络）中进行合作和寻求共识，并强调参与而不是免于进行行政决策、实施和执行。公共行政必须受到公民赋权和社会伙伴关系的约束，但也必须得到它们的支持。相互依赖的公共行为者和私人行为者需要合作、说服、讨价还价并建立信任。他们还需要汇集法律权威、财政资源、专业知识和组织以改善结果。

这种批评通常是有原则的和系统的，它被认为是对政治和政府以正式宪法机构为中心的传统观点的纠正(Marinetto，2003，pp.598—599)。有人认为，没有一个单一的政治中心可以合法地声称代表公众和公共利益、发布命令，并期望得到遵守，试图指挥很可能会导致合作的退出、不合规和信任的丧失，而行政管理的一个决定性活动就是建立支持和调动资源。民众选举和多数政府不是合法性的唯一来源，需求和支持不仅仅通过代议制民主制度来传递，公民身份也不仅仅涉及投票。由于"当前选举制度所赋予的民主问责假象"(Brereton and Temple，1999，p.466)，需要一种新的制度化道德愿景，将私人和公共道德原则及标准结合起来。

有人认为，公共行政从来不是为了最大限度地提高服务效率、客户友好度和灵活性而设计的，这些标准都是无关紧要的衡量标准(Peters and Pierre，2003a，p.6)。然而，罗伯特·冯·莫尔的观察还是有意义的。公共行政可能会根据社会上的声音团体所认为的重要问题来进行评估，无论关心的是培育民主和法治，确保经济增长和竞争力，抗击通货膨胀、预算赤字和债务，提供社会公平、正义，减少贫困、不平等、文盲和儿童死亡率；还是其他各种价值观、规范、兴趣和目标，都是如此。

因此，要理解当代公共行政，就需要理解其运作中的制度、参与者、规则、价值观、原则、目标、利益、信仰、权力和分歧的复杂生态。行政管理很少有明确和稳定的成败标准，政治家、法官、专家、有组织的团体、大众媒体和公民个人可能都持有不同的、不断变化的、不连贯的、稳定的"善政"概念，他们可能希望政府为各种不断变化的、不一定一致的原则、目标和利益服务，每一个担忧都是合法性和批评的可能来源。随着关注点的变化，良好管理和良好管理者的概念也发生了变化(Jacobsen，1960；Kaufman，1956；Olsen，2004a)。

然而，在西方民主国家，公民对政府机构的信心是一项核心标准，面临的挑战在于如何发展能够在不断变化的环境压力下生存和繁荣的机构和行动者，同时保持对民主价值至上的承诺(March and Olsen，1995，p.192)。那么，公共行政的(去)官僚化会带来什么影响呢？

官僚制的影响

一个理想的官僚组织被认为有助于统一和协调、精确和快速、可预测、服从和忠诚、公正、减少摩擦以及物质和个人成本、档案知识和制度化记忆，以及政府更迭中的连续性。然而，对组织设计和重组的热情与缺乏关于组织影响的系统知识之间存在明显的差异，尽管进行了几十年的评价，但人们对不同形式在不同情况下可能产生的后果了解不多（Wollmann，2001）。虽然有文献表明，公共行政的正式组织方式很重要，而且行政人员受到他们所处的规则和结构设置的影响，但迄今为止，阐释组织结构和行政行为之间关系的前沿评论并不多（Egeberg，2003，p.120）。

这种关系的性质存在争议。正式结构可能是高度重要的，但也可能是一个门面或空壳，被非正式结构和外部资源所淹没（Bendix，1962，p.488），组织结构不是唯一起作用的因素，行政组织可以提供一个框架，而不是一个决定行政思维、行为和结果的"铁笼"。正式的组织结构图和程序手册具有可变的解释力，操纵正式的组织可以是一种或多或少精确的工具，在不同背景下给出不同结果（Aucoin，1997，p.305；Blau and Meyer，1971）。

可能没有人觉得有必要审查关于行政改革后果的假设，因为许多改革是由强烈的意识形态信念，甚至是对经济和社会中公共行政的理想组织和作用的教条主义信念所推动的。然而，也很难确定组织结构的确切影响，薄弱的事实基础为强烈的意识形态信念留下了空间。由于关注官僚组织的负面影响是司空见惯的，而且主要的抱怨是众所周知的，因此这里将注意力转向官僚组织的一些潜在积极影响。

例如，考虑一下规则的影响。将人的行为置于宪法规则之下被描述为民主化和文明进程的一部分（Berman，1983；Elias，1982），规则倾向于提高行动能力和效率（March and Olsen，1989），它们使协调许多同时进行的活动成为可能，使其相互一致并减少不确定性，例如，通过选举和预算周期创造可预测的时间节奏（Sverdrup，2000）。规则将谈判限制在可理解的范围内，它们强制执行协议并有助于避免破坏性冲突。

规则提供了有助于解释模糊世界的意义代码。它们体现了集体和个人的角色、身份、权利、义务、利益、价值观、世界观和记忆，从而限制了注意力分配、评估标准、优先事项、认知和资源（March and Olsen，forthcoming）。此外，规则并不一定意味着僵化和不灵活（March，Schultz and Zhou，2000），它可以指导改变，并且允许行为灵活性，例如，在欧盟，由于其对法律一体化和正式规则的高度重视,注意力、行为和资源分配的模式已经在相当稳定的结构框架内发生了变化(Olsen,2003a)。

官僚制也与重要的经济、社会和政治准则呈正相关关系。例如,以功绩为基础的官僚机构促进了发展中国家的经济增长(Evans and Rauch,1999),并有助于减少贫困(Henderson et al.,2003)。[12]官僚制与低腐败有关,部分原因是较长的时间跨度使腐败不太可能迅速得到回报(Evans and Rauch,1999,p.757;Kaufmann,Kraay and Mastruzzi,2004)。一般规则和福利服务在以公正和廉洁的方式实施而不是旨在为特定群体或利益服务的定制解决方案时,就会在政府机构和公民之间建立信任(Rothstein,2003)。

此外,官僚规则有助于民主平等,因为它们(相对而言)对其服务的公民的财富和其他资源视而不见。相比之下,市场"效率"是指在给定初始资源的情况下,安排双方均可接受的交易的效率;网络的民主质量取决于其对具有不同价值观、兴趣、资源和能力的群体的可及性。[13]当前对官僚机构作为目前合法选举政府的工具的强调,使得人们同情那些破坏腓特烈大帝、俄国沙皇或希特勒意图并使他们的改革脱轨的官僚机构(Brecht,1937),但对批评或反对民主选举政府改革的官僚机构却缺乏理解。然而,官僚自治是一项植根于民主和分权原则的组织原则。在许多国家,公共行政的持续去专业化和政治化,更加强调政治归属、忠诚和对现任政府的承诺,行政部门在为未来政府和整个社会服务的能力方面付出了代价(Suleiman,2003)。

然而,规则带来的好处可能是喜忧参半的。规则在一定程度上可能有积极影响,然后,随着规则的增多也会产生消极影响(Evans and Rauch,1999)。在某些情况下,遵循详细严格的规则可能会使政策制定、实施和执行更加有效,但一个运行良好的系统也可能需要允许自由裁量权和灵活性的规则。因此,规则的短期后果和长期后果可能不同,例如,标准操作程序可能会提高短期效率,但同时也会降低长期适应性,规则可能使公开辩论成为义务性的,但遵循规则也可能妨碍推理和对话(March and Olsen,forthcoming)。规则在不同程度上是精确的、一致的、强制性的和具有法律约束力的,它们或多或少地明确规定了不同场合和情况下的适当行为,对于规则的权威解释者是谁,也或多或少有规定的例外情况和不同的协议。官僚机构可能或多或少是"自治的"或"工具的",在不同程度上免于政治政府和行政领导的影响(Knill,1999)。

那么,了解规则的要求和共同利益是有问题的。命令和规则不总是被遵守,公共政策的内容被行政机构修改(Merton et al.,1952),这一事实可能反映了行政的复杂性,而不是官僚权力。例如,考夫曼(Kaufman)观察到:

> 一条简单的命令或一条新法令有时收效甚微,因为现有法律和实践的主体如此庞大,权利、特权和义务的规定如此牢固,政府官员和雇员不可能在不侵犯他人和不侵犯许多人的合法利益的情况下对最新的指示作出反应。官僚们可能对新指令反应迟缓,不是因为他们故意不服从或阻挠,而是因为他们无法忽视之前的指令,而新指令的起草者对此一无所知。一个严格履行职责的官僚机构可能出于这个很好的理由,在一些观察人士看来显得武断和专横。因此,对整个相关法律体系的认真关注使公务员在某些人看来像恶棍。(1981,p.7)

规则和适当性逻辑对行政行为的指导程度取决于其他行为逻辑的竞争,如结果性逻辑和效用最大化逻辑。虽然规则的问题经常暴露出来,但也很难制定精确的、一致的和稳定的目标,而且目标和规则都可能妨碍行为。例如,在目标驱动的系统中,人们倾向于将注意力集中在绩效衡量上,而不是绩效本身(March and Olsen,1995,p.159)。即使在某一目标上有效率提高,单一目的机构也不可能是灵丹妙药,行为体系也可能将其成本外部化,从而损害公众利益,也不能指望市场机制的"无形的手"可靠地补偿这种外部性,而且这可能会丧失政治问责和控制(Christensen and Lægreid,2004;Wollmann,forthcoming)。社会团体和单一目的机构之间的强大纵向联系也使政府内部的有效协调和横向联系变得困难(Peters,1998,p.302)。因此,管理者经常面对规则的清晰性、一致性、(自我)利益和偏好的变化,并给予或多或少的明确行为指导(Egeberg,1995,2003)。一种假设是,一种行为逻辑的相对规定性清晰度将决定哪一种逻辑将主导其他逻辑。[14]

规则的效果还取决于规则是内部化的还是代表外部激励和约束。虽然一些人认为良好的管理仅仅是一个正确的组织激励问题,但另一些人认为,管理者的属性以及结构、规则和资源会产生影响。在公共行政中,存在通过操纵激励结构和个人成本效益计算来控制行为的信任循环,以及对内部规范责任和愿意按照适当规则行事的精神的信任循环。从历史上看,两者相互作用,它们的相对重要性随着时间的推移而变化,在不同的机构背景下也有所不同 (deLeon, 2003)。

一方面,韦伯对官僚们感到遗憾,他们被认为是官僚制的常规选择和形成结果(Gerth and Wright Mills, 1970, p.50),而官僚制的方法和它所传播的道德氛围通常被认为会阻碍主动性(Merton, 1952),并对创造性思维产生负面影响 (Schumpeter, 1996, p.207)。然而,韦伯也强调了管理者被社会化为一种遵循规则的风气是多么重要,也就是说,这些规则是由内化的模范行为准则来指导的,这些准则包括正确与错误、真实与错误、合法与非法,并作为一种制度纳入官僚机构中(March and Olsen, 1989, forthcoming)。因此,规则的效果与官僚机构如何解决"保持品格和判断的长期问题"有关,即保持道德反思的能力,给出充分的理由,区分合法和不合法的要求,以及"即使在没有人注意的情况下,也确保采取负责任的行动"(Jos and Thompkins, 2004, p.256, 276)。

脱钩问题

监督规则和程序是否得到遵守相对容易,但将因果效应归因于特定的组织属性或行为体则比较困难,特别是在多层次和多中心系统中。当"好的行政管理"由几个相互竞争的标准来定义,而绩效取决于公共行政的组织以及人员的素质、取向和能力时,就会出现脱钩问题。并且由于行政管理的成功还取决于基于不同原则,拥有不同文化、资源、历史和动态的几个行为体和机构的表现,以及官员和公民能够且愿意调动与任务和目标相匹配的资源的程度,并赋予行政部门应用其专业知识的自主权,这个问题会进一步扩大。

因此,具体说明官僚化和去官僚化的影响是一项艰巨的挑战,理想类型的官僚制对这项任务的价值是值得怀疑的。它的结构特征在实践中不一定同时出现(Hall, 1963),有人认为每个维度都可以被视为一个变量(Friedrich, 1952)。然而,研究者通常不会试图把官僚结构的所有相关特征都包括在内。[15]如何对后官僚行政的组织进行被最佳描述和分类,以及去官僚化的可能影响是什么,这些都不清晰。市场组织和网络组织以多种形式和混合形式出现 (Thompson, 2003; Thompson et al., 1991),有准市场和准网络,也有准层次结构(Exworthy,Powell and Mohan,1999),"重要的是混合"(Davis and Rhodes,2000；Rhodes,1997a)。

从民主的角度来看,有充分理由重新考虑官僚制可能产生的积极影响,并将其作为对其扭曲的众所周知的故事的补充。低度官僚化的说法与过度官僚化的批评一样重要,对公共行政的评估需要明确所使用的规范性标准,而不是将行政(重组)组织简化为涉及有效实现预定目标的技术问题。那么,如果官僚制在某种程度上、某种条件下是可取的,那么它是否也是可行的呢？还是像恐龙一样,注定要消失？

官僚制的可行性

最近的改革家诊断或预言中央组织和受规则约束的公共行政必然会消亡,韦伯则相反,他认为官僚制将是现代社会的主要组织形式[16]。然而,这涉及几条思路。韦伯认为官僚组织的发展是人类组织与合作合理化的长期历史发展的必然产物,但他否认历史遵循一般的发展规律以及历史可以用"单线"进化或"周期"来构建(Gerth and Mills,1970,p.51)。他认为官僚结构是可塑的——它是一种合理设计的工具,为了提高实现外部确定目标的能力而有意进行结构和重组。然而,当官僚机构充分发展时,它是不可或缺的、强大的,即使面对社会的剧烈变化也难以控制或摧毁[17]。尽管如此,官僚机构的控制将会发生变化,对其合法性的信念将通过人类的商议、推理和政治斗争而得到修正。总之,官僚化的动态是由多种力量造成的,Weber(1978,p.1002)想知道官僚组织的发展在多大程度上受制于政治、经济和其他外部决定因素,或者受制于其技术结构中固有的"自主"逻辑。

改革者倾向于将变革视为主要价值,但挑战是双重的:第一,要澄清行政组织与实践、心态、文化和行为准则有多大的可塑性,以及在什么条件下可以有意地设计和改革行政形式;第二,平衡稳定性和灵活性。民主国家重视秩序、连续性、可预见性以及灵活性和变化,通常会试图在保持政府基本规则稳定的愿望和使规则适应新经验的愿望之间取得平衡。民主制度创造了某种程度的秩序,产生了僵化和不灵活的因素。然而,它们的安排既加快了从经验中学习的速度,也减慢了对不断变化的环境的适应。

在这里,行政改革的目的是在相当稳定的体制和规范框架内改进对实际问题的解决方案,而改革的目的是改变这种框架。重点是后者,一个机构的外部关系——它与社会的契约——处于危险之中(Eisenstadt, 1959;Peters, 1999),因为从一种制度原型到另一种制度模式的转变需要去制度化,然后再重新制度化(Eisenstadt, 1959;Peters, 1999)。这就导致一个机构的使命、组织、运作、道德基础、思维方式和资源的合法性受到质疑,可能的结果是机构结构及其相关规范和因果信仰体系的衰落和兴起。关键问题是宪法性质的:什么样的公共行政和什么样的社会需要什么样的政府? 什么是核心机构和辅助机构? 如何实现首选的解决方案?

历史必然性?

新公共管理改革者宣称,等级森严、循规蹈矩的管理时代已经结束。通常,语言是非政治性的,行政发展是命运而非选择。在全球或至少在经济合作与发展组织(OECD)成员之间,朝着更先进的行政管理和行政形式趋同的方向出现了"明显的转变"(Osborne and Gaebler, 1992)。[18]

市场狂热者受到新古典主义经济理论的启发,广泛认为公共行政必须适应全球化经济,向市场和管理的范式转变(World Bank, 1991, p.38)。虽然网络爱好者强调政府和社会之间的横向联系和权力共享,呼吁人们注意通过政治进程改变现有权力平衡(Kettl, 1996, p.16),但环境"必然性"的元素也存在。例如,网络组织被解释为现代性功能分化的逻辑结果(Mayntz, 1997)、社会中不断变化的权力关系的反映(Kettl, 1996),以及"社会行动者对政治权威的重新征服"(Andersen and Burns, 1996, p.228)。多中心网络数量的增加和重要性的增加会导致中央权威和政治指导的丧失,民选官员和行政领导人有意设计和改革公共行政的能力有限。[19]

市场组织、网络组织和官僚机构的整体愿景都有一个众所周知的变革概念:现有机构和组织之所以能生存下去,是因为它们运作良好,提供了比替代方案更好的解决方案(Goodin, 1996;Stinchcombe, 2001)。每一种愿景都假定,组织公共行政的一套单一、无关上下文的原则在功能和规范上都是优越的,随着时间的推移,高级形式取代了其他形式。它的传播不依赖于一个地区或国家所特有的特征,导致在单一组织模式上的趋同。

必然性和趋同假说并没有得到实证观察的支持。虽然全球化正在对世界各地的行政制度施加压力,但它们并没有形成趋同和共同模式(Welch and Wong,2001),欧盟的内部市场、共同立法和管理者之间的激烈互动也没有产生结构性趋同(Olsen,2003a),各成员国继续在国内和布鲁塞尔以不同的方式组织其行政机构(Kassim,Peters and Wright,2000;Kassim et al.,2001)。

欧盟也说明了市场建设和网络建设并不排斥官僚组织,欧盟在很大程度上是建立在法律一体化和规则基础上的,市场和网络的加强产生了更多而不是更少的规则。欧盟对宪法秩序的寻求、宪法条约的撰写以及对人权的重视进一步强化了这一趋势,在世界政治中也可以看到规则和制度的趋势(Goldstein et al.,2000)。总的来说,在全球范围内出现了规则爆炸(Ahrne and Brunsson,2004)、权利革命(Sunstein,1990)和司法权的扩张(Tate and Vallinder,1995),而对医生和教师等职业未能有效地接受公共问责的认定,导致了审计爆炸和新规则(Power,1994)。私人和公共部门的丑闻——从美国安然(Enron)事件到欧盟桑特委员会(Santer Commission)的垮台,也引发了对法律和道德规则以及责任精神的要求。

可以说,增加多样性可能有助于寻求规则。在异质政体中,治理很少能假定一个拥有共同目标的共同体,这样的政体充其量只能发展和维持一个由共同制度、原则、规则和程序组成的共同体,使其能够在没有过度暴力的情况下统治一个分裂的社会(March and Olsen,1995)。如果没有一致、明确、稳定的目标,并且目标和手段关系不确定,行政组织就会成为一个有问题的政策工具,道义上的担忧可能会变得更加重要。公民可能不接受中央的自由裁量权和权力,但他们可能需要共同的规则。他们不仅可以发展使参与行政程序成为可能的制度,而且还可以发展使参与行政程序成为不必要的制度,因为它们在政治上平等对待公民,并以可预见的方式廉洁地工作(Olsen,2003b)。

因此,最近的改革者提出的对公共行政的普遍诊断和处方实际上是局部的、受时间和空间限制的解释,每一种观点都突出了民主政治中公共行政系统的特定组成部分,反映了特定时期的发展,或与特定的改革意识形态有关。一个秩序、时期或改革意识形态中的制度中心是其他秩序、时期和意识形态中的辅助制度（Olsen，2004a）。与其说是一种范式转变和全球性趋同，不如说是对一种对制度身份和制度平衡的开放式的重新审视和争论。

民主学习？

对公共行政和政府的批评是民主动力的一部分。民主的愿景是，当官僚制的直接经验无法与民主价值观相协调时，官僚制就成为一个政治问题，官僚制也就失去了合法性（March and Olsen，1995，p.192）。在某种程度上，最近的改革表明了这种模式。改革计划是重新审视民主宪法理想的一部分，它们试图改变机构间关系，重新平衡国家、市场和社会的角色，以及不同职业、有组织的利益集团和公民的角色。

20世纪80年代，官僚制对新右翼的抨击和新自由主义的行政改革给公共部门贴上问题的标签，而不是解决方案（Savoie，1994）。"重塑政府"运动是一种反应，它在一定程度上提出政府角色的另一种愿景，以及官僚制和市场之间的第三条道路。它提出"更好的政府"而不是"更少的政府"，国家支持社会和市场，而不是"引导"社会（Centro Lationoamericano de Administracion Para el Desarrollo Scientific Council，1999；Rhodes，forthcoming）。政治和组织因素在这一过程中至关重要，例如，"重塑政府"运动在华盛顿特区的政治圈中获得了优势，并通过由美国主导的全球化管理咨询公司网络传播开来（Saint-Martin，2001）。

因此，要理解行政变革，就需要考察改革是如何从国家政治框架之外借鉴或实施的，OECD、国际货币基金组织（IMF）和世界银行（World Bank）等国际组织在传播行政改革理念方面发挥了重要作用。正如Nef(2003)所观察到的，外来诱导或协助的行政改革对于新独立国家和发展中国家来说并不是什么新鲜事。从欧洲和北美移植而来的行政形式，以及它们对理性、效能和客观的看法，一直是"模仿现代性"的衡量标尺。在官僚模式的霸权地位之后，新自由主义意识形态激发了改革（Nef，2003）。

强加给发展中国家的改革往往以危机为理由，但当这些问题不存在时，也会使用标准处方。例如，在最近的一份报告中，OECD(2003)指出，挪威的经济和社会与OECD其他成员相比非常强大，然而，激进的公共部门改革的论点被认为是令人信服的,"迫切需要更多地依赖市场和更大的竞争"。必须减少国有所有制,使工资结算制度更加灵活。由于改革过于谨慎,我们需要打破挪威基于共识的渐进主义改革风格,即使这种决策传统可能会受到压力。如果没有对所涉及的规范方面或该制度适应不断变化的国家和国际环境的历史能力进行任何明确分析,社会和平就会面临危险。

挪威的例子支持那些质疑国际组织在多大程度上能够从过去的成功和失败中吸取教训的人。[20]然而,自20世纪90年代初以来,对普遍[新公共管理(NPM)]治疗的热情和全球行政趋同的制度化压力已经减弱。人们发现,经过几十年的改革,对公共行政的抱怨并没有消失,一个好的公共行政不再是一个极简主义的公共行政,国家可以在保护产权和执行合同之外发挥作用。强调有必要深入了解个别国家的具体情况,很少有在所有情况下都正确的答案,也没有放之四海而皆准的良方,行政改革必须与每个政治制度的需要、传统和资源仔细匹配(World Bank, 1997, 2000; OECD, 1997, 2002)。

在对NPM原则产生一些热情之后,在欧洲前社会主义国家,行政背景的重要性也被重新发现。现在得出的结论是,每个国家都必须认识到自己的潜力,找到自己的方式,而不是照搬西方的商业方法和NPM原则进行改革。采用盎格鲁-撒克逊方法和文化可能会产生"有害的"和"灾难性的"后果,尤其是在严格的预算限制和短期内进行改革的情况下。部分建议是"回归基本",也就是韦伯式的官僚机构(Fournier, 1998, p.129, 135; Hesse, 1998, p.176; Metcalfe, 1998, p.61),此外,有人建议在欧洲建立一个现代化的新韦伯国家,作为一个欧洲大陆国家和斯堪的纳维亚国家,以替代盎格鲁-撒克逊式NPM(Bouckaert, 2004; Pollitt and Bouckaert, 2004)。

在韦伯的观点中,生存能力问题超出了规则和结构的变化。它需要深入了解行政身份和角色意识的学习、丧失和重新定义的过程,以及管理者可能发展和内化民主、宪法和专业规范的条件。[21]对民主政府来说,改变正式的行政结构比改变影响人们是否自愿接受有约束力的权威和遵守行为规则的道德结构和心态更合理。道德问题是,我们需要哪种或哪种类型的管理者(Dahl and Lindblom, 1953, p.523)——遵循规则的人、竞争的人,还是合作的人——以及需要什么样的技能? 其中的实证问题是,在多大程度上管理者是可塑的,行政机构是一个学习场所。在那里,有公民意识的、有公益精神的身份可能在多大程度上得到发展?如何以及通过什么程序和制度,将个人转变为具有自律、公正和正直精神的官员和规则的追随者;是自利、效用最大化的行动者,还是面向其所参与的策略网络的合作型行政人员?如今,这些问题都没有确切的答案。

超越单一原则

官僚组织、市场组织和网络组织通常被描述为替代方案,分别基于等级权威、竞争和合作,从分析的角度来看,这些是实现理性、责任和控制的不同机制;调动资源和遵守规定;组织来自社会的反馈。然而,在现代多元社会中,成功的标准各不相同,对因果关系的理解也各不相同,因此公共行政不可能仅根据一项原则来组织。一个行政机构要同时处理相互矛盾的需求和标准,平衡系统协调,并在组织上(Olsen,2004b)和技术上(Peristeras,Tsekos and Tarabanis,2003)使多样性合理化,可能需要比单一原则所能提供的更为复杂的事物。

一种可能是将政治和社会视为由相互依赖但部分自主的思想和行动的制度领域组成。在一套共同的社会价值观和道德观中,现代性涉及具有不同组织模式、规范和价值观、角色、词汇、资源和动态的领域之间的广泛差异,官僚机构的制度化是这种大规模制度差异的一部分(Eisenstadt,1959;Weber,1978,p.489)。政治-行政系统可以被分解为部分补充和部分竞争的行政形式和治理机制,包括等级制度、投票制度、价格制度和竞争市场以及合作网络(Dahl and Lindblom,1953)。在一段时期内,不同的制度处于平衡状态,然而,制度之间存在紧张关系,韦伯认为,历史动态可以从官僚程序化和魅力型政治领导之间的紧张关系来理解。在不同时期,经济、政治、有组织的宗教、科学等,都可以领导或被领导,一个不能完全退化为另一个,在历史变革时刻,机构之间也可能出现直接竞争(Gerth and Wright Mills,1970,p.335)。

当代政治-行政秩序经常面临制度失衡和冲突,各机构之间的相互关系不断变化,其基本规范之间的紧张关系是变化的重要来源(Orren and Skowronek,1994)。制度帝国主义可能会入侵并企图实现对其他制度领域实现意识形态的霸权和控制,进而威胁到摧毁其他制度领域的独特之处。然而,对于外来规范的入侵,也有制度上的防御。通常情况下,一个受到严重攻击的机构会重新审视它与社会的契约,它的原理、特性和基础,以及它的精神、行为准则、主要效忠和忠诚(Merton, 1973)。同样,可能会有公众辩论,讨论不同的机构应该为社会做些什么,如何证明每个机构的合理性并让它们承担责任,以及政府应该与不同类型的机构保持什么样的关系。

最近,公共行政部门一直在进行这样的重新审视,现代社会的核心机构也在重新平衡。然而,现有的观察结果并不支持这样的预测,即行政部门趋于单一形式,官僚组织是无法生存的,它正在消失,因为它被市场和网络形式的行政组织所击败。相反,在日益多样化的社会中,官僚组织可能会变得更加重要,因为它是根据若干相互竞争的原则组织起来的公共行政的一部分。

改革议程激活了韦伯的问题:行政形式的可行性如何取决于大规模的社会转型和环境决定论,政府通过制度设计和改革进行治理的能力,以及内部官僚自治和适应不断变化的环境的常规能力。与其说是线性趋势,不如说是矛盾的发展、周期、逆转、崩溃和转变。如果是这样,公共行政专业的学生就有机会探索不同形式的合法性和重要性的变化、它们之间不断变化的关系和相互作用,以及每种形式的重要性可能下降或上升的条件。一个普遍的教训似乎是,启蒙运动激发的以进步为名的行政设计、学习和改革的民主信念受到了人类理性理解和控制能力的限制,使改革者成为制度园丁而非制度工程师(March and Olsen, 1983;Olsen, 2000)。

重新发现官僚制的原因

那么,为什么要为官僚制、官僚们、官僚化和官僚制理论而烦恼呢?一个原因是,"恐龙"方案强调官僚机构的不可取性和不可容忍性,以及向市场或网络组织的不可避免和不可逆转的范式转变,是错误的或不充分的。官僚组织及其所包含的成功标准仍然存在,即使是在与其他嵌入竞争成功标准的机构竞争的情况下,官僚机构仍是民主的构成原则和程序合理性的制度监护人。官僚机构还作为立法者和代议制民主的工具发挥作用,并与当代西方民主国家所重视的实质性成果成正相关关系,有些人比另一些人更重视这些成果。社会诸多领域的法治化、人权的发展、多样性的增加、缺乏共同的压倒一切的目标以及对公共问责的重新要求,可能进一步促使人们对行政和治理的法律-官僚方面越来越感兴趣。

那么,重新发现官僚制意味着什么呢?这个论点并不是说官僚组织是一种"万能药",是公共行政所有挑战的答案。公共行政面临不同的挑战,掌握不同的资源,植根于不同的政治和行政传统。因此,官僚制并不是适用于所有类型任务和所有情况的组织公共行政的方式。官僚组织是当代西方国家共存的重叠、补充和竞争形式的一部分,市场组织和网络组织也是如此。

尽管简单的诊断和处方常常"赢得"有关行政组织的政治修辞之争,韦伯却否认简单的答案。公共行政理论必须承认行政组织、行为者和变革的复杂性,一个人应该努力发现经验的规律和发展概括,以及解释具体的案例,但也要认识到概括的局限性。由于行政理论和实践与特定国家和地区的历史及文化密切相关,而且"好行政"和"好政府"的定义取决于对目的、宗旨和价值的具体定义,如果做不到深刻了解影响行政的各种政治、社会、文化和经济特征,就不可能对公共行政作出真正普遍的概括。[22]

行政理论必须考虑到当代实践者在法律适用、专家咨询、服务提供、支持建设、资源动员等方面的参与。管理人员是规则驱动的官僚,也是计算预期效用的管理者。他们是解决问题的仆人,也是强大的主人,行政安排有时是表面现象,有时是有效的组织工具,用于执行民选领导人或机构的政策,其精神和程序理性可以缓和对权力的自利追求。公共行政是在权威、竞争与合作的基础上组织起来的,几种组织形式共存,但混合形式会随着时间的推移而变化,不同的组织模式在面对相似的任务和环境时表现良好。行政部门将人民视为臣民、具有公民意识的公民、客户和自利的顾客,在不同情况下对政府期望的东西不同,能够并愿意为行政部门提供不同的资源。行政发展涉及变化和连续性、趋同和分歧,以及各种不一定协调的进程。行政设计和重组的政治既包括对组织形式的讨论和斗争,也包括对象征、合法性以及公共行政的精神和身份的讨论和抗争。

对于倾向于跟进韦伯研究项目的公共行政专业的学生来说,一个理论挑战是协调行动逻辑,并将其纳入一个单一的框架,从而更好地理解行政人员将被激励并能够遵守政治命令、遵守组织或职业行为准则,或者以利己的方式行事,或者作为特定原因或群体的代言人。另一个挑战是对将组织结构转化为行为和后果的过程产生更好的洞察力,这些因素加强或削弱了组织结构与管理心态、行为和绩效之间的关系,并根据民主标准确定不同组织形式良好运作的条件。同样,也有必要探讨各种进程如何将人的行动转化为体制结构及其道德基础以及行政人员的变化。

重新发现韦伯对官僚组织的分析,丰富了我们对这些问题和一般公共行政的理解。这个论点并不是说韦伯总是提供权威的答案。关于公共行政接近理想官僚机构的机制,官僚组织产生、发展和衰落的原因,以及这些变化的影响,我们还有很多东西需要学习。然而,韦伯唤起了人们对重要问题和困境的关注,并提供了令人振奋的思路。当我们(1)将官僚制作为一种制度而不仅仅是一种工具时,(2)将实证研究放在其所处的时代和背景下而不仅仅是韦伯的理想类型和预测中加以审视时,(3)考虑到官僚制是政治和规范秩序的一部分,而不仅仅是"办公室"的内部特征时,这一点尤其正确。

注　释

① 我并不认为这一观点是独创的。Lynn(2001)批评了"官僚范式"在文献中的描述方式。官僚制被认为是存在的,因为它对良好的行政管理是必不可少的,因为代议制民主需要使用等级制度,需要官僚制精神(Aucoin,1997;Dahl and Lindblom,1953,p.511;du Gay,2000;Goodsell,1983;Meier,1997;Peters and Pierre,2003b)。也有人认为,许多改革建议是"公共管理从一开始就存在思想的重新包装"(Hood,1996,p.268),"新"方法经常重复旧思想(Kettl,1993,p.408)。特别是,将私营企业管理作为公共部门的典范模式的传播并不新鲜(Waldo,1948)。此外,Rhodes(1994;另见Davis and Rhodes,2000)十年前预测官僚制的回归,Peters(1999,pp.104—105)认为韦伯的作为比较目的的工具的组织原型可能会回归。基于比较分析,Suleiman(2003)为官僚制提供了强有力的辩护,Pollitt 和 Bouckaert(2004,p.63)分享了这篇文章的精神,他们写道:"单一的、现在完全过时的、古老的再建制度的想法,就像现在有一个可靠的全球配方可以'重塑'政府的建议一样令人难以置信。"

② Weber(1978)，以及 Albrow(1970)、Bendix(1962)、Brunsson 和 Olsen (1998)、Eisenstadt(1958，1959，1965)、Gerth 和 Wright Mills(1970)、Lepsius(2003)、Merton 等(1952)、Stammer(1972)，讨论的范围仅限于公共行政，即使韦伯把大型现代资本主义企业视为"严格官僚组织的无与伦比的典范"(1978，p.974)，而官僚体系则是大众民主和资本主义经济的制度支柱。此外，重点是中央政府的官僚机构，而不是地方官僚机构。

③ "理论"一词在这里用得比较轻松。五十多年前有人声称，"现在引用'官僚制理论'还为时过早，就好像存在一个单一的、明确的概念方案足以理解这种组织形式一样"(Merton et al. 1952，p.17)，这一主张现在仍然成立(Peters and Pierre，2003b)。

④ 对于 Weber(1978，1380)来说，"制度"指的是与正式组织(Verband)相对的强制性协会(Anstalten)，其中两个关键的例子是国家和教会。制度视角假设行为者寻求履行包含在角色或身份中的义务，这些义务植根于政治社区或团体的成员身份及其制度的精神和实践。规则被视为自然的、正当的、可预期的和合法的，所以他们被遵守(March and Olsen，1989)，而合法性取决于事情是如何完成的，而不仅仅是实质性表现(Merton，1938)。因为制度是一种组织安排，其价值超出了其工具效用，它们形成了一种不鼓励任意改变的特征，并通过合作来吸收批评和抗议(Selznick，1949，1957)。新的经验可能导致制度的变化，但制度主义者并不致力于历史效率的信仰，即对功能和规范环境的快速且无成本的适应，或有意的政治改革尝试，因此也不相信所观察到的结构和规则的功能或道德必要性(March and Olsen，1989，1995，1998)。

⑤ 韦伯写道："人们必须关注所有这些组织原则的流动性和重叠性。毕竟，它们的'纯粹'类型只能被看作具有特殊的和不可缺少的分析价值的边缘案例，并且是几乎总以混合形式出现的历史现实的托词。"(Weber，1978，p.1002)

⑥ 韦伯观察到，"作为一个永久性结构的官僚制与持续收入的可获得性这一前提紧密相连"，而"官僚结构与物质管理手段集中在雇主手中且齐头并进"(Weber，1978，p.968，980)。

⑦ 韦伯指出："问题始终在于谁控制着现有的官僚机构。而且这种控制只能在非常有限的程度上对非技术专家的人进行"(Weber，1978，p.224)。根据Weber(1978，p.991)的观点，在政治领导和官僚化之间存在一种持久的斗争，政治"主宰者"在面对受过训练的官员时，总是发现自己处于一个外行面对专家的位置。

⑧ 韦伯写道："政治行动的最终结果往往，甚至不是有规律地，与其最初的意义

完全不相称,甚至常常是自相矛盾的"(Weber, 1970, p.117)。

⑨ 根据韦伯的说法,"充分发展的官僚机构与其他组织的比较,就像机器与非机械生产方式的比较一样"。精确、迅速、了解档案、连续性、谨慎、统一、严格服从、减少摩擦、物质和个人成本——这些在严格的官僚管理中,特别是在其单一形式中,被提升到最佳程度(Weber, 1978, p.973)。

⑩ 例如,OECD 的一份报告《更好地为经济服务》(1991 年),另一份报告则概述了主要的改革重点:"更加注重结果和增加资金的价值,下放权力和增强灵活性,加强问责制和控制,以客户和服务为导向,加强制定战略和政策的能力,引入竞争和其他市场因素,并改变与其他各级政府的关系"(OECD, 1995, p.25)。在 NPM 的视角下,变化源于对环境的有效适应或竞争性选择。优越的组织形式被认为出现在以多样性、重叠单位和竞争为特征的系统中。有趣的是,NPM 的很大一部分还假设层次结构是可能的,参与者可以分为主体和代理。

⑪ Frederickson(1999),Kickert、Klijn 和 Koppenjan(1999),Kickert 和 Stillman(1999),Kickert 和 van Vught(1995),Koppenjan 和 Klijn(2004),O'Toole(1997a, 1997b),Peters 和 Pierre(2000),Powell(1990),Rhodes(1997a, 1997b)。研究网络的学生通常会看到市场和网络之间的紧张关系,例如,竞争往往会破坏基于信任的网络。最近的评论,见 Rhodes(forthcoming)。

⑫ Evans 和 Rauch 在 1970—1990 年研究了 35 个发展中国家。亨德森(Henderson)等人使用 Evans-Rauch 数据集对 29 个发展中国家和中等收入国家进行了同一时期的研究。

⑬ 等级权威、市场竞争和合作网络提供了不同的问责机制(Goodin, 2003)。这三者都依赖于规则,但依赖的规则种类和方式不同。

⑭ 关于其他可能性,请参见 March 和 Olsen(1998, forthcoming)。

⑮ 例如,Evans 和 Rauch (1999)根据行政机构采用精英招聘和提供可预测的长期职业生涯的程度创建了"韦伯量表"。他们注意到,其他人强调了其他特征,对官僚"理想形式"的所有特征进行全面评价超出了他们的能力和现有数据。

⑯ 韦伯写道:"在所有领域中,现代组织形式的发展与官僚行政的发展和持续传播是完全一致的。教会、国家、军队、政党、经济企业、利益集团、捐赠基金会、俱乐部和许多其他组织都是如此,在行政管理领域,我们只能在'官僚体制化'和'外行化'之间作出选择"(Weber, 1978, p.223)。

⑰ 韦伯还指出,"官僚制一旦得到充分发展,就成为最难摧毁的社会结构之一。……在行政管理完全官僚化的地方,由此产生的统治体系实际上是坚不可摧的"(Weber, 1978, p.987)。

⑱ 盎格鲁-撒克逊版本的 NMP 存在差异，欧洲大陆版本的 NMP 也存在差异，罗德·罗兹（Rod Rhodes）提醒我，前者中存在反本土例外论（另请参阅 Christensen and Lægreid, 2001；Olsen and Peters, 1996；Pollitt, 2003）

⑲ 见注释⑪。然而，随着时间的比较不能假设过去所有的权威和权力都集中在一个中心作为基准（Pollitt, 2003）。政治中心的角色一直不稳定，赢得民主选举（Rokkan, 1966）和占据行政职位后的权威和权力也有所不同。

⑳ 例如，"IMF 是相当教条和意识形态导向的。它从不赞美或向那些与它的理论相悖的国家学习，无论这些国家在经济上多么成功"（Vaknin, 2003, p.8）。

㉑ 并不是所有的公共行政方法都承认，制度通过发展和传播特定认知和规范信仰，以及发展共同身份和归属感，为塑造行为者提供了一个框架。许多理性选择方法都认为人性是不变的和普遍的。所有个人都是效用最大化者，无论他们在何种制度背景下行动。

㉒ Arellano 和 Castillo（2004）、Dahl（1947）、March（1997）、Olsen（2001, 2003a, 2004a）、Olsen 和 Peters（1996）、Wollmann（forthcoming）。

参考文献

Ahrne, G., and N. Brunsson, eds. 2004. *Regelexplosionen*. Stockholm: Stockholm School of Economics. Albrow, M. 1970. *Bureaucracy*. London: Macmillan.

Andersen, S.A., and T.R. Burns. 1996. The European Union and the Erosion of Parliamentary Democracy: A Study of Post-parliamentary Governance. *Contemporary Developmental Analysis* 1(2): 33 – 66. Reprinted in *The European Union: How Democratic Is It?* ed. S. A. Andersen and K. A. Eliassen, 227 – 251. London: Sage.

Arellano, D., and A. del Castillo. 2004. Maturation of Public Administration in a Multicultural Environment: Lessons from the Anglo-Saxon, Latin and Scandinavian Political Traditions. *International Journal of Public Administration* 27(7):519 – 528.

Aucoin, P. 1997. The Design of Public Organizations for the 21st Century: Why Bureaucracy Will Survive in Public Management. *Canadian Public Administration* 40(2):290 – 306.

Bendix, R. 1962. *Max Weber: An Intellectual Portrait*. New York: Doubleday

Anchor Books.

Berman, H.J. 1983. *Law and Revolution: The Formation of the Western Legal Tradition*. Cambridge, MA: Harvard University Press.

Bienefeld, M. 2001. Restructuring Cuba's Public Sector: An International Perspective. Paper presented at the Sixth Congreso Internacional del CLAD sobre la Reforma del Estado y la Administración Publica, Buenos Aires, 5 – 7 November.

Blau, P. M., and M. W. Meyer. 1971. *Bureaucracy in Modern Society*. 2d ed. New York: Random House.

Bouckaert, G. 2004. Die Dynamik von Verwaltungsreformen: Zusammenhänge und Kontexte von Reform und Wandel. In *Status-Report Verwaltungsreform: Eine Zwischenbilanz nach zehn Jahren. Modernisierung des öffentlichen Sektors*, ed. W. Jann et al., 24:22 – 35. Berlin: Edition Sigma.

Brecht, A. 1937. Bureaucratic Sabotage. *Annals of the American Academy of Political and Social Science* 189(January): 48 – 57.

Brereton, M., and M. Temple. 1999. The New Public Service Ethos: An Ethical Environment for Governance. *Public Administration* 77(3): 455 – 474.

Brunsson, N., and J. P. Olsen. 1993. Organizational Forms: Can We Choose Them? In *The Reforming Organization*, ed. N. Brunsson and J. P. Olsen, 1 – 14. London: Routledge.

——. 1998. Organization theory: Thirty Years of Dismantling, and Then …? In *Organizing Organizations*, ed. N. Brunsson and J. P. Olsen, 13 – 43. Bergen, Norway: Fagbokforlaget.

Camdessus, M. 1999. Second Generation Reforms: Reflection and New Challenges. Opening Remarks at the International Monetary Fund Conference on Second Generation Reforms, Washington, DC. Available at http://www.imf.org/external/np/speeches/1999/110899.htm(accessed June 16, 2004).

Centro Lationoamericano de Administracion Para el Desarrollo Scientific Council. 1999. *A New Public Management for Latin America*. Caracas, Venezuela: Latin American Center of Administration for Development. Available at http://Unpan1.un.org/intradoc/groups/public/documents/clad/unpan000163.pdf(accessed June 10, 2004).

Christensen, T., and P. Lægreid. 2004. Governmental Autonomisation and Control: The Norwegian Way. *Public Administration and Development* 24: 129 – 135.

Christensen, T., and P. Lægreid, eds. 2001. *New Public Management: The Transformation of Ideas and Practice*. Aldershot, UK: Ashgate.

Dahl, R. A. 1947. The Science of Public Administration: Three Problems. *Public Administration Review* 7(Winter):1 - 11.

Dahl, R. A., and C. E. Lindblom. 1953. *Politics, Economics, and Welfare: Planning and Politico-economic Systems Resolved into Basic Social Processes*. New York: Harper Torchbooks.

Davis, G., and R. A. W. Rhodes. 2000. From Hierarchy to Contracts and Back Again: Reforming the Australian Public Service. In *Institutions on the Edge: Capacity for Governance*, ed. M. Keeting, J. Wanna, and P. Weller, 74 - 98. St. Leonards, Australia: Allen and Unwin.

deLeon, L. 2003. On Acting Responsibly in a Disorderly World: Individual Ethics and Administrative Loyalty. In *Handbook of Public Administration*, ed. B. G. Peters and J. Pierre, 569 - 580. London: Sage.

de Oliveira Campos, R. 1967[1963]. Public Administration in Latin America. In *Readings in Comparative Public Administration*, ed. N. Nimrod, 283 - 294. Boston: Allyn and Bacon. Reprinted from *Public administration: A Key to Development*, ed. B. A. Baker, 41 - 54. Washington, DC: Graduate School, U.S. Department of Agriculture.

du Gay, P. 2000. *In Praise of Bureaucracy: Weber—organization—ethics*. Milton Keynes, UK: Open University Press.

Dunleavy, P., and C. Hood. 1994. From Old Public Administration to New Public Management. *Public Money and Management* 14:9 - 16.

Egeberg, M. 1995. Bureaucrats as Public Policy-makers and Their Self-interest. *Journal of Theoretical Politics* 7:157 - 167.

——. 2003. How Bureaucratic Structure Matters: An Organizational Perspective. In *Handbook of Public Administration*, ed. B.G. Peters and J. Pierre, 116 - 126. London: Sage.

Eisenstadt, S. N. 1958. Bureaucracy and Bureaucratization. *Current Sociology* 7: 97 - 164.

——. 1959. Bureaucracy, Bureaucratization and Debureaucratization. *Administrative Science Quarterly* 4(December):302 - 320.

——. 1965. Bureaucracy, Bureaucratization, Markets, and Power Structure. In *Essays in Comparative Institutions*, S. N. Eisenstadt, 175 - 215. New York: Wiley.

Elias, N. 1982[1939]. *The Civilizing Process: State Formation and Civilization*. Oxford: Basil Blackwell.

Evans, P., and J. Rauch. 1999. Bureaucracy and Growth: A Cross-national Analysis of the Effects of "Weberian" State Structures on Economic Growth. *American Sociological Review* 64(4):748 – 765.

Exworthy, M., M. Powell, and J. Mohan. 1999. The NHS: Quasi-market, Quasi Hierarchy and Quasi-network? *Public Money and Management*, October – December:15 – 22.

Fournier, J. 1998. Governance and European integration—Reliable Public Administration. In *OECD/Sigma papers*, 23 1998a:119 – 135. Paris: Organization for Economic Cooperation and Development (CCNM/SIGMA/PUMA [98]39).

Frederickson, H. G. 1999. The Repositioning of American Public Administration. *Political Science and Politics* 32(4):701 – 711.

Friedrich, C. J. 1952. Some Observations on Weber's Analysis of Bureaucracy. In *Reader in Bureaucracy*, ed. R.K. Merton, A.P. Gray, B. Hockey, and H. C. Selvin, 27 – 33. Glencoe, IL: Free Press.

Gerth, H.H., and C. Wright Mills, eds. 1970. *From Max Weber: Essays in Sociology*. London: Routledge and Kegan Paul.

Goldstein, J.L., M. Kahler, R.O. Keohane, and A.-M. Slaughter, eds. 2000. Legalization and World Politics. *International Organization*(special issue).

Goodin, R.E. 1996. *The Theory of Institutional Design*. Cambridge: Cambridge University Press.

——. 2003. Democratic accountability: The Distinctiveness of the Third Sector. *Archives Européenes de Sociologie* 44(3):359 – 396.

Goodsell, C.T. 1983. *The Case for Bureaucracy: A Public Administration Polemic*. 2d ed. Chatham, NJ: Chatham House Publishers.

Hall, R. H. 1963. The Concept of Bureaucracy: An Empirical Assessment. *American Journal of Sociology*, July:32 – 41.

Henderson, J., D. Hulme, H. Jalilian, and R. Philips. 2003. Bureaucratic effects: "Weberian" State Structures and Poverty Reduction. Available at http://www.gapresearch.org/governance/bureaucraticeffectspaper.pdf(accessed February 15, 2004).

Hesse, J.J. 1998. Rebuilding the State: Administrative Reform in Central and Eastern Europe. In *OECD/Sigma papers*, 23 1998a:168 – 179. Paris: Organization for Economic Cooperation and Development(CCNM/SIGMA/PU-MA[98]39).

Hood, C. 1996. Exploring Variations in Public Management Reform of the 1980s. In *Civil Service Systems in Comparative Perspective*, ed. H.A.G.M. Bekke, J.P. Perry, and T.A.J. Toonen, 268 – 287. Bloomington: Indiana University Press.

Jacobsen, K.D. 1960. Lojalitet, nøytralitet og faglig uavhengighet i sentraladministrasjonen. *Tidsskrift for Samfunnsforskning* 1:231 – 248.

Jos, P.H., and M.E. Thompkins. 2004. The Accountability Paradox in an Age of Reinvention: The Perennial Problem of Preserving Character and Judgement. *Administration and Society* 36(3):255 – 281.

Kassim, H., A. Menon, B.G. Peters, and V. Wright, eds. 2001. *The National Co-ordination of EU Policy: The European level*. Oxford: Oxford University Press.

Kassim, H., B.G. Peters, and V. Wright, eds. 2000. *The National co-ordination of EU Policy: The Domestic Level*. Oxford: Oxford University Press.

Kaufman, H. 1956. Emerging Conflicts in the Doctrine of American Public Administration. *American Political Science Review* 50:1057 – 1073.

———. 1981. Fear of Bureaucracy: A Raging Pandemic. *Public Administration Review* 41(1):1 – 9.

Kaufmann, D., A. Kraay, and M. Mastruzzi. 2004. *Governance Matters III: Governance Indicators for 1996 – 2002*. Washington, DC: World Bank. Available at http://www.worldbank.org/wbi/governance/pdf/govmatters3_wber.pdf(accessed July 20, 2004).

Kettl, D.F. 1993. Public administration: The State of the Field. In *Political Science: The State of the Discipline II*, ed. A.W. Finifter, 407 – 428. Washington, DC: American Political Science Association.

———. 1996. Governing at the millennium. In *Handbook of Public Administration*, ed. J.L. Perry, 5 – 18. San Francisco, CA: Jossey-Bass.

Kickert, W.J.M., E.-H. Klijn, and J.E.M. Koppenjan. 1999. *Managing Complex Networks: Strategies for the Public Sector*. London: Sage.

Kickert, W.J.M., and R.J. Stillman II. 1999. *The Modern State and Its Study: New Administrative Sciences in a Changing Europe and United States*. Cheltenham, UK: Edward Elgar.

Kickert, W.J.M., and F.A. van Vught, eds. 1995. *Public Policy and Adminis-

tration Sciences in the Netherlands. Hemel Hempstead, UK: Prentice Hall/ Harvester Wheatsheaf.

Knill, C. 1999. Explaining Cross-national Variance in Administrative Reform: Autonomous versus Instrumental Bureaucracies. *Journal of Public Policy* 19(2):13 – 39.

Koppenjan, J. F. M., and E.-H. Klijn. 2004. *Managing Uncertainties in Networks: A Network Approach to Problem Solving and Decision Making*. London: Routledge.

Lepsius, M. R. 2003. Eigenart und Potenzial des Weber-Paradigmas. In *Das Weber-Paradigma. Studien zur Weiterentwicklung von Max Webers Forschungsprogramm*, ed. G. Albert, A. Bienfait, S. Sigmund, and C. Wendt, 32 – 41. Tübingen, Germany: Mohr Siebeck.

Lynn, L. E., Jr. 2001. The Myth of the Bureaucratic Paradigm: What Traditional public Administration Really Stood for. *Public Administration Review* 61 (2):144 – 160.

March, J. G. 1997. Administrative Practice, Organization Theory, and Political Philosophy: Ruminations on the Reflections of John M. Gaus. *Political Science and Politics* 30(4):689 – 698.

March, J.G., and J.P. Olsen. 1983. Organizing Political Life: What Administrative Reorganization Tells Us about Government. *American Political Science Review* 77:281 – 297.

——. 1989. *Rediscovering Institutions*. New York: Free Press.

——. 1995. *Democratic Governance*. New York: Free Press.

——. 1998. The institutional Dynamics of International Political Orders. *International Organization* 52(4):943 – 969.

——. Forthcoming. The Logic of Appropriateness. In *Handbook of Public Policy*, ed. Martin Rein, Michael Moran, and Robert E. Goodin. Oxford: Oxford University Press.

March, J.G., M. Schultz, and X. Zhou. 2000. *The Dynamics of Rules: Change in Written Organizational Codes*. Stanford, CA: Stanford University Press.

Marinetto, M. 2003. Governing beyond the Centre: A Critique of the Anglo-governance School. *Political Studies* 51:592 – 608.

Mayntz, R. 1997. *Soziale Dynamik und Politische Steuerung. Theoretische und Methodologische Überlegungen*. Frankfurt am Main, Germany: Campus.

Meier, K. J. 1997. Bureaucracy and Democracy: The Case for More Bureaucracy and Less Democracy. *Public Administration Review* 57(3):193 - 199.

Merton, R. K. 1938. Social Structure and Anomie. *American Sociological Review* 3:672 - 682.

——. 1952[1940]. Bureaucratic Structure and Personality. *Social Forces* 17: 560 - 568. Reprinted in *Reader in Bureaucracy*, ed. R. K. Merton, A. P. Gray, B. Hockey, and H.C. Selvin, 361 - 372. Glencoe, IL: Free Press.

——. 1968[1937]. Science and the Social Order. Paper Presented at the American Sociological Society Conference, December. Reprinted in *Social Theory and Social Structure*, Enlarged ed., R. K. Merton, 591 - 603. New York: Free Press.

——. 1973[1942]. Science and Technology in a Democratic Order. *Journal of Legal and Political Sociology* 1: 115 - 126. Reprinted as The normative structure of science. In *The Sociology of Science: Theoretical and Empirical Investigations*, R. K. Merton(ed. and with an intro. Norman W. Storer), 267 - 278. Chicago: University of Chicago Press.

Merton, R.K., A.P. Gray, B. Hockey, and H.C. Selvin, eds. 1952. *Reader in Bureaucracy*. Glencoe, IL: Free Press.

Metcalfe, L. 1998. Meeting the Challenges of Accession. In *OECD/Sigma papers*, 23 1998a:41 - 63. Paris: Organization for Economic Cooperation and Development(CCNM/SIGMA/PUMA[98]39).

Nef, J. 2003. Public Administration and Public Sector Reform in Latin America. In *Handbook of Public Administration*, ed. B.G. Peters and J. Pierre, 523 - 535. London: Sage.

Olsen, J.P. 1988. Administrative Reform and Theories of Organization. In *Organizing Governance: Governing Organizations*, ed. C. Campbell and B.G. Peters, 233 - 254. Pittsburgh, PA: Pittsburgh University Press.

——. 1997. Institutional Design in Democratic Contexts. *Journal of Political Philosophy* 5:203 - 229.

——. 2000. How, Then, Does one Get There? An Institutionalist Comment to Herr Fischer's vision of a European Federation. In *What Kind of Constitution for what Kind of Polity? Responses to Joschka Fischer*, ed. C. Joerges, Y. Meny, and J. Weiler, 163 - 179. Florence: European University Institute; and Cambridge, MA: Harvard Law School.

——. 2001. Garbage Cans, New Institutionalism, and the Study of Politics. *American Political Science Review* 95:191 - 198.

——. 2003a. Towards a European Administrative Space? *Journal of European Public Policy* 10：506 - 531.

——. 2003b. What is a Legitimate Role for Euro-citizens? *Comparative European Politics* 1(1)：91 - 110.

——. 2004a. Citizens, Public Administration and the Search for Theoretical Foundations. *PS：Political Science and Politics* 37(1)：69 - 79.

——. 2004b. Survey article：Unity, Diversity and Democratic Institutions. Lessons from the European Union. *Journal of Political Philosophy* 12(4)：461 - 495.

Olsen, J.P., and B.G. Peters, eds. 1996. *Lessons from Experience：Experiential Learning in Administrative Reforms in Eight Countries*. Oslo：Scandinavian University Press.

Organization for Economic Cooperation and Development. 1991. *Serving the Economy Better*. Paris：Occasional Papers on Public Management.

——. 1995. *Governance in Transition：Public Management Reforms in OECD Countries*. Paris：Organization for Economic Cooperation and Development Publication Service.

——. 1997. *Issues and Development in Public Management：Survey 1996 - 1997*. Paris：Organization for Economic Cooperation and Development Publication Service.

——. 2002. *Distributed Public Governance：Agencies, Authorities and Other Government Bodies*. Paris：Organization for Economic Cooperation and Development.

——. 2003. *OECD Reviews of Regulatory Reform：Norway Preparing for the Future Now*. Paris：Organization for Economic Cooperation and Development.

Orren, K., and S. Skowronek. 1994. Beyond the Iconography of Order：Notes for a "New" Institutionalism. In *The dynamics of American Politics：Approaches and Interpretations*, ed. L. Dodd and C. Jillson, 311 - 330. Boulder, CO：Westview.

Osborne, D., and T. Gaebler. 1992. *Reinventing Government：How the Entrepreneurial Spirit is Transforming the Public Sector*. Reading, MA：Addison-Wesley.

O'Toole, L.J., Jr. 1997a. The Implications for Democracy in a Networked Bureaucratic World. *Journal of Public Administration Research and Theory* 7

(3):443 – 459.

——. 1997b. Treating Networks Seriously: Practical and Research-based Agendas in Public Administration. *Public Administration Review* 57(1):45 – 52.

Peristeras, V., T. Tsekos, and K. Tarabanis. 2003. Realising E-government: Architected/Centralised versus Interoperable/Decentralised ICTs and Organizational Development. Paper prepared for the European Group of Public Administration Annual Conference, September 4 – 7, 2002, Potsdam, Germany.

Peters, B. G. 1998. Managing Horizontal Government: The Politics of Coordination. *Public Administration* 76:295 – 311.

——. 1999. *Institutional Theory in Political Science*. London: Routledge.

Peters, B.G., and J. Pierre. 2000. Governance without Government: Rethinking Public Administration. *Journal of Public Administration Research and Theory* 8:223 – 242.

——. 2003a. Introduction: The Role of Public Administration in Governing. In *Handbook of Public Administration*, ed. B.G. Peters and J. Pierre, 1 – 9. London: Sage.

Peters, B.G., and J. Pierre, eds. 2003b. *Handbook of Public Administration*. London: Sage.

Pollitt, C. 2003. *The Essential Public Manager*. Maidenhead, UK: Open University Press.

Pollitt, C., and G. Bouckaert. 2004. *Public Management Reform: A Comparative Analysis*. 2d ed. Oxford: Oxford University Press.

Powell, W.W. 1990. Neither Market nor Hierarchy: Network Forms of Organization. *Research in Organizational Behavior* 12:295 – 336.

Power, M. 1994. *The Audit Explosion*. London: Demos.

Rhodes, R.A.W. 1994. The Hollowing out of the State: The Changing Nature of the Public Service in Britain. *Political Quarterly* 65:138 – 151.

——. 1997a. It's the Mix that Matters: From Marketisation to Diplomacy. *Australian Journal of Public Administration* 56:40 – 53.

——. 1997b. *Understanding Governance: Policy Networks, Governance, Reflexivity and Accountability*. Buckingham, UK: Open University Press.

——. Forthcoming. Policy Network Analysis. In *Handbook of Public Policy*, ed. Martin Rein, Michael Moran, and Robert E. Goodin. Oxford: Oxford University Press.

Rokkan, S. 1966. Norway: Numerical Democracy and Corporate pluralism. In

Political Oppositions in Western Democracies, R. A. Dahl, 70 – 115. New Haven, CT: Yale University Press.

Rothstein, B. 2003. Social Capital, Economic Growth and Quality of Government: The Causal Mechanism. *New Political Economy* 8(1):49 – 71.

Saint-Martin, D. 2001. How the Reinventing Government Movement in Public Administration was Exported from the U. S. to Other Countries. *International Journal of Public Administration* 24(6):573 – 604.

Savoie, D. J. 1994. *Reagan, Thatcher, Mulrony: In Search of a New Bureaucracy*. Pittsburgh, PA: University of Pittsburgh Press.

Schumpeter, J. S. 1996[1942]. *Capitalism, Socialism and Democracy*. London: Routledge.

Selznick, P. 1949. *TVA and the Grass Roots*. Berkeley: University of California Press.

——. 1957. *Leadership in Administration*. New York: Harper and Row.

Stammer, O. , ed. 1972[1965]. *Max Weber and Sociology Today*. New York: Harper Torchbook. First published as *Max Weber und die Soziologie heute*. Tübingen, Germany: J. C. B. Mohr(Paul Siebeck).

Stinchcombe, A. L. 2001. *When Formality Works: Authority and Abstraction in Law and Organizations*. Chicago: University of Chicago Press.

Suleiman, E. A. 2003. *Dismantling Democratic States*. Princeton, NJ: Princeton University Press.

Sunstein, C. R. 1990. *After the Rights Revolution: Reconceiving the Regulatory State*. Cambridge, MA: Harvard University Press.

Sverdrup, U. I. 2000. *Ambiguity and Adaptation: Europeanization of Administrative Institutions as Loosely Coupled Processes*. ARENA Report No. 8/2000. Oslo: ARENA.

Tate, C. N. , and T. Vallinder. 1995. *The Global Expansion of Judicial Power*. New York: New York University Press.

Thompson, G. F. 2003. *Between Hierarchies and Markets: The Logics and Limits of Network Forms of Organization*. Oxford: Oxford University Press.

Thompson, G. F. , J. Frances, R. Levacic, and J. Mitchell. 1991. *Markets, Hierarchies and Networks: The Coordination of Social Life*. London: Sage.

Vaknin, S. 2003. The Washington Consensus: The International Monetary Fund (IMF). Available at http://samvak. tripod. com/pp148. html(accessed December 17, 2003).

Waldo, D. 1948. *The Administrative State*. New York: Ronald Press.

Weber, M. 1970. Politics as a Vocation. In *From Max Weber: Essays in Sociology*, ed. H. H. Gerth and C. Wright Mills, 77 - 128. London: Routledge and Kegan Paul.

——. 1978. *Economy and Society*. G. Roth and C. Wittich, eds. Berkeley: University of California Press.

Welch, E. W. , and W. Wong. 2001. Effects of Global Pressures on Public Bureaucracy: Modeling a New Theoretical Framework. *Administration and Society* 33(4):371 - 402.

Wollmann, H. , ed. 2001. Evaluating Public Sector Performance: An International and Comparative Perspective. *Revista International de Estudios Políticos* (special issue), September.

Wollmann, H. Forthcoming. Local Government Reforms in Great Britain, Sweden, Germany and France: Between Multi-function and Single-purpose Organizations. *Local Government Studies*.

World Bank. 1991. *The Reform of Public Sector Management: Lessons from Experience*. Washington, DC: World Bank.

——. 1997. *The State in a Changing World: World Development Report 1997*. Oxford: Oxford University Press.

——. 2000. *Reforming Public Institutions and Strengthening Governance: A World Strategy* (November). Washington, DC: World Bank.

协作治理——管理、政治和法律的融合*

莉莎·布鲁姆格瑞·阿姆斯勒(Lisa Blomgren Amster)

实践者要点

(1) 在制定公共参与和协作治理流程时,公共管理者必须遵照管束他们行为的法律框架。

(2) 相关法律在联邦政府、州政府和地方政府层面各不相同,因而导致各层面的流程也相应不同。

(3) 协作本身对于公众和相关方而言是一种重要价值。

(4) 公共管理者必须对宪法和行政法有基本的了解,才能规划出有效的公共参与和协作治理流程。

(5) 为寻求创新,公共管理者应该考虑相关的法律框架,

* 作者感谢匿名审稿人和詹姆斯·佩里(James Perry),感谢他们深思熟虑且有益的评论,感谢杰西卡·谢罗德(Jessica Sherrod)的研究协助,尤其要感谢和罗斯玛丽·奥利里(Rosemary O'Leary)二十年的合作和友谊。莉莎·布鲁姆格瑞·阿姆斯勒(原名宾汉姆)是印第安纳大学布鲁明顿分校公共和环境事务学院凯勒-伦登(Keller-Runden)教授,内华达大学拉斯维加斯分校法学院的萨尔特曼(Saltman)资深学者。她是美国国家公共行政学院院士,获得美国律师协会颁发的争议裁决杰出学术贡献奖。主要研究领域包括协作治理、公共参与、公共法律和争议裁决。本文译者:顾绚,西南财经大学。

并咨询法律顾问。同时,他们也应该考虑到,内部法律顾问很有可能具有风险规避倾向。

(6)当创新带来无先例可循的新案例时,如果缺乏相关案例法可依,公共管理者所提出的问题不是能否通过参与性或协作性方式进行创新,而是如何在符合法律权威的前提下进行创新。

学者们对公共机构工作中管理、政治和法律的关系已经进行了长期的讨论,如今这项讨论仍在进行中(Christensen, Goerdel and Nicholson-Crotty, 2011; Rosenbloom, 1983, 2013)。而协作治理向这场活跃的学术讨论提出了一项新的挑战。协作治理是一个涵盖性术语,指的是一系列制度和流程设计,公共机构与私有机构、公众通过协作治理的方式进行合作,识别难题、议题和潜在的解决方式;制定相应的新的政策体制;落实项目并推行政策。

在协作治理的学术研究中,公共法作为一项重要变量,往往是缺失的。不仅如此,一些学者甚至质疑,进行公共管理的协作治理研究是否已有足够的理论基础(Rosenbloom, 2013)。另外,公共管理研究学术界还未明确将协作认定为一种公共价值。

本文就目前公共管理研究中对管理、政治和法律作为框架的研究概况进行了综述,对法律的作用和公共价值进行了综述。本文提出,制度分析与发展框架(IAD)(Ostrom, 2005, 2011)作为一种理论体系,能够将我们的协作治理研究明确地嵌入法律规则之内,围绕法律规则进行。本文认为,应该明确地将协作作为一种公共价值包含在研究中。本文对美国现行的联邦政府、州政府和地方政府的协作治理法律框架进行了总结,并指出各自行政法反映出来的不足与公共价值。行政法能够提供一些规则作为研究变量,用于将来通过制度分析与发展框架研究协作治理中管理、政治和法律的关系。

公共管理研究中关于管理、政治和法律的讨论

联邦政府机构的运行需要公共法领域的专业技能(Campbell, 2005)。联邦政府机构的功能就像"政府系统的第四大权力机关",既要同时以具有

立法性质和司法性质的方式执行法律(Schwartz,1991),又要在制定政策时填充立法疏漏的细节,发挥好补充立法的功能(Schwartz,1991,Section 1.7—1.9)。联邦政府机构通过授权条令管理立法程序;它们采用和实施规章制度,管理各个计划与项目(Rosenbloom,2015,pp.63—88;Rubin,1989,pp.387—397)。联邦政府通过非官方的机构行动以及非官方和官方的裁定所产生的法令来执行规章制度(Rosenbloom,2015,pp.89—122)。联邦政府直接影响公众与利益相关方的法定权利及义务(Rubin,1984)。

政府的三大权力机关通过多种手段约束机构行为:行政机关使用行政命令,司法机关使用司法审查手段,国会则使用立法和监察手段。国会可以通过财政预算、立法引导和结构限制对行政机构进行控制,通过立法手段应对政府机构的行为、委员会、听证会及监督调查(Shipan,2005)。国会能够利用某个机构的独立立法权对其进行程序上的限制,或利用交叉立法章程对公共信息、公众参与和诉讼程序进行限制,并通过司法审查约束所有机构(Shipan,2005,pp.442—444)。基本了解行政法和宪法对于公共管理者是至关重要的(Cooper and Newland,1997;Rosenbloom,2015)。

戴维·罗森布鲁姆(David Rosenbloom)于1983年提出了一个公共管理三维度理论框架——管理、政治和法律,分别对应政府的行政、立法和司法功能的行为。管理注重效率和有效性,这点与私有领域的组织相似。政治检验立法的代表性和应对性,以及利益集团对政策及其实行过程的影响。法律关注的是责任义务、程序正义、个人宪法权利和司法审查。

20世纪80年代,一种新的管理理论作为一种改革手段诞生了,即新公共管理(NPM)(Hood,1991;Osborne and Gaebler,1992)。它主张公共机构从一味遵从规则和程序转向以结果为导向的责任义务(Hood,1995)。NPM聘请职业经理人担任委托人,与承包商代理打交道。它采用绩效管理措施,工具(包括产出控制、竞争机制)和类似市场化手段来实现创造公共价值的有效性以及基于结果的问责制(Hood,1991)。全球的公共机构已经系统地采用NPM模式(Dunleavy et al.,2006;O'Leary,2014)。

罗森布鲁姆(Rosenbloom,1983)所持的管理观点涵盖了NPM,但他强调NPM忽视了一些在机构职责有限范围之外的价值。其他批评者观察到,NPM通过协议与合伙制对公共行政工作进行私营化,使之免于行政法的立法监管,对问责制和公众参与等民主观念造成威胁(Freeman,2000)。O' Leary(2014)详述了新西兰全面实行新公共管理制度是如何造成行政机构孤立,扰乱跨部门协作的。

针对 NPM 理论众所周知的缺陷,新公共治理(NPG)理论或公共价值运动应运而生(Bryson,Crosby and Bloomberg,2014;Morgan and Cook,2014)。NPG 理论涵盖了公共价值,并考量了"公民集体表达的、经政治调和的偏好"(O' Flynn,2007,p.358),包括附加于公共利益和公共程序之上的、能够提升信任和公平的价值(Moore,1994;O' Flynn,2007)。公共价值理论要求为公众创造更多商讨和参与公共管理的机会(Nabatchi,2012),并识别公共价值(Stoker,2006)。就 Rosenbloom(2013)提出的政治角度的范畴而言,在相互尊重和共享学习的环境中,通过对话的方式建立合作关系,这适用于具有后竞争性、协作性、网络性特征的治理形式(Stoker,2006)。O' Leary(2006)对游击政府的研究分析了当公共机构雇员的目标与雇主的目标相矛盾时,冲突对价值的影响。提出对话和冲突管理对于机构内部与其对于新公共治理的公众同等重要。

然而,一些学者也观察到,法律因素经常在公共管理研究中被忽视(Box et al.,2001;Moe and Gilmour,1995;Rosenbloom,2007)。Wright(2011)与 Rosenbloom 和 Naff(2010)发现,公共管理没有充分利用法律资源。Newbold(2014)提出了通过宪法手段修订法律,调整管理方式,培养公民素养,保护区域边界和责任,将宪法价值融入管理,推进新公共治理的规范议程。近年来,关于协作治理(Ansell and Gash,2008;Bryson,Crosby and Stone,2015;Emerson,Nabatchi and Balogh,2012)和环境计划与管理协作(Margerum,2011)的学术研究综述均认同规则和法律的作用,但一般没有对具体的条款进行研究。

近来,罗森布鲁姆(Rosenbloom,2013)从协作治理和政府创新的发展角度进一步完善了他的三维度框架理论。本文对他关于协作治理理论的疑问进行回应。在法律与协作治理关系方面,他关注政府工作、州政府举动,以及较官方的协作关系,比如契约协议制。然而,协作治理包括更广阔的网络性、协作性公共管理内涵,很多关系是非官方的,不能由一纸协议以偏概全(例如 Gazley,Chang and Bingham,2010)。

Christensen、Goerdel 和 Nicholson-Crotty(2011)将法律方面的矛盾看作对政府权力的一种必要约束力,将管理看作创新和公共利益的重要来源。法律使得公共管理者能够从事公共事业(Cooper,1997),表达民主观念,包括公众参与、多元主义和代表制。允许公共管理者参与立法和诉讼程序有助于提升民主价值,维护公共利益(Christensen, Goerdel and Nicholson-Crotty, 2011, pp.i131—i133)。立法的功能为管理、政治与法律的协作提供了可能,也间接地体现了联系日益紧密、跨区域化、趋于协作的环境变化。

在公共管理对于法律、管理和政治的关系的持续讨论中,某些公共价值与其他公共价值形成对立。Rosenbloom(2013, p.3)提出,管理的价值基于市场有效性,如成本效用和客户导向;而法律的价值基于宪法正义、权利和正当法律程序。他还强调,另外一些价值,比如"社会公平、社会资本、公众参与和民主活力"(2013,7)需要在法律和实践方面更多地凸显。

尽管学者们敦促公共管理者进行协作,但他们并没有明确将协作列为一种公共价值。Moore(1994)使用了"共同"一词,而非"协作"。O'Flynn(2007)和 Stoker(2006)使用"协作"一词描述实现公共价值的一种公共管理模式,而非公共价值本身。Thomson 和 Perry(2006,p.21)将协作视为一种过程,并将其分解为五个维度:治理、管理、组织自治、相互关系、信任与互惠规范,借鉴引用了 Ostrom(1990)提出的关于采取综合行动管理公共资源的深度研究。Fung(2015)讨论了公众参与如何提升管理效用、法制水平和社会正义。Nabatchi(2012)从协商民主话语研究中引申出一个更广阔、更多元的公共价值内涵,但仍将协作视为设计公众参与、体现公共价值的一种方式。

协作,就像参与一样,是一种过程并且作为达到目的的一种手段,具有工具性价值。然而,协作本身作为一种目的也具有内在价值,这不同于冲突或敌对治理。作为一种目的,协作意味着一项政策或一种决策能够在更广阔的意义上被接受。尤其值得注意的是,公共价值中协作的缺失,因为协作在宪法和行政法中已经既被明确提及,又有暗含意义。在三权分立的政府结构中,协作也是一种内在目的,能够防止在美国政府的机构内部和机构之间出现影响到协作性质的行为。《联邦党人文集》的论述表明,美国的创立者们预先设计了政府工作中的协作理念(Bingham and O'Leary, 2011)。总之,目前学术界关于管理、政治和法律的研究没有充分地将规则视作独立变量,也没有将协作视作在协作治理中的一种公共价值进行讨论。

管理、政治、法律与协作治理

Rosenbloom(2013,p.8)发现,传统的科层制韦伯式组织在政府中占据主流,合作协议制在公共机构跨部门合作中或许正在式微。学者们还未就协作治理的意义达成共识(Rosenbloom,2013,p.8)。Emerson、Nabatchi 和 Balogh(2012)认为,"协作治理"这一术语无固定形式,其使用情况存在前后不一致的特点。Bryson 等(2013)对公共管理的设计进行了分析,但主要基于利益相关方的流程。Ansell 和 Gash(2008)对公共政策和环境争议方案作为一种协作治理方式的案例研究进行了元分析,他们的研究在很大程度上忽视了协作公共管理(O'Leary, Bingham and Gerard, 2006)。有些学者将协作治理视作一个描述性词汇,而不是一种理论建构的概念。

尽管协作具有词义上的模糊性,但我们仍然对它进行讨论。本文对 Rosenbloom(2013)提出的现有理论能否有助于厘清协作治理研究的疑问作出回应,并将其视作一个涵盖性术语。本文对于协作治理的描述是:为完成公共事业,需要在政府、私有部门、非营利机构、公共机构以及(或者)公众之间进行沟通和协作的一系列治理流程。协作治理包含民意因素——公众和利益相关方在政策连续的闭环期间保持合作,也包括立法机关上游的政策制定过程。在行政机关内部,协作治理包括具有立法性质的行政平台上游,执行与管理中游和具有司法性质的裁定机关下游。在司法机关内部,协作治理包括下游的裁定。通过协作治理的制度设计,公共机构能够与私有或非营利机构以及(或者)公众进行合作。协作治理不同于传统的用谈判、对话、协商和达成共识的指挥与控制方式。

在正式使用专业术语之前,学者们为我们更好地理解政府工作中的协作治理作出了实质性的理论贡献。研究包括新型治理(Bingham, Nabatchi and O'Leary, 2005;Salamon, 2002)、社会网络(O'Toole, 1997;Provan and Milward, 2001)、协作公共管理(Agranoff, 2007;Agranoff and McGuire, 2003;

O'Leary，Bingham and Gerard，2006)和建立共识的过程的早期工作,涉及公共领域、私有领域和非营利组织的利益相关方(O'Leary and Bingham，2003；Susskind，McKearnan and Thomas-Larmer，1999)。

　　被学术界广为接受的观点是,协作治理的范畴包括在政策连续的整个过程中对决策施加影响的公众与利益相关方的声音。图1(改编自Bingham，2009，p.287)展示了政治连续过程中从上游到下游的协作治理路线图。

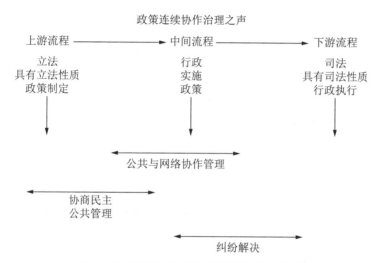

图 1　协作治理:跨越政策连续的语言过程

　　流程可以涵盖政府的三大权力机关,或者聚焦在单个机构内部(Bingham，2009)。上游流程需要有一个更广泛的群体参与,通常来讲,上游流程起自松散大众,到利益相关方,到政党,再到纠纷。上游流程在具有立法性质的政策制定阶段,包括公共参与(Rosenbloom，2013，p.8；Yang and Bergrud，2008)、对话和公共协商(Fung，2006，2015；Nabatchi and Leigh-ninger，2015)。中游流程是政策实施和管理阶段,包括三组:共同口径、公共与网络协作管理中融入各利益相关方(Agranoff，2007；Agranoff and McGuire，2003；Bingham and O'Leary，2008；McGuire，2006；O'Leary and Bingham，2009；O'Toole，1997，2015；Provan and Milward，2001)、公共参与和环境纠纷解决(Margerum，2011；O'Leary and Bingham，2003；Podziba，2012；Susskind and Cruikshank，1987)。下游流程是具有司法性质的行政执

行阶段,包括谈判、调节以及政府角色参与的其他形式的纠纷解决方式(Bingham,2008—2009;Susskind,McKearnan and Thomas-Larmer,1999)。

有些学者提出,我们缺少一种关于协作治理的理论框架(Rosenbloom,2013,p.8),并以明确的系统方式研究管理、政治和法律的关系,从而使我们的研究收益。我们其实已经有了充足的理论,只是没有持续使用。在诺贝尔奖获得者埃莉诺·奥斯特罗姆(Elinor Ostrom)的研究中可以找到这些理论。

在由《公共管理评论》(*Public Administration Review*)出版的75篇最具影响力的论文中,文森特·奥斯特罗姆(Vincent Ostrom)和埃莉诺·奥斯特罗姆于1971年研究了威尔逊在科层制组织产生有效管理成果的主张和西蒙在不同种类的组织形式中检验理论的类似实证研究。他们详细阐明了公共选择理论(Buchanan and Tullock,1962)以"人是作出决定者"的概念取代"经济人假说"(Ostrom and Ostrom,1971,p.205)。他们提供了一种通过引入规则影响决策将管理、政治和法律融合的方式:"公共选择理论关注的是不同的决策规则或决策过程对那些制造公共商品或服务的事件所产生的影响"(p.205)。法律提供了一整套决策规则;管理和政治提供并影响抉择过程。

文森特·奥斯特罗姆在1961年预见到网络化治理,他引入多中心性概念,用于描述"职责范围与功能性能力有所交叉的,诞生于共有、私有和志愿部门的多种层次和不同类型的组织"(McGinnis Ostrom,2012,p.15)。奥斯特罗姆夫妇注意到,交叉管辖权在如下情境中会更加有效:

> 当我们仔细研究是否可能将公共管理的组织方式与不同集体以并行的政治体制形式联系起来时,我们也许会进一步考虑到,也许一种好的行政管理制度不能适用于所有的政府。我们要设想的不是在单一权力等级制度下协调所有的公共服务,而是在公共部门内部的一种跨组织架构,能够扮演公共服务行业的角色,内设大量的公共机构,以彼此独立的关系进行运作。(Ostrom and Ostrom,1971,p.212)

他们预见到,公共管理者将会通过谈判在不同的集体之间进行协调。

奥斯特罗姆夫妇创立了制度分析与发展框架,包含一系列变量以及变量之间的关系(Emerson,Nabatchi and Balogh,2012,p.8)。Elinor Ostrom

(2005)描述了一系列通用建构模块和一种用于研究机构如何运转的理论。建构模块包括：参加者或参与者、参加者承担的职位、允许范围内的行动及行动如何造成影响、潜在影响范围、参加者控制、可接触到的信息，以及成本与收益。通过制度分析与发展框架，分析师能够集中对最基本的单位（即行动情境）进行分析。而行动情境往往规模范围各不相同。行动情境与组织是嵌套的，家庭、企业、社区、行业、州、国家以及跨国联盟都被看作各自独立的行动情境，或整个行动情境中的一个部分。

在最基本的行动情境之外，研究者还能进行"缩放"，扩大范围，从而对外生变量进行了解。Ostrom(2005)提出了三种外生变量：(1)参与者用来理顺关系的规则；(2)情境起作用所遵循的生物物理学属性；(3)情境中更加广义的社区的机构。奥斯特罗姆将规则定义为"参加者对于执行规程要求、禁止或允许什么样的行动（或影响）所达成的共识"(2005，p.18)。规则既能够生成于民主政府，也能够生成于私人组织的程序中。私人组织包括：公司、协会、家庭或工作团队(pp.18—19)。这套规则会在个人实践的决策过程中发挥作用，从而不断发展。规则既是书面的，也是实践的。

研究者们广泛使用政策分析与发展框架对管理森林、海洋等公共储备资源的协作社区系统进行研究(Ostrom，1990)。在大量实证研究基础上，Ostrom(2000，pp.151—152)指出设计有效持续的协作组织的八个主要原则：

(1)清晰的边界；

(2)有效匹配成本与收益的内部制度；

(3)成员参与制定、修改规则；

(4)成员自主选举可靠的监督人员；

(5)处罚制度分级；

(6)组织成员能够"通过利用快速、低成本的内部平台，解决成员间或成员与政府人员间的分歧"(Ostrom，2000，152)；

(7)中央或地方政府认可组织权利；

(8)治理活动在组织内部多层次分布。

以上原则为研究协作治理提供了一个框架，整合了法律、政治和管理。在制度分析与发展框架下，正式规则与实践规则是组织构架的关键一环。不管是宪法、成文法、法规、行政命令还是法院判定，所有形式的法律法规都是在此框架下的正式规则。同样地,在此框架下的实践规则可以是合同、政策,或者行为规范。

　　一些学者通过奥斯特罗姆的研究,分析了土地使用、城市、环境规划管理工作中(Emerson,Nabatchi and Balogh,2012)的协作治理与合作(Margerum,2011)。他们明确地参考了制度分析与发展框架下的规则。另一些学者对法律文本中的组织结构进行了明确的检验。比如,Feiock 等(2016)使用制度分析与发展框架对城市宪章进行分析,提出市长职位在结构上与组织上的多样性,这是一个管理与政治问题。他们提出的研究计划使用这种方法(Feiock and Scholz,2010),研究目的是探索为公众参与公共决策铺设有意义的途径,其中有一部分是政治问题。Siddiki 等(2015)运用政策内容分析方法和制度分析与发展框架,确定在当地食品系统中,政策与规则如何影响协同治理的安排。正式规则或实践规则的其他实证研究理论方法也使用了制度分析与发展框架,例如,针对程序正义、合法性与依从性的社会法律研究(Tyler,1990)。Emerson、Nabatchi 和 Balogh(2012,pp.2,6,14—15)也将奥斯特罗姆的规则概念应用于他们对协作治理机制的研究中。

　　如此就形成了一种融合管理、政治与法律的理论框架。通过论证可以成立,在制度分析与发展的通用建构模块中,政治包括参加者控制,管理包括成本与收益,法律包括可允许的行动与可触及的信息。Ostrom(2000)设计的标准包括成员参与制定规则和选举自己的监督人员,这是政治方面的问题。监督人员的可靠性、惩罚制度分析和治理内容的多层级分布是管理方面的问题。此外,Ostrom(2000,2005)将规则与法律作为自变量进行控制研究,这是治理系统综合实证研究的关键部分。正式规则与实践规则组成了管理与治理的法律框架与实践。为整体推进公共管理研究的发展,我们需要对正式规则与实践规则进行检验。

协同作为一种公共价值:协同治理的联邦法律框架

　　协同既是过程,也是结果,既是手段,也是目的。作为目的来说,协同是一种公共价值,反映在行政法的历史进程和语言之中。国家不同其法律和实施准则亦不相同。这些准则塑造出我们进行公共行政研究的制度结构。因此,学者们既要控制准则,又要明确准则是变量。一个机构的授权法规可能是该机构工作的自变量;然而,该机构的规章可能是部分由授权法规形成的因变量。

在美国,行政法反映出六种关键的公共价值观,这些是在文献中通常涉及的价值观,即问责制、效率、有效性、透明度、参与度以及协同(Bingham,2010,pp.303—305)。联邦、州和地方各级的行政法有其相似性,但也有不同之处。此外,协同治理可能涉及联邦、州和地方各级的政府关系。以下是关于行政法在这些领域的概述,以及具体法规是如何促进或阻碍协作治理的。

随着时间的推移,国会已经修改其对行政机构的掌控方式,特别是在参与和协同方面。行政部门机构独立于授权法规,必须遵守许多影响协同且贯穿各领域的法律。其中包括《行政程序法》(APA,5 U.S.C. § 551—559,701—706,最初于 1946 年通过)和随后的修订法,具体来说是指《信息自由法》(FOIA, § 552),该法案由以下法案修订:2007 年《美国政府开放促进效率法》(也称为《开放政府法》,公法 110—175)、《阳光政府法》(§ 552b)、《联邦咨询委员会法》(FACA,app. §§ 1—16)、《协商规则制定法》(NRA,§§ 561—570)、《行政争议解决法》(ADRA, §§ 571—584)、《政府绩效与结果法》(GPRA,5 U.S.C. § 306)和 2010 年《GPRA 现代化法》(公法 111—352)。《电子政务法》(44 U.S.C. § 3601)和《减少文书工作法》(PRA,44 U.S.C. §§ 3501—3521)也有一定相关性,它们与《行政程序法》分开编纂。

虽然贝拉克·奥巴马(Barack Obama)总统关于透明和开放政府的行政备忘录以及随后的《开放政府倡议》,都敦促各机构开展高参与、高协作的治理实践,但这些实践并没有嵌入法律框架。这些不是行政命令,也不一定是永久的。此外,大多数机构更注重透明度,而不是参与性、审议性、协作性的流程(Amsler and Foxworthy,2014)。

主要贯穿各领域的行政法在两个方面有所不同,一是在授权协同为公共价值方面,二是在具体设计方面,其中包括协同网络、公共政策争议解决、调解、公众参与、对话和审议(Bingham,2009,2010)。本节将回顾这些联邦法规和关于公共声音的具体规定,以确定法律与协作治理的关联性。

《行政程序法》：规则制定和裁决

行政法的基本规定并不完全适用于联邦机构的活动。《行政程序法》将机构行为框定为新政之后的裁决和规则制定（Funk, Lubbers and Pou, 2008）。《行政程序法》赋予公众知情权，并在有限范围内，让公众参与联邦行政机构的行动（Rubin, 2003），包括正式和非正式的机构行动（Rubin, 2003，p.106），涉及准立法行动（正式或非正式的规则制定）和准司法行动（正式或非正式的裁决）。在制定规则时，机构在其法定授权的范围内采用预期适用的一般规则。对于非正式的规则制定，尽管通常不是通过口头证据听证会，但《行政程序法》一般会要求机构在《联邦公报》（*Federal Register*）上发布通知，并提供公众评论的机会。曾经，公众对评论的获取仅限于机构查看室，并且除了专业游说者外，很少有人参与（Rubin, 2003，p.102）。现在，人们可以在网上看见评论（见 http://www.regulations.gov）。机构也有使用裁决程序来制定正式规则的法定权力（5 U.S.C. § 553），但很少使用正式规则来制定（Rubin, 2003，p.107；例外包括食品和药物管理局批准的新药）。唯一需要公众或利益相关者参与的包括规则制定中的通知和评论，以及使用裁决进行正式规则制定中的正当程序保护；关于协同并没有明确的语言记述。

《行政程序法》还规定，通过对证据和事实的回顾性审查，从而作出个人权利的裁决（5 U.S.C. § 554）。《行政程序法》只直接涉及正式裁决，其中包括在行政法法官面前举行的裁决听证会，其中具有许多正当法律程序的特征，包括通知、证人对峙和盘问以及书面决议。联邦机构通常作出更多的非正式裁决，这仍然受到宪法正当程序的制约（Rubin, 2003，p.107）。尽管该法案明确允许公众请求机构的回应，并提交司法审查，但《行政程序法》在很大程度上对机构权力的这一方面保持沉默（5 U.S.C. § 555[e]）。

《行政程序法》通过提供规则制定的透明度和参与度来促进机构问责制。在回应谢切特禽业（A.L.A.谢切特禽业公司诉美国，295 U.S. 495[1935]）一案时，其限制了与行业巨头的秘密合作。其信息披露和公众评论要求可以说牺牲了效率。然而，行政机关的大部分工作不是制定规则和裁决，而是行政、执行和公共管理。当被管辖的人在法庭上出现挑战行政机构的行为时,《行政程序法》没有明确说明这些问题,除非通过司法审查间接解决(5 U.S.C. § 706)。技术创新正在引发人们对非正式机构行为的司法审查及其问责制的担忧(Bingham,2010,pp.307—308)。总而言之,1946 年通过的《行政程序法》的基本条款没有考虑或明确授权协同。这些条款不涉及协作治理;其设想由一个单独的机构负责制定规则并进行裁决。

《信息自由法》和《阳光法》

《信息自由法》和《阳光法》为公共记录和机构会议提供了透明度(Funk,Lubbers and Pou,2008,pp.676—690,725—732)。《信息自由法》创造了获取政府记录的权利(作为《美国程序法》的修正案,5 U.S.C.§552)。2007 年的《公开政府法》对其进行了修订,扩大了新闻媒体代表的定义,并要求设立《信息自由法》公共联络人,来"协助解决任何争议"。《阳光法》规定了通知和出席涉及多成员理事会或委员会的公开会议的权利,各机构在会议上作出决定并采取行动(5 U.S.C.§552b)。《信息自由法》和《阳光法》利用透明度和公众参与度来确保问责制,限制秘密或保密合作;然而,他们通过强加没有资金支持的任务,再次牺牲了效率。对于那些希望以保密的方式进行谈判和合作以建立信任的机构来说,这两个法规设置了障碍(Boxer-Macomber,2003;Faure,1996)。议程规则限制了讨论的主题;如果议程上没有通知,成员众多的董事会和委员会就无法与利益相关者和公众进行创造性的协商对话。这可能会抑制协作,这是协作治理研究的一个开放领域。

联邦咨询委员会

为了使政府更具响应性和协作性,各机构成立了咨询委员会;第二次世界大战后,这种做法在美国环城公路内部急剧增长,而在 20 世纪 80 年代,环城公路外部亦是如此(Croley and Funk,1997)。《联邦咨询委员会法》(FACA)使各机构召集的利益相关者群体变得显而易见(Croley and Funk,1997,p.459),因为人们担心特殊利益集团可以无限制地接触决策者(Croley and Funk,1997,p.453)。《联邦咨询委员会法》要求:(1)各机构向新成立的咨询委员会发出通知;(2)各机构界定其职权范围;(3)咨询委员会成员在所代表的观点上要做到公平和平衡;(4)每次会议必须由一名联邦官员召集并

参加;(5)会议向公众开放;(6)公众参与。(Boxer-Macomber,2003,p.4)

《联邦咨询委员会法》期望有一个协同的利益相关小组或委员会,它由该组织的代表组成,可以具有网络的一些属性。然而,联邦咨询委员会法将该群体与《行政程序法》中定义的单一机构联系在一起(5 U.S.C. app. § 3[3])。该法案还要求委员会会议公开记录并且让公众参与,以确保透明度和问责制。《联邦咨询委员会法》特别将为州和地方政府提供建议的地方公民团体和机构排除在外。

《联邦咨询委员会法》达到了国会的目的;它大大减少了咨询委员会的使用。可以说,限制不必要的委员会这一做法提高了效率。然而,该法的成功可能是以牺牲协作治理的有效政策制定为代价的。有利于建立共识的做法与《联邦咨询委员会法》对咨询委员会的限制之间存在内在的紧张关系。根据《联邦咨询委员会法》,规避风险的机构顾问可以阻止机构与公民和利益相关者协作。鉴于网络、协作或新治理的发展,可能是时候重新审视《联邦咨询委员会法》了。

协商制定规则和争议解决

最初的《联邦咨询委员会法》在谈判和争端解决方面保持沉默。在20世纪80年代,各机构尝试了协作过程和共识建立(Funk, Lubbers and Pou, 2008, pp.397—410, 941—947; Senger, 2003)。机构律师担心在规则制定或裁决中使用这些程序的法定权力,担心这些程序可能是越权的机构行为(Breger, Schatz and Laufer, 2001, pp.1, 9)。国会通过了对《联邦咨询委员会法》的两项修正案,并于1996年成为永久性修正案:《协商规则制定法》和《行政争议解决法》。法规明确授权在规则制定和裁决中分别进行谈判和争端解决。《协商规则制定法》的谈判规则制定委员会服从《联邦咨询委员会法》(5 U.S.C. § 565)。尽管最近协商制定规则的使用范围有所扩大,但其使用一直受到限制(Balla, 2005)。

《行政争议解决法》被广泛解释为:适用于上游公共政策对话和下游行政听证会的法案。在联邦机构替代性争议解决中,该法案平衡了保密性和公众获取性(Breger, Schatz and Laufer, 2001, pp.403—405),规定了在某些情况下的保密性,以鼓励协作(Interagency ADR Working Group, 2006)。联邦政府已经大大增加了其在争议解决程序中的使用(Bingham and Wise，1996；Nabatchi，2007；Senger，2003)。《行政争议解决法》为协同治理过程提供了最强有力的法律基础。

国会还促进了《协商规则制定法》和《行政争议解决法》的机构问责制，让人民和利益相关者对于他们的决策有发言权并密切影响其决策制定。发声不仅仅是指公众参与，还指通过谈判能够影响法规草案的语言，或是通过将案件提交调解来影响行政裁决的结果。国会得出结论，这些过程将降低交易成本，提高机构效率(Senger，2003，pp.2—7)。这些法规通过将《协商规则制定法》与《联邦咨询委员会法》的透明度规则捆绑在一起，并通过在《行政争议解决法》中对《信息自由法》规定了有限的例外，来平衡协作性与透明度。

然而，《协商规则制定法》和《行政争议解决法》将这些流程的使用交由机构自行决定。此外，随着时间的推移，这两个法案并没有直接涉及跨机构边界的协作、协同公共管理或网络管理等，它们主要处理一次性事件或案例。这种协作治理的法律权威差距仍然存在。

《减少文书工作法》

《减少文书工作法》减少了个人、小企业、教育和非营利机构的文书工作负担，对于联邦承包商、州、地方和部落政府以及其他人员来说，亦是如此(44 U.S.C. § 3501)。该法案寻求确保政府收集的信息能带来最大的公众利益。所有行政分支机构在收集信息之前，都需要得到信息和监管事务办公室的许可。

从业者认为《减少文书工作法》对公众参与构成了某些障碍，例如，通过公众调查进行的参与性预算。该法案对研究和评估、新治理协调的基本收集数据工具设置了障碍。《减少文书工作法》对成本效益(效率的一种形式)的考虑，比信息收集形式的参与度或透明度更重要。开放政府倡议的云外包可能提供一个合作的替代方案(Amsler and Foxworthy，2014)。

电子政府和电子规则制定

自20世纪90年代以来，联邦政府一直致力于技术现代化(Stowers，

2003)。《国家绩效审查》建议使用电子邮件、电子档案、福利转移以及综合电子方式来获取政府信息和服务。1996 年,国会通过了《克林格-科恩法案》,以改善联邦信息技术管理(40 U.S.C. §§ 11101,11302[2010])。

国会于 2002 年通过了《电子政务法》,以应用新技术使政府更易于访问并提高其透明度(44 U.S.C. §§ 3601—3606)。该法案并未明确要求公众在线参与或互动。早期的政策选择限制了机构创新(Commission on the Status and Future of Frederal e-Rulemaking,2008)。管理和预算办公室为所有机构建立了一个单一的集中系统,配有公共数据库和公共网站。公众可以查看材料并提交评论(见 http://www.regulations.gov)。评论过程本身不是商议性的或合作性的。联邦摘要管理系统改善了通知和规则草案的查阅入口,并简化了意见提交程序。它增加了电子邮件通知、全文搜索和 RSS 提要。该系统还使研究人员能够更多地了解人们如何参与规则制定,无论是通过正式通知和评论,还是通过协商制定规则,以及咨询委员会、会议、圆桌会议和焦点小组等互动论坛。

《电子规则制定法》通过利用不断发展的技术,促进了效率、透明度和参与性。该法案特别鼓励协作——在行政法中,为数不多使用这个词的法规之一(44 U.S.C. § 3602[9]);它指的是联邦、州、地方和部落政府领导人在行政、立法和司法部门的电子政府,以及私营和非营利部门的领导人之间的合作和对话。然而,与《开放政府倡议》不同的是,该法案没有广泛授权创新。

行政法律中的公众参与

在美国,公众参与民主可以追溯到殖民地的市政厅会议时期,但在现代概念中,公众参与源于新政和行政机构的诞生(Beierle and Cayford,2002)。《行政程序法》在规则制定中提供通知和评论作为公众参与。在 20 世纪 60 年代的"大社会"计划中,1964 年的《经济机会法》规定了穷人"最大限度地参与"社区行动计划;这导致争议纷纷,并最终废除该表达方式(ACIR,1979;Moynihan,1969)。1970 年之后,国会明确将公众参与纳入新的项目。

2010 年的一项研究发现,尽管"公众参与"一词的变体不在正式定义部分出现,但在《美国法典》中仍出现了 200 多次(Bingham,2010)。最常见的是,这个词与"规则制定"一词一起出现,通常与《国家环境政策法》出台后的土地使用和环境有关。它表现为"足够的公众参与""充分的公众参与",或"最大程度的公众参与",或作为一个有意义的公众评论机会(Bingham,2010)。

一些章节解释了机构应如何以及与谁进行公众参与、展开必要咨询,或是阐述具体的流程,如研讨会、焦点小组、提名程序和公众教育。提到沟通、合作和交换信息,表明地点方便或质量需求。公众参与是"善治"。"公众介入"也是公众参与。相比之下,公众参与与社区服务和投票有关,而不是参与治理(有关法定参考,见 Bingham,2010)。

总而言之,尽管《美国法典》在多种情况下使用了"公众参与"一词,但没有一个明确的定义适用于所有联邦机构(Bingham,2010)。我们的法律框架未能充分解决参与治理问题。协作治理需要政府以外的人和组织来参与政策过程。随着交互式网络工具的进步,公众参与和介入正在迅速发展。这为立法明确授权各机构进行参与式进程以及跨机构和部门的合作提供了机会。

《联邦行政法》与政策统一体的协作

图 2 说明了与公共管理人员在政策统一体的行政分支机构中使用协作治理相关的联邦法规。

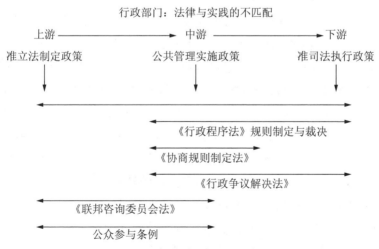

图 2 行政部门和法律与协同治理实践之间的不匹配

在制定规则之前的上游政策制定中,个别机构授权法规可能需要公众参与;《联邦咨询委员会法》允许咨询委员会。在上游和中游之间的边界地带,《协商规则制定法》将协商制定规则授权为准立法过程。在中游和下游,《行政程序法》涉及准立法规则制定和准司法正式或非正式裁决。同样,在中游和下游,《行政争议解决法》授权公众发声和共识过程。

上游在公众参与的法律框架上存在巨大差距。此外,这些基本的联邦行政法法规并没有明确涉及协同治理、协同公共管理或网络治理。开放的研究问题是关于该法律框架如何影响协同治理实践和系统。

各州法律框架的协作治理

法律框架在州和地方政府层面的协作治理是相似的(详细回顾,见 Amsler and Nabatchi, forthcoming)。各州有《行政程序法》《信息自由法》《阳光法》,通常还有咨询委员会法规。有些有州层面的《行政争议解决法》和《协商规则制定法》(得克萨斯州和佛罗里达州)。一些州有《统一调解法案》。许多州有专门针对争议解决和调解的机构授权法规。一般来说,协同治理的州法律框架弱于联邦法律框架。

虽然有 50 个不同版本,但各州颁布了统一法律委员会于 1961 年、1981 年和 2010 年分别通过的《示范州行政程序法》三个版本(见 http://www.uniformlaws.org)。1961 年版《示范州行政程序法》没有使用"参与"一词。但是,在第 2 节"公共资料;采用规则"中,它部分规定"每个机构应⋯⋯采用惯例规则,规则规定现有所有正式和非正式程序的性质和要求,包括对机构使用的所有形式和指示的说明"。这授权机构采用参与非正式程序制定公众互动的规则。它曾经对谈判和协作保持沉默。许多州都存在类似的语言;该法案授权各机构采取可以促进参与和协作的规则。

重要的是,1981 年版《示范州行政程序法》增加了一个关于公众参与的新条款,第 3—104 条要求发布"拟议规则采纳的通知",人们"有机会以书面形式提交关于拟议规则的论点、数据和观点"。它还要求在 25 人及时提交书面请求时,向公众开放"关于拟议规则的口头程序"。这允许公众"就拟议的规则提出口头辩论、数据和观点"。这要求各机构采用"口头制定规则程序的规则"。这虽然明确授权公众参与,但对于协作、争议解决、协商制定规则和调解还是保持沉默态度。

协商规则制定明确地让公众参与进来,通过具有代表性的利益相关者参与基于共识的过程,从而产生规则草案。1961 年和 1981 年版《示范州行政程序法》都对协商规则制定保持沉默;1961 年版没有使用"谈判"一词,1981年版将其用于商业安排。2010 年之前,一些州在其《行政程序法》中加入协商规则制定的条款。2010 年,统一法律委员会修订了《示范州行政程序法》,在第 303 条中包括关于协商制定规则的明确语言"拟议规则制定的事先通知;协商规则制定"(见 http://www. uniformlaws. org/shared/docs/state%20administrative%20procedure/msapa_final_10.pdf)。各机构"通过发布拟议规则制定的预先通知,向公众征求意见和建议",并任命一个委员会"就拟议规则制定的主题发表意见或提出建议",前提是该机构"作出合理努力,在已知对拟议规则制定的主题有兴趣的公众成员之间,建立代表性平衡"。它要求委员会以协商一致的方式进行决策。

第 303(d)条还为其他协作过程或公众参与过程打开了一扇门:"本条不禁止机构通过任何其他方法或程序,从公众中获取关于拟议规则主题的信息和意见"(强调添加)。统一法律委员会可以说是授权了协作治理的形式。

同样,1961 年版《示范州行政程序法》没有以任何形式使用"争议""解决""决议""调解"或"谈判"等词。1981 年版《示范州行政程序法》虽然没有提及争议解决和调解,但确实使用了"解决"和"决议"等词,但与其他争议解决方式无关。该法案在商业协议中使用了"谈判"一词,在涉及事实和法律的裁决中使用了"争议"一词。

2010 年之前,一些州在其《行政程序法》中加入了调解或争议解决。2010 年《示范州行政程序法》第 403(c)条"争议案件"中,明确授权在裁决中调解或解决争议:"审判长在各方同意的情况下,可以将争议案件中的各方提交调解或其他争议解决程序。"

统一法律委员会独立地通过一个单独的委员会,起草了《统一调解法》并于 2003 年通过。该法案明确授权政府在第 2 节(6)条中进行调解,其中对"人"的定义包括政府或政府分支机构、机构或部门。第 2 节(7)条将"程序"定义为包括行政或其他裁决程序。第 3 节规定,《统一调解法》"适用于行政机关规则……要求当事人调解或……经行政机关委托调解者"。许多州已经颁布了《统一调解法》(见 http://uniformlaws.org/Act.aspx?title=Mediation%20Act)。

《示范州行政程序法》和《统一调解法》中的语言授权州机构在政策连续体上使用类似于联邦行政法的话语。然而,州法律框架在协同治理方面也存在重大差距。《行政程序法》授权或要求公众参与,但很少对其进行定义;法案缺乏对话、商议或协作的明确权威。法案对协同公共或网络治理保持沉默。尽管有合理的依据,暗示机构有权制定协作过程的规则,但这种差距抑制了创新。各机构可以基于其固有权力从《行政程序法》的"协作治理"这一总称下,使用各种参与性、审议性、协作性和基于共识的过程;但是,关于它们的法律框架如何影响公共管理者的选择,我们几乎没有任何经验证据。

地方政府和舆论

一些州的《行政程序法》适用于地方政府,并可能为其提供协作治理过程的权力,例如在纠纷解决和条例草案中类似于协商制定规则。一般来说,公众参与的法律框架给地方政府带来了挑战(Nabatchi and Amsler, 2014)。19 世纪早期的法院认为,市政当局是国家的附属物,其只有在立法中明确授权的权力;法院强制实行公共/私人的区分,以限制市政当局的行动(Barron, 2003)。

市政当局与富有的私人行为者和财产所有者进行协调,这些人通过特别评估来支付公共改善费用,如街道(Barron, 2003, p.2282),或通过私人代表支付警察保护费用,或通过志愿者支付消防费用(p.2283)。狄龙(Dillon)的规则认为,市政当局是国家的法人,只有有限的权力来管理地方事务和进行经济支出(Barron, 2003, p.2285);它们不是政府。在 19 世纪后期,城市改革者通过为特定城市制定特别法案,创建了一个免受国家立法干预和腐败的行动区,从而推动了"地方自治"的进程以加强市政。最终,地方自治内的参与从"政府的代表性质"转变为"公众直接参与日常活动"(Stewart, 1976, p.1)。州的地方自治法案通常对公众参与保持沉默,将其留给《行政程序法》和《阳光法》解决。公众参与的特殊目的授权可能出现在土地使用和规划、交通、选举、预算、教育、环境政策以及其他法规中。

州立法机构很少定义"公众参与"或"公众评论"。《阳光法》将公共会议限制在公布的议程范围内,这可能会限制民选官员对公众意见的回应(Nabatchi and Amsler,2014)。监测需要人力资源,这导致市政当局采用"每个人对着麦克风讲三分钟"的策略(Leighninger,2013),而不是更审慎的方法。

很少有地方政府正式采用新的公众参与协商制度。以下地方是例外:加利福尼亚州的洛杉矶(Cooper,Bryer and Meek,2006),俄勒冈州的波特兰(Sirianni,2009),明尼苏达州的明尼阿波利斯,以及俄亥俄州的代顿(Leighninger,2006)。这些城市已经将公众参与制度化,例如,社区委员会或社区委员会在地方决策中发挥正式作用,并让公众参与政府部门的治理。这些往往是代表机构,而不是审议授权的分散公众(Leighninger,2006,2012)。地方政府领域一直是协作治理和公众参与案例研究的丰富来源(Agranoff,2007;Agranoff and McGuire,2003;Nabatchi et al.,2012)。

然而,在涉及地方政府协同治理的实证研究中,公法仍然是未被发现的领域。一个工作组为州《阳光法》修正案、地方条例和政策起草了示范语言,以促进公众参与治理的创新性(Amsler et al.,2013)。协同公共管理和网络文献并没有充分阐述这些治理形式中的公共角色,针对单一机构的行政法与通过网络进行协同治理之间的关系也不清楚。这也是未来研究的一个开放领域。

将协作作为公共价值纳入治理

在联邦、州和地方法律中,协作治理的法律框架是不完整的。图2说明了联邦部门中行政法与协作治理实践之间的不匹配。诸如"合作""网络""对话"和"协商民主"等词没有出现在标题5中(Bingham,2010)。法律规定"公众参与",但通常没有对其进行定义;《行政程序法》对上游使用保持沉默。法规没有提供基础广泛的权威，也没有要求对话和审议、协商民主或协作的公共管理。《联邦咨询委员会法》和《阳光法》通过限制咨询委员会、强制遵守议程、优先考虑透明度而不是建立信任所需的保密性，为协作设置了明显的限制。特别是在联邦政府开放政府指令下，机构正在尝试创新，但障碍仍然存在，因为机构和机构内部律师可能会限制审议民主实践，以遵守《行政程序法》关于记录评论的规则。州和地方行政法提出了影响州机构和地方政府的类似问题。

法律框架向试图参与协同治理的公共管理者和机构提出了问题。使用制度分析与发展框架，我们可以通过控制政府法律框架的差异，应用实证方法来比较政府协作的广度深度和公众参与度。法律代表着塑造行动舞台的规则。学者们正在通过各种案例研究研究协作治理实践。使用制度分析与发展框架（Ostrom，2005），我们可以综合来自管理、政治和法律的方法，用以应对协作治理的挑战，并帮助管理者创新。

制度设计方面的学术研究侧重于具体规则对公正性、不确定性、问责制、投票、授权、判断、透明度和审议的影响（Vermeule，2007）。研究人员可以在调查和访谈协议中提出问题，以确定法律框架中存在哪些障碍、阻碍、激励或抑制协作的因素。我们可以试图确定具体的法律和规则是如何塑造协作治理的环境的。我们还有大量的工作需要做。

结语：协同治理的规则、法律与研究

文森特·奥斯特罗姆和埃莉诺·奥斯特罗姆的学术成果以及制度分析与发展框架可以为使用协同治理的系统的实证研究提供一套工具，这可能促进管理、政治和法律的综合体。我们似乎同意，在每个公共机构中都有这三种因素在起作用。我们面临的挑战是，如何捕捉每一种因素对协同治理的影响。埃莉诺·奥斯特罗姆为制度分析开发了一种语法和语言，重点关注协作与合作如何在稳定的治理结构中出现并发挥作用。她敦促研究人员使用共同语言；没有共同语言，我们只能在"喋喋不休的平衡"中彼此交谈（Ostrom，2005，p.176）。

我们的学术研究会对实践产生影响。协同治理需要创新。在寻求创新时,公共管理者应考虑相关的法律框架,并咨询法律顾问。然而,他们也应该意识到,内部法律顾问可能会规避风险。当创新因为没有相关的判例法而呈现出第一印象的案例时,管理者应该询问,如何通过使用与法律权威一致的参与性和协作性过程进行创新。

协作作为一种独立的公共价值被嵌入法律中,它本身就是一个目的,而不仅仅是一个过程。法律决定了公共机构的行为和公共管理者的管理方式;它反映了代议制政治的过程。协同治理的法律框架有待完善。未来的工作将考虑示范立法,以为公共管理人员和机构提供法律权力,并在整个政策连续体中,整合公众和利益相关者的声音和协作。法律框架有助于形成协同治理;现在是时候将法律重新纳入我们的公共管理研究设计中了。

参考文献

Advisory Commission on Intergovernmental Relations (ACIR). 1979. *Citizen Participation in the American Federal System*. Washington, DC: U.S. Government Printing Office.

Agranoff, Robert. 2007. *Managing within Networks: Adding Value to Public Organizations*. Washington, DC: Georgetown University Press.

Agranoff, Robert, and Michael McGuire. 2003. *Collaborative Public Management: New Strategies for Local Governments*. Washington, DC: Georgetown University Press.

Amsler, Lisa Blomgren, and Susanna Foxworthy. 2014. Collaborative Governance and Collaborating Online: The Open Government Initiative in the United States. In *Public Administration and the Modern State*, edited by Eberhard Bohne, John D. Graham, and Jos C. N. Raadschelders, 189 – 202. New York: Palgrave Macmillan.

Amsler, Lisa Blomgren, with Michael Huggins, Steven Moore, Margaret Stout, and Wendy Willis. 2013. A Model State Public Participation Act and a Model Municipal Public Participation Ordinance. In *Making Public Participation Legal*, edited by the Working Group on Legal Frameworks for Public Participation, 13 - 20. Washington, DC: National Civic League.

Amsler, Lisa Blomgren, and Tina Nabatchi. Forthcoming 2016. Public Engagement and Decision-Making: Moving Minnesota Forward to Dialogue and Deliberation. *Mitchell Hamline Law Review* 42.

Ansell, Chris, and Alison Gash. 2008. Collaborative Governance in Theory and Practice. *Journal of Public Administration Research and Theory* 18(4): 543 – 571.

Balla, Steven J. 2005. Between Commenting and Negotiation: The Contours of Public Participation in Agency Rulemaking. *I/S: A Journal of Law and Policy for the Information Society* 1(1):59 – 94.

Barron, David. 2003. Reclaiming Home Rule. *Harvard Law Review* 116:2255 – 2386.

Beierle, Thomas C., and Jerry Cayford. 2002. *Democracy in Practice: Public Participation in Environmental Decisions*. Washington, DC: Resources for the Future.

Bingham, Lisa Blomgren. 2008 – 2009. Designing Justice: Legal Institutions and Other Systems for Managing Conflict. *Ohio State Journal on Dispute Resolution* 24:1 – 50.

——. 2009. Collaborative Governance: Emerging Practices and the Incomplete Legal Framework for Citizen and Stakeholder Voice. *Missouri Journal of Dispute Resolution* 2009(2):269 – 326.

——. 2010. The Next Generation of Administrative Law: Building the Legal Infrastructure for Collaborative Governance. *Wisconsin Law Review* 10(2): 297 –356.

Bingham, Lisa Blomgren, Tina Nabatchi, and Rosemary O'Leary. 2005. The New Governance: Practices and Processes for Stakeholder and Citizen Participation in the Work of Government. *Public Administration Review* 65(5): 528 – 539.

Bingham, Lisa Blomgren, and Rosemary O'Leary, eds. 2008. *Big Ideas in Collaborative Public Management*. Armonk, NY: M.E. Sharpe.

——. 2011. Federalist No. 51: Is the Past Relevant to Today's Collaborative Public Management? Special issue. *Public Administration Review* 71:78 – 82.

Bingham, Lisa B., and Charles R. Wise. 1996. The Administrative Dispute Resolution Act of 1990: How Do We Evaluate Its Success? *Journal of Public Administration Research and Theory* 6(3):383 – 414.

Box, Richard C., Gary S. Marshall, B. J. Reed, and Christine M. Reed. 2001.

New Public Management and Substantive Democracy. *Public Administration Review* 61(5):608 – 619.

Boxer-Macomber, Lauri. 2003. *Too Much Sun? Emerging Challenges Presented by California and Federal Open Meeting Legislation to Public Policy Consensus-Building Processes*. Sacramento, CA: Center for Collaborative Policy.

Breger, Marshall J., Gerald S. Schatz, and Deborah Schick Laufer, eds. 2001. *Federal Administrative Dispute Resolution Deskbook*. Washington, DC: American Bar Association.

Bryson, John M., Barbara C. Crosby, and Laura Bloomberg. 2014. Public Value Governance: Moving beyond Traditional Public Administration and the New Public Management. *Public Administration Review* 74(4):445 – 456.

Bryson, John M., Barbara C. Crosby, and Melissa Middleton Stone. 2015. Designing and Implementing Cross-Sector Collaborations: Needed and Challenging. *Public Administration Review* 75(5):647 – 663.

Bryson, John M., Kathryn S. Quick, Carissa Schively Slotterback, and Barbara C. Crosby. 2013. Designing Public Participation Processes. *Public Administration Review* 73(1):23 – 34.

Buchanan, James M., and Gordon Tullock. 1962. *The Calculus of Consent*. Ann Arbor: University of Michigan Press.

Campbell, Colin. 2005. The Complex Organization of the Executive Branch: The Legacies of Competing Approaches to Administration. In *Institutions of American Democracy: The Executive Branch*, edited by Joel D. Aberbach, and Mark A. Peterson, 243 – 282. New York: Oxford University Press.

Christensen, Robert K., Holly T. Goerdel, and Sean Nicholson-Crotty. 2011. Management, Law, and the Pursuit of Public Good in Public Administration. Supplement 1. *Journal of Public Administration Research and Theory* 21: i125 – i140.

Commission on the Status and Future of Federal e-Rulemaking. 2008. Achieving the Potential: The Future of Federal e-Rulemaking, a Report to Congress and the President. http://scholarship.law.cornell.edu/cgi/viewcontent.cgi?article=2505&context=facpub[accessed June 1, 2016].

Cooper, Philip J. 1997. Public Law as a Set of Tools for Management. In *Handbook of Public Law and Administration*, edited by Philip J. Cooper, and Chester A. Newland, 104 – 120. San Francisco: Jossey-Bass.

Cooper, Philip J., and Chester A. Newland, eds. 1997. *Handbook of Public*

Law and Administration. San Francisco: Jossey-Bass.

Cooper, Terry L. , Thomas A. Bryer, and Jack W. Meek. 2006. Citizen-Centered Collaborative Public Management. *Public Administration Review* 66 (6): 76 -88.

Croley, Steven P. , and William F. Funk. 1997. The Federal Advisory Committee Act and Good Government. *Yale Journal on Regulation* 14:451 - 557.

Dunleavy, Patrick, Helen Margetts, Simon Bastow, and Jane Tinkler. 2006. New Public Management Is Dead—Long Live Digital-Era Governance. *Journal of Public Administration Research and Theory* 16(3):467 - 494.

Emerson, Kirk, Tina Nabatchi, and Stephen Balogh. 2012. An Integrative Framework for Collaborative Governance. *Journal of Public Administration Research and Theory* 22(1):1 - 29.

Faure, David. 1996. Note: The Federal Advisory Committee Act: Balanced Representation and Open Meetings Conflict with Dispute Resolution. *Ohio State Journal on Dispute Resolution* 11:489 - 518.

Feiock, Richard C. , and John T. Scholz, eds. 2010. *Self-Organizing Federalism: Collaborative Mechanisms to Mitigate Institutional Collective Action Dilemmas*. New York: Cambridge University Press.

Feiock, Richard C. , Christopher M. Weible, David P. Carter, Cali Curley, Aaron Deslatte, and Tanya Heikkila. 2016. Capturing Structural and Functional Diversity through Institutional Analysis: The Mayor Position in City Charters. *Urban Affairs Review* 52(1):129 - 150.

Freeman, Jody. 2000. The Private Role in Public Governance. *New York University Law Review* 75:543 - 674.

Fung, Archon. 2006. Varieties of Participation in Democratic Governance. Specialissue, *Public Administration Review* 66:66 - 75.

——. 2015. Putting the Public Back into Governance: The Challenges of Citizen Participation and Its Future. *Public Administration Review* 75 (4): 513 - 522.

Funk, William F. , Jeffrey S. Lubbers, Jr. , and Charles Pou, eds. 2008. *Federal Administrative Procedure Sourcebook*. 4th ed. Washington, DC: American Bar Association.

Gazley, Beth, Won Kyung Chang, and Lisa Blomgren Bingham. 2010. Board Diversity, Stakeholder Representation, and Collaborative Performance in Community Mediation Centers. *Public Administration Review* 70(4):610 - 620.

Hood, Christopher. 1991. A Public Management for All Seasons? *Public Administration* 69(1):3 – 19.

——. 1995. The "New Public Management" in the 1980s: Variations on a Theme. *Accounting, Organizations and Society* 20(2 – 3):93 – 109.

Interagency ADR Working Group Steering Committee. 2006. Protecting the Confidentiality of Dispute Resolution Proceedings: A Guide for Federal Workplace ADR Program Administrators. https://www.adr.gov/pdf/final_confid.pdf [accessed June 6, 2016].

Leighninger, Matthew. 2006. *The Next Form of Democracy: How Expert Rule Is Giving Way to Shared Governance—And Why Politics Will Never Be the Same.* Nashville, TN: Vanderbilt University Press.

——. 2012. Mapping Deliberative Civic Engagement: Pictures from a (R)evolution. In *Democracy in Motion: Evaluating the Practice and Impact of Deliberative Civic Engagement*, edited by Tina Nabatchi, John Gastil, Matt Leighninger, and G. Michael Weiksner, 19 – 39. New York: Oxford University Press.

——. 2013. Three Minutes at the Microphone. In *Marking Public Participation Legal*, edited by the Working Group on Legal Frameworks for Public Participation, 3 – 6. Washington, DC: National Civic League.

Margerum, Richard D. 2011. *Beyond Consensus: Improving Collaborative Planning and Management.* Cambridge, MA: MIT Press.

McGinnis, Michael D., and Elinor Ostrom. 2012. Reflections on Vincent Ostrom, Public Administration, and Polycentricity. *Public Administration Review* 72(1):15 – 25.

McGuire, Michael. 2006. Collaborative Public Management: Assessing What We Know and How We Know It. Special issue, *Public Administration Review* 66:33 – 43.

Moe, Ronald C., and Robert S. Gilmour. 1995. Rediscovering Principles of Public Administration: The Neglected Foundation of Public Law. *Public Administration Review* 55(2):135 – 146.

Moore, Mark H. 1994. Public Value as the Focus of Strategy. *Australian Journal of Public Administration* 53(3):296 – 303.

Morgan, Douglas F., and Brian J. Cook, eds. 2014. *New Public Governance: A Regime-Centered Perspective.* Armonk, NY: M.E. Sharpe.

Moynihan, Donald P. 1969. *Maximum Feasible Misunderstanding: Community*

Action in the War on Poverty. New York: Free Press.

Nabatchi, Tina. 2007. The Institutionalization of Alternative Dispute Resolution in the Federal Government. *Public Administration Review* 67(4):646 – 661.

——. 2012. Putting the "Public" Back in Public Values Research: Designing Public Participation to Identify and Respond to Public Values. *Public Administration Review* 72(5):699 – 708.

Nabatchi, Tina, and Lisa Blomgren Amsler. 2014. Direct Public Engagement in Local Government. *American Review of Public Administration* 44(4 Suppl.): 63 – 88S.

Nabatchi, Tina, John Gastil, Matt Leighninger, and G. Michael Weiksner, eds. 2012. *Democracy in Motion: Evaluating the Practice and Impact of Deliberative Civic Engagement*. New York: Oxford University Press.

Nabatchi, Tina, and Matt Leighninger. 2015. *Public Participation for 21st Century Democracy*. Hoboken, NJ: Wiley.

Newbold, Stephanie P. 2014. Why a Constitutional Approach Matters for Advancing the New Public Governance. In *New Public Governance: A Regime-Centered Perspective*, edited by Douglas F. Morgan, and Brian J. Cook, 13 – 22. Armonk, NY: M.E. Sharpe.

O'Flynn, Janine. 2007. From New Public Management to Public Value: Paradigmatic Change and Managerial Implications. *Australian Journal of Public Administration* 66(3):353 – 366.

O'Leary, Rosemary. 2006. *The Ethics of Dissent: Managing Guerrilla Government*. Washington, DC: CQ Press.

——. 2014. Collaborative Governance in New Zealand: Important Choices Ahead. http://www.fulbright.org.nz/wp-content/uploads/2014/08/axford2014_oleary.pdf[accessed June 6, 2016].

O'Leary, Rosemary, and Lisa B. Bingham, eds. 2003. *The Promise and Performance of Environmental Conflict Resolution*. Washington, DC: Resources for the Future.

——, ed. 2009. *The Collaborative Public Manager: New Ideas for The Twenty-First Century*. Washington, DC: Georgetown University Press.

O'Leary, Rosemary, Lisa Blomgren Bingham, and Catherine Gerard, eds. 2006. Special Issue on Collaborative Public Management. *Public Administration Review* 66(6).

Osborne, David, and Ted Gaebler. 1992. *Reinventing Government. How the En-*

trepreneurial Spirit Is Transforming the Public Sector. Reading, MA: Addison-Wesley.

Ostrom, Elinor. 1990. *Governing the Commons: The Evolution of Institutions for Collective Action*. Cambridge, UK: Cambridge University Press.

——. 2000. Collective Action and the Evolution of Social Norms. *Journal of Economic Perspectives* 14(3):137 – 158.

——. 2005. *Understanding Institutional Diversity*. Princeton, NJ: Princeton University Press.

——. 2011. Background on the Institutional Analysis and Development Framework. *Policy Studies Journal* 39(1):7 – 27.

Ostrom, Vincent, and Elinor Ostrom. 1971. Public Choice: A Different Approach to the Study of Public Administration. *Public Administration Review* 31(2):203 – 216.

O'Toole, Laurence J., Jr. 1997. Treating Networks Seriously: Practical and Research-Based Agendas in Public Administration. *Public Administration Review* 57(1):45 – 52.

——. 2015. Networks and Networking: The Public Administrative Agendas. *Public Administration Review* 75(3):361 – 371.

Podziba, Susan L. 2012. *Civic Fusion: Mediating Polarized Public Disputes*. Washington, DC: American Bar Association.

President of the United States. 2000. The Twenty-Seventh Annual Report on Federal Advisory Committees for Fiscal Year 1998, Pursuant to 5 U.S.C. App. H.R. Doc. 106 – 209. Washington, DC: U.S. Government Printing Office.

Provan, Keith G., and H. Brinton Milward. 2001. Do Networks Really Work? A Framework for Evaluating Public Sector Organizational Networks. *Public Administration Review* 61(4):414 – 423.

Rosenbloom, David H. 1983. Public Administrative Theory and the Separation of Powers. *Public Administration Review* 43(3):219 – 227.

——. 2007. Reinventing Administrative Prescriptions: The Case for Democratic-Constitutional Impact Statements and Scorecards. *Public Administration Review* 67(1):28 – 39.

——. 2013. Reflections on "Public Administrative Theory and the Separation of Powers." *American Review of Public Administration* 43(4):381 – 396.

——. 2015. *Administrative Law for Public Managers*, 2nd ed. Boulder, CO: Westview Press.

Rosenbloom, David H., and Katherine C. Naff. 2010. The Status of Law in Contemporary Public Administration Literature, Education, and Practice. In *The Future of Public Administration around the World: The Minnowbrook Perspective*, edited by Rosemary O'Leary, David M. Van Slyke, and Soonhee Kim, 211 - 220. Washington, DC: Georgetown University Press.

Rubin, Edward L. 1984. Due Process and the Administrative State. *California Law Review* 72:1044 - 1179.

—— 1989. Law and Legislation in the Administrative State. *Columbia Law Review* 89:369 - 426.

——. 2003. It's Time to Make the Administrative Procedure Act Administrative. *Cornell Law Review* 89(1):95 - 190.

Salamon, Lester M., ed. 2002. *The Tools of Government: A Guide to the New Governance*. Oxford, UK: Oxford University Press.

Schwartz, Bernard. 1991. *Administrative Law*, 3rd ed. Boston: Little, Brown.

Senger, Jeffrey M. 2003. *Federal Dispute Resolution: Using ADR within the United States Government*. San Francisco: Jossey-Bass.

Shipan, Charles R. 2005. Congress and the Bureaucracy. In *The Legislative Branch*, edited by Paul J. Quirk, and Sarah A. Binder, 432 - 458. New York: Oxford University Press.

Siddiki, Saba N., Julia L. Carboni, Chris Koski, and Abdul-Akeem Sadiq. 2015. How Policy Rules Shape the Structure and Performance of Collaborative Governance Arrangements. *Public Administration Review* 75(4):537 - 547.

Sirianni, Carmen. 2009. *Investing in Democracy: Engaging Citizens in Collaborative Governance*. Washington, DC: Brookings Institution Press.

Stewart, William H., Jr. 1976. *Citizen Participation in Public Administration*. Birmingham: Bureau of Public Administration, University of Alabama.

Stoker, Gerry. 2006. Public Value Management: A New Narrative for Networked Governance? *American Review of Public Administration* 36(1):41 - 57.

Stowers, Genie N. L. 2003. The State of Federal Web Sites: The Pursuit of Excellence. In *E-Government 2003*, edited by Mark A. Abramson, and Therese L. Morin, 17 - 52. Washington, DC: IBM Center for the Business of Government.

Susskind, Lawrence, and Jeffrey Cruikshank. 1987. *Breaking the Impasse: Consensual Approaches to Resolving Public Disputes*. New York: Basic Books.

Susskind, Lawrence, Sarah McKearnan, and Jennifer Thomas-Larmer, eds.

1999. *The Consensus Building Handbook：A Comprehensive Guide to Reaching Agreement*. Thousand Oaks, CA：Sage Publications.

Thomson, Ann Marie, and James L. Perry. 2006. Collaboration Processes：Inside the Black Box. *Public Administration Review* 66(6)：20 – 32.

Tyler, Tom R. 1990. *Why People Obey the Law*. New Haven, CT：Yale University Press.

Vermeule, Adrian. 2007. *Mechanisms of Democracy：Institutional Design Writ Small*. New York：Oxford University Press.

Wright, Bradley E. 2011. Public Administration as an Interdisciplinary Field：Assessing its Relationship with the Fields of Law, Management, and Political Science. *Public Administration Review* 71(1)：96 – 101.

Yang, Kaifeng, and Erik Bergrud, eds. 2008. *Civic Engagement in a Network Society*. Charlotte, NC：Information Age.

治理机构与经济活动*

阿维纳什·迪克西特(Ayinash Dixit)

　　"治理"这一概念在短短三十年里从默默无闻上升到流行词汇的地位。经济学文摘数据库显示,在 20 世纪 70 年代,"治理"一词只出现过 5 次;到 2008 年底,该词被提及 33 177 次。"经济治理"这一更为具体的短语出现了 192 次①;更受欢迎的"公司治理"一词出现了 9 717 次。我关注经济治理,但我也研究它与公司治理的关系。

　　对于任何流行词,每个人的理解都有些许不同。这是不可避免的,因此在这篇文章中,我只给出我对经济治理的理解。我所说的经济治理是指法律和社会机构的结构与功能,这些机构通过保护产权、执行契约和采取集体行动,以及提

＊　原文"Governance Institutions and Economic Activity",作为 2009 年 4 月 1 日在美国经济协会第一百二十一次会议上的总结讲话内容。作者感谢国家科学基金会对本次演讲和论文研究的支持。类似的材料曾在世界银行的 PREM 研讨会、国际货币基金组织的培训研讨会、加拿大皇后大学的爱德华·克拉克讲座、莫斯科的王朝基金会讲座、萨班奇大学的公开讲座以及各种研讨会上发表过。阿维纳什·迪克西特,数量经济学研究领域著名经济学家,其与斯蒂格利茨合作发表的《垄断竞争和最优产品多样化》(1977)一文,引起报酬递增理论革命浪潮。本文译者:崔健,西南交通大学;邱槿怡,西南财经大学。

供物质和组织基础设施,来支持经济活动和经济交易。

经济治理之所以重要,是因为如果没有经济治理,市场以及更普遍的经济活动和交易就无法正常运转。要有良好的治理来确保市场经济,需要三个基本先决条件。

(1)产权保障:如果没有这一点,个人将缺乏储蓄和投资的动力,因为他们会担心其他人剥夺他们这些活动的成果。他们还将放弃资本市场交易,以实现有效的资产配置,因为他们担心的不仅仅是投资于他人企业的资本回报,还有本金。艾丽卡·菲尔德(Erica Field, 2007)发现,资本的安全性提高了劳动的生产利用率,因为人们不再需要花费时间和精力来保护他们的财产。

(2)契约执行:经济交易承诺给所有自愿参与者带来收益。但如果另一方未能履行其在交易中所承诺的角色,每一方都可能遭受损失。对这种交易对手欺骗的恐惧可能会阻止人们签订契约,共同利益将无法实现。从形式上讲,这是囚徒困境中的一个不良均衡。

(3)集体行动:许多私人经济活动依赖于公共产品的充足供应和对公共"坏事"的控制。这不仅包括物质基础设施,还包括体制和组织基础设施。提供社会安全网络,促进外部性的内部化以及控制公共不良行为,例如,管理公共资源方面所有涉及的避免搭便车的集体行动问题;它们是多人囚徒困境。[②]

因此,良好的经济治理是整个过程的基础,在这个过程中,个人专门从事不同的任务,然后相互交易,以充分发挥社会的经济潜力。

在所有社会科学中,治理是许多领域的组织概念;它本身不是一个领域,当然也不是经济学中的一个领域。法律、政治学、社会学和人类学中的案例研究,以及经济学中的博弈论模型,都对我们关于治理机构的知识进步作出了贡献。这为社会科学提供了一个独特的机会,其在分离一个多世纪后,即使不能重新统一,也可以有一个交汇点。

与多学科、多面性的主题相一致,本文将综合和借鉴众多研究人员的工作,而不仅仅是依靠我自己的研究。这方面的文献很多,而我对它的了解并不完善,即使是总统讲话,篇幅也有限。如有遗漏和错误,敬请原谅。

治理和政府

当人们认识到经济治理的重要性时,大多数人的第一本能反应是好的治理应该由政府来提供。但我想强调的是,治理和政府不应该等同于同义词;事实上,这可能是我最近研究中最重要的一点,也是本文最重要的一点。

不要误会我的意思。政府当然很重要,尤其是在保护产权方面。正如我们将在下文看到的,私人财产的保护秩序有一些基本的缺陷。政府未能保护这些权利,政府或其代理人有时会侵犯私有财产(例如腐败),这是许多国家经济表现不佳的主要原因,尤其是欠发达国家和转型经济体。但几乎所有国家都存在其他经济治理的社会机构。它们在政府服务欠佳或根本没有服务的利基市场表现得尤其有效。有时它们比正式法律更有效,因为它们有更好的专业知识和信息。它们对于防范政府自身的不当行为至关重要。

重要的是要坚持国家法律和必须支持经济活动的实际秩序之间的区分,以及书面法律和它们在现实中如何发挥实际作用(或失效)之间的区别。在那些需要纯粹的合作以确保在博弈中实现两个均衡中的较优均衡的情况下,国家的作用似乎是最简单的:我经常引用夏令时和交通灯的例子。比如,尽管有红绿灯,但在十字路口仍然存在众所周知的危险。而众所周知的社会行为规范,可以让拥挤的交通在没有红绿灯的情况下依然畅通无阻。Vanderbilt(2008,pp.186—204)认为,规范比红绿灯更有效。在一个更有趣的层面上,YouTube视频展示了圣彼得堡的交通"没有秩序的法律"情况(参见 http://www.youtube.com/watch?v=H2JFLlSk21Y),相反地,关于印度和越南的视频展示了"没有法律的秩序"的情况(参见 http://www.youtube.com/watch?v=5WU8hilbN9Y, http://www.youtube.com/watch?v=eC)。

当然,规范并不总是带来完美的秩序;印度和越南确实发生过交通事故。

要使成文法律在实践中有效,公民必须期望政府能够成功地执行法律。政府的合法性,对于法律转化为有效秩序很重要(Avner Greif,2006,pp.147—150),但可能还需要更多。就像交通一样,良好的平衡需要一致选择,它也需要一个常识,即其他人会遵守法律。

不仅政府的法律可能会无效,政府及其代理人还可能侵犯私有财产权,违反契约并食言。在申请人对许可证有有效要求的情况下,以及在必须违反法律法规授予许可证的情况下,它们仍可以无偿征用资产,突然改变税率和法规,并勒索贿赂许可证。

政府或其代理人的勒索在许多方面类似于税收,并像税收一样阻碍经济活动。但不断变化的武断政策所带来的不确定性可能比稳定的高税率更糟糕。尽管有稳定的高税率,但仍有可能取得巨大成就;事实上,在美国所谓的资本主义辉煌的20世纪50年代,美国的税率就比现在高得多,高税收的斯堪的纳维亚国家的表现也不算太差。尽管政府腐败、政策不确定,但其经济也有可能取得一定程度的进步。尽管存在一些腐败,但国家可以达到中等收入水平,当然,进一步的增长需要更好的制度(William Easterly,2001,pp.234—235,245—248;Dani Rodrik,2003,pp.16—17)。

欠发达国家和转型经济体的正式治理往往十分薄弱。这是意料之中的。这些国家还没有面临大规模管理财产和交易的需要——跨越很长的地理和社会距离,在足够长的时间内——从而发展现代经济体以及发达市场经济体的贸易商和投资者所要求的管理技能、经验和组织。毕竟,这些经济体也需要很长一段时间,以几十年甚至几百年为单位,才能达到今天的正式治理水平。不同之处在于,如今的新兴市场经济体要想取得类似的进展,所面临的时间压力要大得多。

即使在发达的市场经济国家中,政府也不能提供所有的治理。许多私人机构的存在是为了达到类似的目的。有时,当交易违反了规范或禁止生产或消费相关商品的法律时,它们在政府不能或不运作的利基市场就会发挥作用。但是,由社会团体或行业协会进行的私人治理可能具有信息和专业知识方面的优势,并且可以利用它们来仲裁国家法院认为过于复杂而无法解释和裁决的纠纷。这些私人治理论坛也有各自的问题。对违反规范或行为准则的成员给予了相当严厉的惩罚,他们可以排斥这个人,或者把他赶出这个行业。最著名的是丽莎·伯恩斯坦(Lisa Bernstein,1992,2001)对这种私人秩序机构的分析。法院认识到这些约定的优点,并采取宽容的态度:如果在争议中败诉的一方拒绝遵守公认仲裁庭的裁决,法院将不会重新审理案件,而只是随时准备执行仲裁员的判决。

非正式治理,包括信任等基本概念,即使在发达的市场经济中也仍然很重要,这一事实得到了艾伦·格林斯潘(Alan Greenspan,2007,p.256)的承认和强调:"在一个由公民的权利和责任所治理的自由社会中,绝大多数交易……假定相信陌生人的话……声誉及其所培养的信任是市场资本主义的核心属性。"然而,他也认识到信任的局限性,以及防止滥用信任的必要性,他再次使用私人而非国家的解决方案:"对欺诈最有效的防御……是对手的监视。摩根大通在放贷前会彻底审查美林公司的资产负债表。它不指望美国证券交易委员会来核实美林公司的偿付能力"(p.257)。③也许在罗纳德·里根(Ronald Reagan)反复引用的俄罗斯谚语中可以找到正确的平衡,这让米哈伊尔·戈尔巴乔夫(Mikhail Gorbachev)非常恼火:"信任,但要核实"。

我再次重申并强调,即使在现代市场经济中,政府和私人治理机构也是并存的。相反,许多经济交易发生在传统交易市场之外,例如在家庭、社会网络和公司内部。因此,研究不同治理制度的问题不是老式的对比,即"市场与政府"的对比;相反,它是整个治理和交易系统的相互作用——在什么条件下,什么样的组合效果会更好。在这项研究中,一个普遍的原则将贯穿始终:在所有情况下,没有任何制度或体系会被证明是完美的或理想的——经济学家眼中的"绝对最优"。所有东西充其量都是"次优"的,受制于信息、激励、承诺和政治游戏规则的众多限制。

替代机构

在这种背景下,我们应该研究什么样的替代治理机构? 不同的特点适用于不同的目的。就我这篇文章的目的而言,最相关的区别在于正式国家机构和非正式社会机构之间的区别,前者由国家的法律机构执行,并在必要时作为最后的手段使用强制权力,后者必须是自治的,使用经济互动参与者自己可用的策略。④我将以广泛和包容的方式来解释这两个类别。

我列出的正式政府治理机构,首先是制定政治游戏规则——宪法(成文的或仅仅被广泛理解的),在这一背景下制定更详细规则的立法机构,以及

解释和执行这些规则的法院、警察及许可和监管机构。非正式的私人和社
会机构包括促进搜索和信息的网络、行为规范和对违反规范的执法制裁。
可以有私人约定,无论是社会组织(营利性组织和非营利性组织),也可以有
其他规范,规定裁决和执行规范的个人行动。私人秩序可以包括交易的内
部化,通过将各方置于一个经济单位,换句话说,通过整合,将一个独立契约
的执行问题转化为公司治理中的代理问题。

保护财产权

如果政府不能保护私有财产权,至少不能满足拥有者的要求,就会出现
许多其他的私人约定来满足拥有者的需要。有些是通过威慑来发挥作用
的:私人警卫和封闭社区存在于许多富裕社群,特别是当富人处于一块被穷
人包围的聚集地时。一些人试图将威慑和私下惩罚违规结合起来。事实
上,这就是西西里黑手党的起源(Oriana Bandiera,2003;Diego Gambetta,
1993,Chap.4)。在西西里岛的封建制度崩溃之后、现代意大利国家出现之
前,土匪一度很猖獗。地主们(尤其是不在当地的地主们)开始雇佣最强悍
的土匪作为守卫来保护他们的土地、牲畜和农产品。渐渐地,保护者们聚集
在一起,形成了后来所谓的黑手党组织。财产处于黑手党的保护下,黑手党
起到了对外的威慑作用。如果这都不起作用,保护者就会对违规者采取不
同程度的暴力。

然而,对于私有财产的保护会产生一些重要的有害影响。黑手党为其客
户提供的保护,与原则上每个人都可以获得的国家保护不同,这产生了负外
部性。窃贼有选择地将目标对准未受保护的财产,因此将保护扩大到某一
财产会增加其他财产受到攻击的可能性。这反过来又增加了后者对保护服
务的需求。因此,黑手党能够从其服务中获取高价,如果不覆盖所有人,这
种依赖外部性的高价值就会显而易见。

私人机构能否保护私人财产权不受政府掠夺?这是一个复杂的集体行
动问题。个人对政府无能为力;即使是在一段持续的关系中,一个人也无法
向政府提供足够大的未来回报,使其在今天与政府打交道时保持对后者的

忠诚。一个团体可以威胁要集体抵制侵犯其成员权利的一个统治者。但对每个贸易商来说，实施抵制的成本都很高；因为他放弃了在该统治者的市场上销售的盈利机会。因此，统治者可以通过提供特殊的交易，试图将个人从这种抵制中剥离出来，个人就会受到诱惑。因此，第二层惩罚是必要的：该组织必须威胁抵制任何没有参与最初抵制统治者的成员。第三层……实际上是一整部刑法典。Greif、Milgrom 和 Weingast（1994）展示了中世纪欧洲的行会如何以这种方式解决集体行动问题，另见 Greif（2006，Chap.4）。

现代商业协会能否发挥类似的作用，并执行反腐败准则？如果政府不收取贿赂，他们就会共同受益，但每个人都会受到通过贿赂获得更好待遇的诱惑。在规模较小、关系良好的团体中，有人通过贿赂获得契约或执照的消息会迅速传播开来。那么规范应该规定，没有人会与他打交道。骗子将需要一些东西——物质投入、贸易信贷等。如果其他人排斥他，他就无法履行契约，也就无法从贿赂中获利。当然，他可以通过向其他人提供利润分成来引诱他们违反禁令。但这在第二层规定中得到了解决：任何与骗子打交道的人都会被贴上骗子的标签，并受到排斥，以此类推。Kingston（2008）构建了这样一个平衡模型。如果商业协会包括媒体企业家，也有可能确保媒体曝光，并抵制控制或审查媒体的企图。所有这些可能都太乐观了，但我认为它还没有在任何地方尝试过，所以我们不能确定它是否有效。⑤在像印度这样的国家，现代商业协会可能会有一些成功的机会，因为印度有一个成熟的商业团体，有相当好的信息网络和一些最杰出的商人领导。

关于腐败还有一点值得指出：腐败究竟是有组织的还是无组织的是有区别的。Shleifer 和 Vishny（1998，Chap.5）以及 Easterly（2001，pp.247—248）指出，如果一些经济活动需要从不同的官员或机构手中获得许多许可证时，受贿者并没有考虑到这样一个事实，即如果他提高了他所要求的贿赂金额，活动的成本就会上升；这就导致可贿赂金额减少，从而减少了所有其他官员的贿赂。从他们的集体收入来看，每一个人都要求过多的贿赂。政府部门最好有一个机构，这样就可以在行贿者中内化这种负面外部性。他们可以设定较低的贿赂金额，却能够增加所获得的贿赂金额。更低的贿赂会增加活动的数量，因此对总体经济效率更好。多个许可证形成了一揽子完美的补充，因为所有这些许可证都是活动进行所必需的，众所周知，对于提供商和用户来说,由垄断者提供的完美补充比由相互竞争的寡头提供的更好。实现这一结果的首选方法是一站式许可机构,即授权颁发企业家所需的所有许可。美国一些州已经成立这样的机构,以降低在本州建立企业的整体交易成本,这同样可以降低许多国家(包括美国)的腐败程度。更进一步地说,如果有两个或更多的一站式机构,它们都有权颁发所有的许可证,那么创业的人可以选择其中一个机构来满足他所有的许可证需求,也就是说机构之间的竞争可能会进一步降低贿赂,也许会一直到零。我不知道这是不是一个切实可行的建议。

契约的执行

在缺乏某种形式的治理的情况下,契约会遇到囚徒困境的问题。有些契约要求一方先采取行动,预测另一方会采取相应行动。但当时机到来时,另一方可能会食言。对这种情况的恐惧可能会使前者根本不敢采取行动;因此,互利可能无法实现。托马斯·霍布斯(Thomas Hobbes)的《利维坦》[Leviathan,1651(2005),Chap.14]中有一个经典描述:"如果订立了契约,双方都没有立即履行,但彼此信任;在纯粹的自然状态下(这是人与人之间的战争状态),根据任何合理的怀疑,这个契约就是无效的;但是,如果有一个共同的权力凌驾于他们之上,有足够的权力和力量来强迫他们履行,这个契约就不是无效的。因为先做的人,不知道别人会在后面做;因为言语的束缚太弱了,如果没有某种威逼利诱的力量,就无法抑制人们的野心、贪婪、愤怒和其他激愤。"Williamson(1985)将其称为机会主义和拖延问题,Greif(2006)将其称为片面的囚徒困境。

在其他情况下,双方同时有效地行动:以某种形式的付款换取货物或服务。但在大多数情况下,产品的质量不会立即显现出来,付款只是一个承诺,即使延迟到30天的贸易信用也是如此。那么这种情况就是我们熟悉的同时行动囚徒困境,一个牧场主在研究西西里黑手党的过程中告诉Gambetta(1999,p.15):"当屠夫来找我买动物时,他知道我想欺骗他(通过提供低质量的动物)。但我知道他想(通过拒付)欺骗我。因此,我们需要佩普(Peppe,第三方黑手党成员)让我们达成一致。我们都付给佩普佣金。"简而言之,这里我们有一个治理的案例,也是私人治理的一种形式。

利用社会偏好进行治理

我将契约的私人治理方法分为第一方系统、第二方系统和第三方系统。第一方系统是根据潜在作弊者自己的内在价值系统来运作的：要么是行为正直的内在满足感或愉悦感，要么是内在的羞耻感或欺骗他人的罪恶感。⑥如果个人有这样的偏好，机会主义行为可以从源头上减少或消除，治理也可以简化。

认识到亲社会偏好很重要，不仅因为它们存在，还因为它们产生的内在激励可以与标准的货币或其他外在激励相互作用（见 Bénabou and Tirole，2003）。通常提倡的改善激励机制的改革如果破坏了亲社会偏好的现有好处，可能会适得其反。

通常，亲社会偏好理论依赖于群体选择的进化机制。如果一个社会成员有这样的偏好，那么这个社会就可以采取集体行动，在与其他群体的竞争中使整个群体受益。但这就遇到一个根本问题：这样的社会平衡是稳定的，还是会被破坏，因为在一个社会群体中出现的自私的突变体会攫取更多利益，因此从进化动力学的意义上说，它们比合作者更适合？为了维持良好的均衡，社会还需要某种机制以阻止自私的人获得更高的回报。如果社会行为规范包括一种惩罚不合作者的机制（如果需要的话，可以以个人为代价），这是可以实现的。事实上，一些实验已经发现这种行为普遍存在，甚至可能有神经学基础（Camerer，2003，pp.46—47）。Boyd、Gintis、Bowles 和 Richardson（2003）表明，这种"强回报者"策略可以通过文化群体选择来维持合作均衡。当种群中的普遍策略是回报良好的行为而惩罚自私的偏差时，自私的突变体就无法蓬勃发展。

亲社会偏好不仅仅是外生的和遗传的。在家庭、学校和宗教机构的社会化过程中，社会不遗余力地向儿童灌输这种偏好，并在成人中继续这一过程。这种偏好的增长可以在最后通牒和独裁者博弈的实验中看到（Camerer，2003，pp.65—67）。当这些实验在不同年龄的孩子身上进行时，非常小的孩子表现得很自私。到 8 岁时，他们会产生一种明显的平等意识。真正的亲社会倾向从那以后逐渐发展，过程中有一些复发，但最后会变成一个成年人式的公正。因此，长期的教育和经验将内化的规范灌输到人们的偏好中。

经济学家们终于开始认识到社会对亲社会偏好的刻意培养的实际重要性,并将其纳入自己的理论中。Tabellini(2008)在合同执行的背景下对此进行了建模;其他近期的贡献包括 Lindbeck 和 Nyberg(2006)关于工作规范的研究。在这些模型中,每个父母都对自己孩子的养育作出独立决定,并研究了纳什均衡。Benabou 和 Tirole(2006)考虑的是信念的传递而不是偏好,选择变量是通过政治过程决定的税收水平。稍后,在集体行动的背景下,我提供了一个简单的例子,说明教育的政治选择,以向儿童灌输亲社会偏好。

整合与公司治理

第一方执行可以通过将合同双方合并成一个具有共同目标的实体而在企业之间实现。Williamson(1985,Chap.4,5)垂直整合的交易成本理论是最突出的例子。两家公司的合并不能消除契约执行问题;它只是将契约转化为一个公司内部的委托代理问题。不同经济单位之间的经济治理变成一个单位内的公司治理。契约执行成本是广义交易成本的一部分;因此,外部强制和内部强制的选择取决于两种成本的比较。

欠发达国家的家族企业集团就是这种选择的例证。这些公司所从事的活动往往没有可想而知的经济协同效应,也没有解释其一体化的范围经济。相反,当外部资金流动受到治理不力问题的困扰时,该公司提供了一个内部资本市场。当然,一体化有其自身的代价:通过划分资本市场,它可能会妨碍资本的重新配置,使其发挥最有效的作用。如果外部治理的成本更高,那么这种低效率必须被视为次优。

基于重复交互的第二方执行的可能性带来了第三种选择。这些公司可以保持不同,但它们之间的契约可以作为它们重复博弈的均衡而自我强制执行。Richman(2004)讨论了这三种选择。

双边和多边自我执行

在第二方系统中,不仅包括特定组合之间的重复互动,还包括交易者群体之间的多边执行。这种意义上的"第二方"不同于 Greif(2006,Chap.9)所提出的;我称之为多边第二方系统,文献中称之为"集体主义"。因此,我使用的例子包括格雷夫书中的马格里比商人(Greif,2006,Chap.3),以及行业协会和商业改善局,它们监督其成员的行为,调查投诉和仲裁纠纷,在适当的情况下实施制裁,并公布黑名单,以便其他人可以排斥他们,或者至少在与他们打交道时保持警惕。Bernstein(1992,2001)研究了两种以行业为基础的治理机构。其他最近的例子是在许多小额信贷系统的基础上由朋友组成的各种循环储蓄和信贷协会(见 Timothy Besley,Stephen Coate,and Glenn Loury,1993)。

第二方治理,无论是双边治理还是多边治理,都试图通过重复来解决囚徒困境。对于单方面的困境,这本质上是一个"效率工资"的想法:后者应该从每个阶段的博弈中获得足够的盈余,以超过他通过投资作弊获得的一次性收益所获得的年金。那么,双面同时行动困境的解决方案可以被认为是双面效率工资:在每个阶段博弈中,相互合作所产生的总剩余必须以这样一种方式分配,即每个参与者都能得到足够的钱来抵消欺骗的诱惑。

在多边基础上的执行带来了更多问题。如果 A 在当前的比赛中欺骗了 B,A 可能不希望在未来足够频繁地遇到 B,但他希望遇到组中的其他成员,如 C, D, ……他们将实施既定的惩罚,可能只是停止未来的贸易,也可能是罚款和驱逐等更严厉的制裁。这种前景可以让 A 在与 B 的交易中保持诚实,但这个过程有一定的困难。它需要一个稳定的社区,有许多持续的互动,以及关于成员行为的良好信息流动。仅仅知道作弊是不够的;必须找出作弊者。否则惩罚就不可能有针对性,而生硬的惩罚可能不足以威慑特定作弊者。还有,C, D, ……为了代表 B 惩罚 A,可能需要支付一些私人费用。那么参与惩罚就变成一种公共产品,就像在其他私人提供公共产品的情况下一样,个人就有了搭便车的诱惑。"第二轮强制执行"可以克服这一点:任何不参与社会认可的惩罚的人本身就是一个必须受到惩罚的恶棍。这样的刑法在理论上可行,但在实践中仅部分有效。例如,普林斯顿大学的"荣誉守则"要求学生报告在考试中发现的作弊行为,任何不这样做的人也违反了该守则。但调查发现,超过 60% 的受访者不会告发作弊的朋友(Caplan,1996)。

因此,人们试图在成功的交往中建立双边关系。Watson(2002)构建了双边关系如何以渐进方式发展的理论模型。但在许多情况下,一对特定的人可能没有足够的持续成对交易机会,多边机构可能是不可避免的。一个极端例子是约吉·贝拉(Yogi Berra)的名言:"一定要去参加别人的葬礼。否则他们就不会来参加你的葬礼。"这是一个必须在多边基础上执行的社会规范,因为双边执行在互动的本质上是不可行的。在不走向极端的情况下,当每个参与者可能同时参与多个双边关系,合作关系可能解散和改革时,集团仍然受益于多边治理。Greif(2006)和 Goldberg(2005)中的马格里比商人就是一个例子。[7]

随着集团规模和范围的扩大,第二方治理所需的信息和沟通渠道变得越来越弱。在一个大群体中,或者在一个地域或社会分布广泛的群体中,成功的治理最终需要向更正式的治理方法转变(Li, 2003;Dixit, 2004, Chap.3)。

基于两种机构的不同成本,Li(2003)对基于规则的正式治理和基于关系的非正式治理进行了区分。一个以规则为基础的正式法律体系需要大量固定成本,通过法律和建立法院来裁决纠纷,以及一支警察部队来执行法院的裁决。一旦系统到位,人们就可以相对自信地与陌生人打交道,因此扩张的边际成本很低。基于关系的系统几乎没有固定成本;人们首先要与亲密的朋友和邻居打交道。随着业务的扩大,人们必须与陌生人打交道,首先必须与陌生人建立关系;因此,扩张的边际成本很高,而且还在不断上升。较低的固定成本、边际成本上升的系统对小规模交易的整体成本较低,而高固定成本、低边际成本的系统对大规模交易的整体成本较好。

我构建了一个更详细的信息传播及其在远距离衰减的空间模型,以解释边际成本上升的概念。当基于关系的系统达到其规模的极限时,会发生一些令人惊讶的情况。

图1显示了沿圆圈分布的经济主体的连续统一体,这应该被解释为社会经济空间,而不是严格的地理空间。每一段时间,经济主体被随机配对,玩一个叫作因徒困境的契约博弈。遇到近邻的概率要比遇到远方的高。再次遇到相同伴侣的概率可以忽略不计,因此不存在直接的重复博弈机制来维持诚实。但是关于作弊的信息是由受害者传播的,知道你曾经作弊过的人是不会和你打交道的。信息的传播随着与受害者的距离而衰减。结果是,人们在遇到亲密的邻居时就会诚实行事,因为欺骗更有可能被未来很有可能遇到的其他亲密邻居发现。在平衡中,存在一个距离阈值,这样位于这个

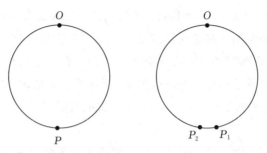

图 1　基于关系治理的限制

距离内的配对可以诚实地进行,而距离更远的配对则可以作弊。

　　如果这个圈子足够小,诚实可能会覆盖整个圈子。左边的圆是临界大小,其中位于点 O 的一个代理恰好与位于完全相反的点 P 的代理匹配,则他对诚实和欺骗无所谓。右边的圆稍大一些。短弧上 OP_1 和 OP_2 的距离恰好等于左圆上的临界距离 OP(两种方法都可以测量),但短弧 P_1P_2 上增加了人。现在如果位于点 O 的人遇到位于点 P_1 的人并作弊,位于点 P_2 的人听到这个的概率严格小于 1,只有位于点 P 的一边的人听到位于点 O 的人欺骗另一个位于点 P 的代理人的可能性几乎等于 1。因此,位于点 O 的人对左圈 OP 距离的人漠不关心,转而倾向于欺骗右边大圈 OP_1 距离相等(或 OP_2)的人。

　　通过连续性,位于点 O 的人也会欺骗位置略接近 OP_1(或 OP_2)的人。圈子的扩大超出了临界大小,实际上缩小了实现诚实的距离。[8]

私人对外执行

　　在我的分类中,第三方系统由非这类交易的直接当事方的外部人士提供治理。这里有几种不同的方式:(1)在正式法律的阴影下的私人审判和执行;(2)提供信息,然后成为第二方执法的投入;(3)第三方为牟利而强制执行。上面提到的行业仲裁论坛就是第一个例子。甘贝塔(Gambetta)的佩普在第二类和第三类中都有发挥作用。他可以提供两种服务中的一种或两种。作为一名信息人员,他会跟踪他所在地区所有交易员的行为,并告诉他的客户,他们打算与之做生意的其他人是否有良好的声誉;在这方面,他就像一个信用评级机构。在执行方面,他对那些欺骗他客户的人施加惩罚,包括(尤其是)身体暴力;在这方面,他就像是法庭和警察或狱卒的结合体。正式法律由政府或准政府机构提供执行,也是第三方治理,但不以营利为目的。

这些第三方的诚实并不是自动的。正规法院也可能有偏见或腐败,警察和狱卒在执行法院判决时也可能腐败。私人以营利为目的的执法使问题公开化。如果佩普与另一位交易员合谋欺骗他的一位客户,这位客户几乎没有追索权。佩普的诚实必须是系统平衡条件的一部分。治理原理是将两名交易员的一次囚徒困境博弈转化为双方与第三方的两次重复博弈。为了在每一场博弈中保持诚实行为,每个交易员和佩普都需要在整个蛋糕中占据足够大的份额。这就为第三方的费用设置了上限和下限:佩普的费用必须足够高以保持他的诚实,但又必须足够低以保持交易员的诚实(Dixit, 2004, Chap.4;详见 Dixit, 2003a)。

一个对简单特殊情况的分析将说明这一点。考虑一个带有收益矩阵的一次性博弈,其中 $W>H>C>0>L$,0 是外部选项。这个博弈是一个囚徒困境;即使没有治理,它也值得进行,但如果治理确保了诚实,它可以产生更高的回报。假设双方都雇了一个佩普,佩普每段时间向双方收取一笔费用 F。分别考虑信息服务和执行服务的情况。

		玩家 2	
		诚实	作弊
玩家 1	诚实	H, H	L, W
	作弊	W, L	C, C

在信息服务下,每个客户都可以通过欺骗获得一次性回报 $(W-F)$ 而不是 $(H-F)$,从而获得额外的利益 $(W-H)$,但这样博弈就会陷入欺骗均衡,所以玩家将永远得到 C 而不是 $(H-F)$。如果 r 是贴现率,则该偏差不可取的条件是:

$$(H-F)-C>r(W-H),或者 F<(H-C)-r(W-H) \tag{1}$$

佩普可以欺骗其中一个客户,让另一个客户获得 W 而不是 H,并且可以为此提取最多的超额($W-H$)。但是这样被骗的客户以后就不会再和佩普打交道了,所以佩普将永远失去 F。让佩普诚实的条件为:

$$F>r'(W-H) \tag{2}$$

其中 r' 是佩普的贴现率(它可能高于 r,以反映在成为下一个佩普的残酷竞争中失去业务或死亡的概率)。这两个不平等就是剩余分配的条件,即双边效率工资。如果:

$$r'(W-H)<(H-C)-r(W-H) \tag{3}$$

我们可以找到一个满足两个不等式的 F。

如果佩普提供执行服务,那么任何欺骗其客户的人都必须遭受与佩普可能造成的惩罚成本相对应的回报损失 P,然后完全退出市场,此后获得 0 而不是 C。因此,客户诚实的条件是,当前的净收益小于未来成本的资本化价值:

$$W-H-P<(H-F)/r,\text{或者} F<(H-C)-r(W-H-P) \tag{4}$$

这个不等式的右边超过了($C+rP$)对应的信息服务不等式的右边。因此,执行者佩普可以收取更高的费用。但这并不意味着所有的佩普都将成为执行者,而不是信息提供者。进入佩普行业的竞争导致了一个由预先零预期利润条件决定的均衡,该条件通过内化佩普的生存概率来决定他的有效贴现率 r'。更高的执行利润意味着更激烈的准入竞争,因此,该活动的有效贴现率高于信息提供。因此,当两种类型的服务都提供时,就会存在一种平衡,而边际佩普在进入这两种服务之间是无差别的。

私人秩序的缺点

到目前为止,我已经讨论了非正式或私人机构的积极作用。然而,为了与我的主题保持一致,没有什么是完美的,我应该讨论私人秩序的消极作用,其中一些上文已经提到了。

私人秩序最严重的局限在于它依赖于良好的私人通信网络和被逐出团体的威胁。因此,随着团队规模的扩大,维护团队变得更加困难。它只能在小群体中维持可信的契约履行。这分裂了资本甚至劳动力市场,与团队之外的人打交道的高效机会无法实现。

如果私人秩序是由利益驱动的第三方执行者维持的,该方可以利用其权力进行敲诈勒索。任何他没能保护的成员所得到的,结果都很糟糕;他可以利用这一威胁,从每个成员的服务中榨取高额费用。正如 Gambetta (1993,p.198)所指出的那样,"保护者一旦被招募,总是会待得太久而不受欢迎"。一旦一个群体陷入这种平衡,就需要采取一些艰难的集体行动来摆脱保护者。

集体行动

众多的理论分析和案例研究都在考虑是否以及如何解决集体行动的多人囚徒困境中的搭便车问题。其中许多研究,特别是 Ostrom(1990),得出了类似的结论。

首先,对集体行动的成功治理需要群体组成的稳定性,以及当地关于以下方面的良好信息:(1)谁是群体成员,谁不是群体成员;(2)成员的权利和义务(什么是可接受的行为,什么是不可接受的行为);(3)不当行为的后果;(4)个体成员的行为历史。

此外,重要的是,规定不可接受行为的规则应当与有关行动的信息的可用性相一致;否则,这一规范就无法执行,而且可能变得更糟糕,因为它可能导致成员对整个机构的嘲笑。例如,成功管理的渔业经常使用一些方法,如限制捕鱼的日期或季节、限制船只和渔网的大小等。如果这些数量是可观察和可执行的,那么这些方法将比不上对捕鱼数量的直接限制。

最后,必须正确设计激励机制——胡萝卜加大棒——以促使成员遵守规范,并参与对违反规范的其他人实施制裁。在这里,案例研究的发现与许多重复囚徒困境理论模型的结果形成了对比。这些模型普遍认为,最严厉的可行惩罚支持最合作的结果。然而,案例研究发现,成功的系统采用了分级惩罚。在第一种情况下,违反组织行为规范的成员会被温和地提醒他们的违规行为,并有机会进行赔偿。如果这些都不起作用,惩罚会逐步加强。打破这种关系——在许多理论模型中是即时反应的"严峻触发"策略——是现实中的最后手段。

不完善监督下的重复博弈理论表明,当博弈的均衡路径有可能由错误触发时,不太极端的惩罚是最优的。但对于渐进惩罚,还需要更多的东西:另一个玩家作弊的信号应该促使第一个玩家更新关于另一个玩家的一些信息。换句话说,我们需要一个有逆向选择和道德风险的重复博弈。Abreu、Douglas 和 Dixit(2005)构建了一些例子来说明这种情况下的可能性,但我们还需要对分级惩罚有更普遍的理论理解。

亲社会行为规范的内化

在讨论契约执行时,我强调了契约执行的社会价值和现实意义。内化的亲社会偏好(第一方治理),以及通过社会化和儿童教育产生这种偏好的刻意努力。集体行动也受益于类似的偏好。Dixit(2008)构造了一个简单的例子,可以作为这方面的入门模型。

考虑一个有 n 个人的社会。个人 i 可以花费两种类型的努力,私人 x_i 和公共 z_i。个人 i 的所得收入为:

$$y_i = (1 + \bar{z})x_i \tag{5}$$

其中 $\bar{z}$ 是 z_i 的平均值,因此公共努力创造了公共投入,提高了私人投入的平均和边际产量。

个人的私人效用或自私效用为:

$$u_i = y_i - \frac{1}{3}(x_i + z_i)^2 \tag{6}$$

在这个规范中,非合作纳什均衡没有公共努力:

情况一: $x_i = 3/2$, $z_i = 0$, $y_i = 3/2$, $u_i = 3/4$

但是合作最优具有积极的公共努力,产生更高的利己效用:

情况二: $x_i = 2$, $z_i = 1$, $y_i = 4$, $u_i = 1$

如果社会不能强迫个人直接作出公共努力,它可以通过改变他们的偏好来诱导他们这样做,包括亲社会因素。假设个人 1 得到了一个亲社会效用:

$$v_1 = u_1 + \phi \sum_{i=2}^{n} u_i \tag{7}$$

其他人也一样。在 n 很大的情况下，如果 $\phi > \dfrac{2}{3}$，我们就有一个公共努力为正的纳什均衡：

情况三：$x_i = \dfrac{2}{2-\phi}$，$z_i = \dfrac{3\phi-2}{2-\phi}$，$y_i = \dfrac{4\phi}{(2-\phi)^2}$，$u_i = \dfrac{\phi(4-3\phi)}{(2-\phi)^2}$

当 ϕ 从 $\dfrac{2}{3}$ 增加到 1 时，情况三中的解从纯粹的自私纳什均衡（情况一）单调地移动到纯合作最优（情况二）。在这个范围内 ϕ 越高，每个人的私人效用就越高。

接下来，假设有一代又一代的人。每个人都有一个孩子，孩子的自私效用用 u_i^c 表示，定义类似于上面的 u_i。父母拥有私人家庭效用为：

$$f_i = u_i + \delta u_i^c \tag{8}$$

教育可以向每个孩子灌输带有参数 ϕ 的社会效用。人均成本由 t 给出：

$$t = \frac{k}{1-\phi}，或者 \phi = 1 - \frac{k}{t} \tag{9}$$

尽管每个父母都只关心家庭效用，但他们认识到，向所有孩子灌输足够的亲社会偏好会增加孩子的私人效用。每一代人投票决定人均税收 t 来资助教育。由于不存在异质性，最大化父母的净私人家庭效用（$f_i - t$）将成为孔多塞的赢家。计算表明，当 $\delta > 36k$ 时，ϕ 的最优选择为：

$$\phi = \frac{2(1-\theta)}{2-\theta}\text{其中}\theta = \left(\frac{k}{\delta}\right)^{1/3} \tag{10}$$

当 δ 在它的下限，$\delta \cong 36k$ 时，我们有 $\theta \cong 0.305$，然后 $\phi \cong 0.82$。在另一个极端，k 相对于 δ 非常小，θ 接近于 0，ϕ 接近于 1。

这里有趣的方面是，关于他人偏好的双重维度——对自己的孩子和陌生人——以及它们的相互作用。前者以一种自然的方式存在，在这种情况下，它是通过灌输后者来服务的。

这个"入门"示例可以在许多方面推广为成熟模型。要引入的最重要的特性是异构性。在一个特定社会中,人们的自私或亲社会行为的程度是不同的,世界各地的社会和文化在这方面也有所不同;见 Camerer(2003, pp.63—75)。为了模拟这个,我们可以有一个基因决定的区域 ϕ 在人口中的分布,而教育可以将这个分布向右平移,这是一阶随机优势。每个人的耐心各不相同;那些 δ 值高的人会投票支持更高的人均教育社会支出 t,并实施中间选民最喜欢的 t。

治理机构的演变与改革

在上述理论和案例研究的讨论中,我们确定了有利于良好经济治理的制度的许多特征,从而有助于为运行良好的市场提供适当支撑。当然,这些只是必要条件,不是充分条件。其他制度和政策——稳定的宏观经济环境、广泛开放的贸易和投资流动机制,以及许多其他方面的良好政策——也是如此重要。然而,在继续关注治理机构的同时,我们接下来要问的是,这些机构能否朝着更有效的形式发展,以及它们能否和如何进行改革。

关于自然进化过程,学者们表达了截然不同的观点。Williamson(1996, p.12)的"区别性组合假说"认为,交易与治理结构保持一致,以最大限度地降低交易成本;换句话说,有一种使机构与治理需求相匹配的更有效结构的自然趋势。North(1990)认为,这种结盟可能不会发生,他强调了政治改革进程所带来的障碍。

当决策是由一个参与者或一个拥有共同利益的小团体作出时,区分性结盟可以很好且相当快地发挥作用。Williamson(1985,Chap. 4,5)对企业垂直整合选择的经典分析就是一个很好的例子。Ellickson(1991)和 Libecap(1989,Chap.3)的案例表明,小团体迅速建立并执行了私有产权秩序。[9]

但制度构成了一种均衡,而制度变革意味着向一种新的均衡转变。在任何适度复杂的社会背景下,这都要求:(1)要么补偿那些因变革而遭受损失的人,要么克服他们在现有政治进程中的阻力;(2)改变信息,调整激励机制;(3)创造行动的共识,以维持新的平衡。所有这些步骤都存在困难。因此,制度改革进程往往缓慢,旧制度可能会形成"锁定"现象。Eggertson

(2005)举了一个惊人的例子,说明冰岛共享干草的制度持续了一个多世纪,阻碍了资源从农业向渔业的有效重新配置。Libecap(1989,Chap.4—6)的其他一些案例也呈现出成功和失败的混合记录。

改变制度平衡的一个重要要求是,建立新制度与现有制度的良好互动,而不是功能失调,案例研究支持这一点。这里有一些例子。(1)就土地而言,每个人都强调安全产权的重要性,正式的所有权似乎是界定这些权利的最佳方式。但是 Shipton(1988)和 Ensminger(1997)揭示了肯尼亚的产权制度是如何未能实现其目标的,因为现有的非正式权利无法被推翻;例如,如果传统机构赋予你的大家庭一些分享土地产品的权利,那么你拥有正式所有权的土地就不能用作借贷的抵押品。(2)Berkowitz、Pistor 和 Richard(2003)发现,将法律制度移植到新国家的尝试能否成功,在很大程度上取决于接受国的人口是否已经熟悉移植法律的基本原则。(3)Kranton 和 Swamy(1999)展示了印度银行贷款的公平市场安排是如何破坏现有关系安排的,这些关系安排有助于其他有用的目标,如保险。(4)Dixit(2004,Chap. 2)从理论上表明对一个薄弱的正式治理系统的部分改善,如何通过降低作弊后果,从而恶化现有非正式关系治理系统的绩效。这些例子还表明,在进行有望最终改善的体制改革时,可能有必要接受业绩的一些过渡性恶化。

这些研究也为我们提供了一些关于成功的制度变革的广泛概括。(1)政府作为改革的伙伴和推动者具有重要作用。但是自上而下的改革可能很难实现,因为缺乏足够的当地知识和缺乏适当的激励措施促使现有行政结构进行自我改革;因此,结果可能令人失望(Easterly,2008;Rodrik,2008)。(2)一个大企业家能够主动采取行动,然后迫使其他人跟随。J.P.摩根主动开始公布其钢铁公司的季度账目;要求这一点的法律后来由西奥多·罗斯福(Theodore Roosevelt)的改革政府颁布(Strouse,2000,p.439)。最近,AFLAC的首席执行官允许公司股东投票决定其薪酬,这种做法也可能会传开。(3)媒体、公益诉讼和人民法院可以起到帮助作用,但如果它们追求某些特殊利益,例如环境或一些小群体的一些感知权利,而过度损害了更普遍的利益,也会造成伤害。(4)危机有助于变革,因为它摧毁了现有的特殊利益集团(Olson,1982);但并没有多少人建议为了促进机构改革而策划一场危机。竞争也迫使改变(North,1990)。

但这些见解并不能构成理解制度变革的总体框架。要实现这一点,还需要进行更多的研究。这样的研究必须结合许多学科的观点,包括经济学、历史学、政治学、社会学、心理学、人类学、政治学、法学和进化生物学——使用多种方法——的案例研究和分析叙述、统计实证研究,以及使用理性选择和行为方法的理论模型。这是一项雄心勃勃但令人兴奋的努力,在科学和潜在的实际应用方面都很重要,我希望这篇论文能够激励许多经济学家和其他社会科学家为此作出贡献。

改革建议

每个人都希望这样的文章能在结尾为政策和制度改革或设计提出切实可行的建议。这是非常困难的,因为对治理机构的研究在很大程度上是一项正在进行的工作。案例研究和理论都显示了可能的补救措施和它们可能适用的背景的巨大多样性。每个案例在许多重要方面都有所不同,但也有一些共同的广泛主题。一般和特殊必须在每种情况下适当结合起来。本文的任何建议都必须是相应广泛的、模糊的和试探性的:建议而非规定。在此前提下,我将在此总结之前的一些论点和评论,并添加一些总结性想法。

对投资者和交易者的建议

来自正式治理运作良好的经济体的商人可能会发现,许多欠发达国家和转型经济体中基于关系的非正式机构令人困惑,并可能犯错误。他可以利用与当地社交网络建立了联系的合作伙伴来避免这些错误。当然,他必须首先找到并与合作伙伴建立关系,然后必须与合作伙伴适当分享盈余,以保持诚实的平衡状态。但这一成本仍有可能低于损失投资的成本,因为产权或契约无法在正式系统中得到执行。

这一观察还表明,与来自正规治理良好的国家的商人相比,来自正规治理较差的国家的商人在与另一个国家进行投资或贸易时具有优势。他们可能不知道确切的习俗,也可能不是其他国家关系的内部人士,但他们更清楚地意识到学习习俗和建立关系的必要性。这或许可以解释这些国家的跨国公司最近在对外直接投资方面取得的一些成功——他们的具体资产是在治理不善的经济体系中游刃有余的创业和管理技能。

在当地政府的机构和代理人具有掠夺性的情况下，投资者和贸易商不得不应对这种情况，或试图采取集体行动以抵制敲诈勒索。这已经不仅包括拒绝贿赂和公开代理人的不当行为，还包括对其他试图从贿赂中获益的商人的制裁。

最后，国内外商界人士都应探索在制度设计和改革中发挥私人领导作用的潜力。

给政策顾问的建议

来自西方国家、国际组织、甚至学术界的顾问，在为欠发达国家和转型经济体制定制度和政策改革建议时，需要记住一个非常重要的普遍原则。你首先应该很好地理解现有制度均衡的结构和性质。这种理解很重要，即使（尤其是如果）你的目标是破坏和取代现有制度。但还有更多。在提出任何改革建议之前，你应该确定现有机构和组织的存在是否有充分理由，以及你的改革在短期和长期内将如何与它们相互作用。我并不是说存在的一切都有充分理由，但与其假设一切都应该改变，以适应发达国家成功的正式制度，不如以一种有利于已经存在一段时间的假设为出发点。生物学家理查德·道金斯（Richard Dawkins）在他的同事试图理解动物或植物的某些特定特征所起的作用时，也给了类似的建议："进化比你聪明"（引自 Easterly，2008）。同样地，几十年来一直在开发和使用一种安排的实地人员可能比在国内最多逗留几天的外部专家更聪明。

我应该再次强调，这一建议并不意味着不假思索地接受现状，而只是要我们仔细地思考。在生物进化中，我们观察到的可能根本不是最佳适应，而是"过去的残余物，在现在看来没有意义"（Gould，1980，p.28），或者是其他适应的副作用（Gould，1997）。同样，一种社会习俗或制度也可能是历史的一个无关紧要甚至丧失功能的偶然事件。成功的改革者将把对过去的尊重和深思熟虑的创新结合起来。

给政策制定者的建议

其他人可能会提出建议，但最终必须由一个国家的政府和政治进程决定是否以及如何改革其机构和政策。有很多模式,模仿最新的成功是很诱人的。带着这一附带条件,我想提一下最近的越南以及"一个典型的越南特征:四处寻找榜样,然后试图将其中几个最好的方面融合在一起,形成适合越南的独特方案"(*The Economist*,2008)。这意味着,国家的决策者应该听取所有人的意见,包括华盛顿共识、联合国机构、学术专家、记者和专栏作家;但他们不应该盲从任何人,甚至不应该盲从自己先前的教条信仰;相反,他们应该根据理论和其他案例研究自己的情况,然后作出自己的选择。

在这方面,我举出了南极和北极探险家罗尔德·阿蒙森(Roald Amundsen),并将他与罗伯特·斯科特(Robort Scott)作对比。1911 年,两人竞争成为第一个踏上南极点的人。在为这次旅行进行准备时,阿蒙森采用了他几年前穿越西北航道时在奈特西里克爱斯基摩人中发现的许多做法。他向他们学习驾驶狗拉雪橇,他模仿他们的皮革和毛皮服装,以及他们在极低温度下为雪橇滑道加冰以获得平稳牵引的方法,他为他的狗队带来了大量的格陵兰哈士奇,等等。他将其与传统的北欧运动结合起来,最著名的是滑雪,以及现代运动发明——最著名的是普里默斯炉子。他在挪威花了几个月的时间思考和计划,并在逗留南极洲的大本营期间不断改进他的设备和方法。相比之下,斯科特依靠的是他自己的想法和信念。认为英国的一切,尤其是英国海军以前所做的一切都是最好的。结果截然不同。阿蒙森以巨大的优势赢得了比赛;他乘坐雪橇往返 99 天的纪录仍然保持着。斯科特和他的同伴则因技能和装备不足而耽搁了时间。由于延误,他们在返回途中被深秋的寒冷冻僵,最终去世(见 Roland Huntford,1979⑩)。我给机构和政策的设计者及改革者的建议是:像阿蒙森一样,不要像斯科特那样。

注　释

① 然而,人们在讨论"经济治理"这一具体概念时,往往使用笼统的"治理"一词。

② 保护产权和各种形式的集体行动的安排可以被视为一个整体社会契约的一部分,这种使用国家和私人秩序的契约治理的相对优点可以在一个总体"契约视角"中进行分析,正如 Williamson(2002)所建议的。

③ 鉴于最近的事态发展,也许"彻底审查"需要改为"本应彻底审查"。

④ 国家的执法是由个人来执行的,而个人有权选择是否这样做。因此,归根到底,正式机构也必须是自治的。但是,当警察或监狱官员拒绝执行法院的命令时会发生什么,对于我目前的目的来说是一个太大的问题。

⑤ Olken(2007)报告了一项关于另一种腐败的实地实验,即从用于地方建设项目的公共资金中窃取公款。在这方面,地方参与性监督的结果并不令人鼓舞,自上而下的审计和惩罚的威胁更为成功。

⑥ 在本文中,我所使用的"欺骗"一词具有非常广泛的意义——不仅包括彻头彻尾的欺诈,还包括未能进行尽职调查,或未能坚持契约精神,而不仅仅是合同的正式措辞。Williamson(2005,p.2)和 Goldberg(2005)认为后者往往是治理中的真正问题;欺诈可以通过可用的正式方法加以控制。

⑦ 另见 Edwards 和 Ogilvie(2008)对格雷夫分析的批评和格雷夫的回复(Greif, 2008)。我从这次交流中,特别是从 Goldberg(2005)中学到的是,交易者与许多不同的合作伙伴进行许多不同的活动,处理其活动不同方面的最佳治理机构也是不同的,整个复杂活动和治理在这些维度上相互作用。正如 Holmström 和 Milgrom(1991)的多任务代理模型是第一代单任务代理模型的重要扩展一样,格雷夫模型的这种多维扩展应该是该领域未来研究的一个富有成效的途径。

⑧ 这个简单直觉忽略了一些重要细节,参见 Dixit(2003b,pp.1304—1305)。

⑨ 但是,在埃里克森的研究中,牧场主中出现了一个局外人,这削弱了群体稳定组成的重要性,给群体的规范执行带来了问题。

⑩ 有人为斯科特辩护。特别地,Solomon(2001)认为斯科特只是运气不好:他在回程时遇到了异常寒冷的天气。她指出,斯科特可以获得前三个季节的温度数据,并假设平均值来进行准备。但在生死攸关的不确定因素下,这很难说是好的决策。此外,1912 年 3 月的恶劣天气也不能解释他为什么在 1911 年 12 月的竞争中惨败。

参考文献

Abreu, Dilip, Douglas Bernheim, and Avinash Dixit. 2005. "Self-enforcing Cooperation with Graduated Punishments." http://www. princeton. edu/~ dixitak/home/wrkps. html.

Bandiera, Oriana. 2003. "Land Reform, the Market for Protection, and the Origins of the Sicilian Mafia: Theory and Evidence." *Journal of Law, Economics, and Organization* 19(1):218–244.

Bénabou, Roland, and Jean Tirole. 2003. "Intrinsic and Extrinsic Motivation." *Review of Economic Studies* 70(3):489-520.

——. 2006. "Belief in a Just World and Redistributive Politics." *Quarterly Journal of Economics* 121(2):699-746.

Berkowitz, Daniel, Katharina Pistor, and Jean-Francois Richard. 2003. "Economic Development, Legality, and the Transplant Effect." *European Economic Review* 47(1):165-195.

Bernstein, Lisa. 1992. "Opting out of the Legal System: Extralegal Contractual Relations in the Diamond Industry." *Journal of Legal Studies* 21(1):115-157.

——. 2001. "Private Commercial Law in the Cotton Industry: Creating Cooperation through Rules, Norms, and Institutions." *Michigan Law Review* 99 (7):1724-1788.

Besley, Timothy, Stephen Coate, and Glenn Loury. 1993. "The Economics of Rotating Savings and Credit Associations." *American Economic Review* 83 (4):792-810.

Boyd, Robert, Herbert Gintis, Samuel Bowles, and Peter Richerson. 2003. "The Evolution of Altruistic Punishment." *Proceedings of the National Academy of Sciences* 100(6):3531-3535.

Camerer, Colin F. 2003. *Behavioral Game Theory: Experiments in Strategic Interaction.* Roundtable Series in Behavioral Economics. New York: Russell Sage Foundation.

Caplan, Jeremy. 1996. "The Honor Code." *Princeton Alumni Weekly*, December 25. http://www. princeton. edu/~ paw/archive _ old/PAW96-97/07-1225/1225otc.html.

Dixit, Avinash. 2003a. "On Modes of Economic Governance." *Econometrica* 71 (2):449-481.

——. 2003b. "Trade Expansion and Contract Enforcement." *Journal of Political Economy* 111(6):1293-1317.

——. 2004. *Lawlessness and Economics: Alternative Modes of Governance.* Gorman Lectures in Economics. Princeton, NJ: Princeton University Press.

——. 2008. "Social Formation of Pro-social Preferences." Unpublished.

Easterly, William. 2001. *The Elusive Quest for Growth: Economists' Adventures and Misadventures in the Tropics.* Cambridge, MA: MIT Press.

——. 2008. "Institutions: Top Down or Bottom Up?" *American Economic Re-*

view 98(2):95 - 99.

Economist, The. 2008. "Half-Way from Rags to Riches: A Special Report on Vietnam." April 26.

Edwards, Jeremy, and Sheilagh Ogilvie. 2008. "Contract Enforcement, Institutions and Social Capital: The Maghribi Traders Reappraised." CESifo Working Paper 2254.

Eggertson, Thrainn. 2005. *Imperfect Institutions: Possibilities and Limits of Reform*. Ann Arbor, MI: University of Michigan Press.

Ellickson, Robert C. 1991. *Order without Law: How Neighbors Settle Disputes*. Cambridge, MA: Harvard University Press.

Ensminger, Jean. 1997. "Changing Property Rights: Reconciling Formal and Informal Rights to Land in Africa." In *The Frontiers of the New Institutional Economics*, ed. J.N. Drobak and J.V.C. Nye, 165 - 196. San Diego: Harcourt Brace, Academic Press.

Field, Erica. 2007. "Entitled to Work: Urban Property Rights and Labor Supply in Peru." *Quarterly Journal of Economics* 122(4):1561 - 1602.

Gambetta, Diego. 1993. *The Sicilian Mafia*. Cambridge, MA: Harvard University Press.

Goldberg, Jessica. 2005. "The Geographies of Trade and Traders in the Eastern Mediterranean 1000 - 1150: A Geniza Study." PhD Diss. Columbia University.

Gould, Stephen Jay. 1980. *The Panda's Thumb: Reflections in Natural History*. New York: W.W. Norton.

——. 1997. "The Exaptive Excellence of Spandrels as a Term and Prototype." *Proceedings of the National Academy of Sciences* 94(20):10750 - 10755.

Greenspan, Alan. 2007. *The Age of Turbulence*. New York: Penguin Books.

Greif, Avner. 2004. "Impersonal Exchange without Impartial Law: The Community Responsibility System." *Chicago Journal of International Law* 5(1): 109 - 138.

——. 2006. *Institutions and the Path to the Modern Economy: Lessons from Medieval Trade*. Cambridge: Cambridge University Press.

——. 2008. "Contract Enforcement and Institutions among the Maghribi Traders: Refuting Edwards and Ogilvie." CESifo Working Paper 2350.

Greif, Avner, Paul Milgrom, and Barry R. Weingast. 1994. "Coordination, Commitment, and Enforcement: The Case of the Merchant Guild." *Journal* of Political Economy 102(4):745 - 776.

Hobbes, Thomas.(1651)[2005] *Leviathan*. Classic Literature Library. http://www.yahooey.com/authors/hobbes-thomas/leviathan/chapter-14.html.

Holmström, Bengt, and Paul Milgrom. 1991. "Multitask Principal-Agent Analyses: Incentive Contracts, Asset Ownership, and Job Design." *Journal of Law, Economics, and Organization* 7:24 - 52.

Huntford, Roland. 1979. *Scott and Amundsen*. London: Hodder and Stoughton.

Kingston, Christopher. 2008. "Social Structure and Cultures of Corruption." *Journal of Economic Behavior and Organization* 67(1):90 - 102.

Kranton, Rachel E., and Anand V. Swamy. 1999. "The Hazards of Piecemeal Reform: British Civil Courts and the Credit Market in Colonial India." *Journal of Development Economics* 58(1):1 - 24.

Li, John Shuhe. 2003. "Relation-Based Versus Rule-Based Governance: An Explanation of the East Asian Miracle and Asian Crisis." *Review of International al Economics* 11(4):651 - 673.

Libecap, Gary D. 1989. *Contracting for Property Rights*. Cambridge: Cambridge University Press.

Lindbeck, Assar, and Sten Nyberg. 2006. "Raising Children to Work Hard: Altruism, Work Norms, and Social Insurance." *Quarterly Journal of Economics* 121(4):1473 - 1503.

Milgrom, Paul R., Douglass C. North, and Barry R. Weingast. 1990. "The Role of Institutions in the Revival of Trade: The Law Merchant, Private Judges, and the Champagne Fairs." *Economics and Politics* 2(1):1 - 23.

North, Douglass C. 1990. *Institutions, Institutional Change and Economic Performance*. Cambridge: Cambridge University Press.

Olken, Benjamin A. 2007. "Monitoring Corruption: Evidence from a Field Experiment in Indonesia." *Journal of Political Economy* 115(2):200 - 249.

Olson, Mancur. 1982. *The Rise and Decline of Nations*. New Haven, CT: Yale University Press.

Ostrom, Elinor. 1990. *Governing the Commons*. Cambridge: Cambridge University Press.

Richman, Barak. 2004. "Firms, Courts, and Reputation Mechanisms: Towards a Positive Theory of Private Ordering." *Columbia Law Review* 104(8):2328 - 2368.

Rodrik, Dani, ed. 2003. *In Search of Prosperity*. Princeton, NJ: Princeton University Press.

Rodrik，Dani. 2008. "Second-Best Institutions." *American Economic Review* 98
  (2)：100 – 104.

Shipton，Frank. 1988. "The Kenyan Land Tenure Reform： Misunderstanding in
  the Public Creation of Private Property." In *Land and Society in Contempo-
  rary Africa*，ed. R. E. Downs and Stephen P. Renya，91 – 135. Hanover，
  NH： University Press of New England.

Shleifer，Andrei，and Robert Vishny. 1998. *The Grabbing Hand*. Cambridge，
  MA： Harvard University Press.

Solomon，Susan. 2001. *The Coldest March： Scott's Fatal Antarctic Expedition*.
  New Haven，CT： Yale University Press.

Strouse，Jean. 2000. *Morgan： American Financier*. New York： HarperCollins.

Tabellini，Guido. 2008. "The Scope of Cooperation： Values and Incentives."
  Quarterly Journal of Economics 123(3)：905 – 950.

Vanderbilt，Tom. 2008. *Traffic： Why We Drive the Way We Do，and What It
  Says about Us*. New York： Knopf.

Watson，Joel. 2002. "Starting Small and Commitment." *Games and Economic
  Behavior* 38(1)：176 – 199.

Williamson，Oliver E. 1985. *The Economic Institutions of Capitalism*. New
  York： The Free Press.

——. 1996. *The Mechanisms of Governance*. New York： Oxford University
  Press.

——. 2002. "The Lens of Contract： Private Ordering." *American Economic Re-
  view* 92(2)：438 – 443.

——. 2005. "The Economics of Governance." *American Economic Review* 95
  (2)：1 – 18.

图书在版编目(CIP)数据

契约、法律与公共管理 ／（美）奥利弗·威廉姆森等
著；赵海程，陈耿宣编；贾子欢等译. -- 上海 ：格致
出版社 ：上海人民出版社，2025. --（当代经济学系列
丛书 ／ 陈昕主编）. -- ISBN 978-7-5432-3639-4

Ⅰ. F0-53

中国国家版本馆 CIP 数据核字第 2025HR5383 号

责任编辑　李　月
装帧设计　王晓阳

当代经济学系列丛书·当代经济学译库
契约、法律与公共管理
[美]奥利弗·威廉姆森　卡尔·卢埃林　奥利弗·哈特 等著
赵海程　陈耿宣 编
贾子欢 等译

出　　版　格致出版社
　　　　　上海三联书店
　　　　　上海人民出版社
　　　　　（201101　上海市闵行区号景路 159 弄 C 座）
发　　行　上海人民出版社发行中心
印　　刷　上海商务联西印刷有限公司
开　　本　710×1000　1/16
印　　张　15.5
插　　页　2
字　　数　232,000
版　　次　2025 年 3 月第 1 版
印　　次　2025 年 3 月第 1 次印刷
ISBN 978 - 7 - 5432 - 3639 - 4/F · 1610
定　　价　86.00 元

当代经济学译库